寻迹旧时光 奔赴新征程

档案中的江宁集体记忆

（1949—2000）

南京市江宁区档案馆
南京市江宁区心理学会
组织编写

中国出版集团有限公司
研究出版社

图书在版编目 (CIP) 数据

寻迹旧时光，奔赴新征程 ： 档案中的江宁集体记忆 : 1949—2000 / 南京市江宁区档案馆，南京市江宁区心理学会组织编写. -- 北京 ： 研究出版社，2025. 5. -- ISBN 978-7-5199-1804-0

Ⅰ. K295.34

中国国家版本馆CIP数据核字第2024DK3954号

出 品 人：陈建军
出版统筹：丁　波
图书策划：寇颖丹
责任编辑：韩　笑

寻迹旧时光，奔赴新征程

XUNJI JIU SHIGUANG BENFU XIN ZHENGCHENG

档案中的江宁集体记忆（1949—2000）

南京市江宁区档案馆　南京市江宁区心理学会　组织编写

研究出版社 出版发行

（100006　北京市东城区灯市口大街100号华腾商务楼）

北京隆昌伟业印刷有限公司印刷　新华书店经销

2025年5月第1版　2025年5月第1次印刷

开本：787毫米 × 1092毫米　1/16　印张：17

字数：169千字

ISBN 978-7-5199-1804-0　定价：60.00元

电话（010）64217619　64217652（发行部）

编纂委员会

序　言

让档案活起来　把记忆传下去

档案，简单来说，就是过去团体和个人社会活动的原始记录，它们是由档案工作者保存下来留给后人利用的。它们也许是纸质的，也许是电子的；也许是以文字形式记载的，也许是以声音、影像形式记录的。档案把过去留到了现在，并且作为我们宝贵的财富，为我们建设更好的未来提供凭证。

集体记忆，则是这些档案所共同构建的一座精神殿堂。它跳脱出个人的局限性，将无数个体记忆汇火成炬，形成了我们共同的价值观。我从自身经历里发现，在档案工作中，情怀是“王牌”。档案工作者需要有情怀地开发档案，同时档案中所蕴含的精神再次加深了我们的集体记忆。每当我们想起某个历史故事、某个重要人物，甚至是提起某个特定的年代，总能从中体会到不同的情感，获得不同的感悟，获取新的精神力量，这就是集体记忆在发挥作用了。它让我们感受到自己与过去的联系，让我们在现代生活中找到前人的智慧，得到历史的启示，也找到归属感和安全感。

档案与集体记忆是“你中有我，我中有你”的。档案是集体记忆的载体，它们通过“收集、管理和利用”来记录历史、保存文化、传承精神，从而更好地构建我们的记忆系统，防止或纠正人类的神秘现象之一——“集体记忆偏差”。集体记忆则赋予了档案新的生命和灵魂，让它们不再是“无言”的数据或资料，而是“活”了起来，成了我们情感与精神的重要载体。我一直认为，档案的资源体系不仅要覆盖广大的人民群众，还要覆盖我们民族复兴的各个方面。我也曾提出“我们不仅要重视档案工作为历史服务的功能，还要重视档案工作为现实服务的功能”，从过去的档案中寻找、传承我们共同的集体记忆和历史经验，这就是为现实服务了。

本书从微观的角度进行叙述，从档案中的一件件或大或小的往事、一位位看似平凡实则不凡的人物的视角出发，带领读者一起回忆我们的过去，唤醒大众的集体记忆。可能这件事就是我曾经听说过的，可能这个人就是我曾经认识的……档案越贴近人们的生活，人们越能从中想起过往的经历；人们越看到普通人的故事，就越像是认识了不同时空线里的另一个自己，越能从中体会不一样的感情。与此同时，本书将原始档案作为基石，而不只是通过文字进行主观叙述，也符合了我们档案工作中客观记录的要求，既通俗易懂，又能让读者“眼见为实”。

发展档案文化，要善于和其他单位合作。合作能取得“1+1＞2”的效果，从而获得双赢和共赢。这次南京市江宁区档案馆与南京市江宁区心理学会（江宁区集体记忆协同研究中心）的合作就是一次很好的尝试，不仅丰富了大众的阅读体验，还重新回顾了一次我们自身的成长历程，让我们从过去汲取到新的力量，珍惜现在的一切，从而更好地为未来发展写下新的规划。希望这本书能成为一座新的桥梁，让档案的光芒照亮更多人的心灵，让每一代江宁人都能在集体记忆的滋养下茁壮成长，进而共同创造一个更加和谐、美好的世界。

档案工作者保存档案，重要的不在于封存记忆,而在于激活记忆、再现记忆。这本书就是对江宁记忆的激活与再现，同时，它又何尝不是对那个时代江苏记忆、中国记忆的激活与再现呢？这不就是档案教育、爱国爱乡教育的鲜活教材吗？从这个意义上来说，本书的价值不就更大了吗？这本书的作者与出版者对社会的贡献不就更大了吗？

杨冬权

中央档案馆原馆长、国家档案局原局长

中国档案学会理事长

江宁小传

南京市江宁区地处长江下游南岸，江苏省西南部苏皖交界地带，东与栖霞区及句容市接壤，东南与溧水区毗邻，南、西南分别与安徽省当涂县、马鞍山市相交，北、东北分别与雨花台区、秦淮区相邻，辖区总面积1561平方千米。

“江宁”一名由来有二说：一是据清朝江宁人金鳌所著《金陵待征录》载，西晋太康二年（281年），黄河以北，战乱已萌。晋武帝司马炎南巡，渡江后夜宿临江县（县治在今江宁街道），身感江野寂静而慨叹“江外（江南一带）无事，宁静若此”，于是将临江县改名为江宁县。查史书无晋武帝南巡记载，其“江外无事，宁静若此”一语也无从稽考。二是南朝梁、陈时训诂学家顾野王在其《舆地志》载有“江外无事，于南浦置江宁”之语。“江宁”乃濒临长江且秩序安宁之意。

作为“六代豪华”之地、“十朝京畿”要地，江宁县与上元县同为南京城的母县，史有“上元之民善商，江宁之民善田，龙都之民善药，善桥之民善陶，陶吴之民善剞劂，秣陵之民善织，窦村之民善刻”之说及“天下望县、国中首善之地”之美誉。

1949年4月24日，江宁县解放。4月28日，江宁县人民政府成立，隶属苏南行政区镇江专区。1949年12月，改属南京市。1950年1月，仍划回镇江专区。1958年7月，改属南京市。1962年5月，复归镇江专区。1971年3月，重新划归南京市。2000年12月，撤县设立南京市江宁区。到2024年底，江宁区下设10个街道，146个社区71个村，全区常住人口199.16万人。

有人说，每一代人的心灵都会被这个伟大时代的重大历史事件涤荡和塑造。每一段珍贵的集体记忆，也都会深刻影响到时代中每一个亲历者毕生的发展。从1949年到2000年，让我们一同在档案里找寻江宁人的集体记忆。

“兰台”记忆：存史资政育人

档案，是记载人类社会生活的原始记录。漫漫历史长河中，我们用各种档案形式守护着历史记忆。东汉时期兰台令史班固，受诏撰史，所以后世又称史官为兰台。经过千年的演变，如今的“兰台”已经成为泛指档案保管机构和档案工作的代名词。如果没有档案，那么人类文明就失去了记录和积累文化的载体，我们也就失去了追寻集体记忆的有力支撑。

2021年7月6日，习近平总书记对档案工作作出重要批示，要求把蕴含党的初心使命的红色档案保管好、利用好，把新时代党领导人民推进实现中华民族伟大复兴的奋斗历史记录好、留存好，更好地服务党和国家工作大局、服务人民群众。一直以来，江宁档案系统始终牢记习近平总书记的殷切嘱托，坚持锚定“四个好”“两个服务”的目标要求，紧扣“三个走向”，主动站位全局，服务大局，勇开新局，全力提升档案利用服务水平，积极为江宁社会经济的高质量发展贡献档案力量。

存史 2023年，江宁档案馆在整理一批旧档案时，发现了一份关于横山县抗日民主政权的珍贵档案。这些档案记录了新四军在江宁地区抗击日军的历史，是江宁人民抗日斗争的生动见证。档案馆通过精心修复和数字化保存，让这段历史得以完整呈现，并制作了专题宣传片《红色档案中的江宁记忆——横山县抗日民主政权》，以让更多人了解这段历史。江宁作为长江下游南岸地区设立县级建制最早的县之一，自有县级建制以来就有了文书档案管理机构，但由于种种原因，难以对档案资料进行集中、妥善保管，许多珍贵的档案资料毁于战火，直至江宁档案资料馆成立，江宁才开始真正有接收、整理历史档案，清理陈账，将各部门单位档案归档的地方，档案资源又逐渐“厚了起来”。江宁档案馆从一开始看上去不起眼的小档案馆，到如今逐步发展为功能完备的现代化档案馆，建成了37800平方米的新馆；馆藏档案从一开始只有几十全宗，到如今数量不断增加至全宗146个，总量123万卷、79万件，资料1.02万册，照片1.6万张，区级体量位居全市第一、全省前列；形式也从一开始传统的纸质档案，到如今逐步向数字档案转型。在这背后，是无数人的努力和心血。近年来，档案馆大力推进档案数字化工作，利用现代信息技术对馆藏档案进行扫描、存储和管理，不仅提高了档案的保存安全性，也方便了公众查阅。此外，档案馆还通过向社会征集档案、接收捐赠等方式，不断丰富馆藏资源，让更多的历史记忆得以传承。

资政　2024年3月，《江宁年鉴（2023）》成功入选第八批中国年鉴精品工程"中国精品年鉴"，这是全国年鉴编纂出版质量的标杆品牌和最高荣誉。江宁档案馆凭借丰富的馆藏资源，为年鉴的编纂提供了大量准确的历史数据和文献资料，这些年鉴不仅记录了江宁的经济社会发展情况，还为政府决策提供了重要参考，在制定区域发展规划时，档案馆提供的历史数据能帮助政府更好地了解江宁的发展脉络，从而制定出更科学合理，更适合江宁的政策。新中国成立之后，各项事业开始稳步前进，无论是乡志、县志、区志，还是各部门志，都少不了要借鉴馆藏档案。当然，不仅是在编纂工作方面，江宁档案馆馆藏的新中国成立后县、区、乡机关文书等档案在江宁两个文明建设中也发挥了不可磨灭的作用，特别是在江宁的经济建设、落实户粮政策、解决工龄伍龄以及调解民事纠纷等方面，提供了有效的证据。同时，档案馆还与区委党史办等部门合作，开展生态文明、长江大保护等专题史料编撰工作，为区域发展提供历史借鉴。此外，档案馆还定期开放馆藏档案，为社会各界提供查阅服务，助力区域治理和文化建设，真正将死档变为了活档。

育人　1980年6月5日，秦淮新河正式通水，44年后的2024年6月5日，江宁档案馆举行了"感悟奋斗力量 共建美丽江宁"庆祝国际档案日主题活动，《美丽中国·秦淮新河档案图片展》正式开启。多位秦淮新河建设时期的亲历者讲述档案故事，档案工作人员和新闻工作者一起诵读珍藏多年的秦淮新河档案，从中感悟催人奋进的精神力量。这种将档案与文化教育相结合的方式，不仅丰富了公众的精神文化生活，也激发了青少年对传统文化的兴趣和热爱。江宁档案馆积极承担社会责任，举办各类展览宣教活动，使人们在了解档案、利用档案的过程中增强爱区爱国之情，通过多种方式发挥育人功能，不仅编撰《江宁史话》丛书（共10卷），举办江宁历史记忆、红色记忆、发展记忆等专题展览，还联合多部门出版《千秋水脉·秦淮新河》《〈红楼梦〉与江宁》以及江宁历史名人连环画第一辑《史量才画传》《张栋梁画传》等，举办革命烈士生平事迹展，同时创新开展“档案小课堂”“档案里的江宁故事分享会”，拍摄《江宁解放》系列短视频，让珍档走出“深闺”，走进群众，以喜闻乐见的形式让档案“活”了起来，为新时代发展社会主义先进文化，弘扬革命文化，传承中华优秀传统文化发挥积极作用。

其实，我们每个人的成长经历、生活印迹和工作足迹，都是我们自己的档案，这些不同的档案累积在一起就构成了我们这一代人的集体记忆。这些记忆或许有欢笑，或许有泪水，或许有成功，或许有挫折，但它们都是我们生命中不可或缺的部分。正是这些珍贵的片段，汇聚成了当代人的追梦故事，记录着我们对生活的热爱，对未来的憧憬。它们不仅属于我们自己，也属于这个时代，属于那些与我们并肩前行的人们。让我们珍视这些集体记忆，因为它们是我们共同的财富，是我们在这片土地上留下的最深刻的印记。

目 录

物

集体记忆建构的现实路径*

南京市江宁区档案馆　南京市江宁区心理学会
（江宁区集体记忆协同研究中心）

近些年来，非物质文化遗产“活态传承”所取得的显著成效为各类文化资料的保存与利用提供了颇具影响力的引领与示范，各类文化机构、组织、社团开始积极探索自己在文化资源保存与利用中的“活态”方法，尽管这种效仿可能存在粗暴解读、形式套用的问题，但确实在一定程度上实现了工作思路的更新与转变。具体到档案的管理和运用上，让档案“活”起来现在已经成为国家、省、区、市各级档案部门的共识与期待，但往往还是未能突破单向宣传的固有思维，仅仅着眼于宣传手段的灵“活”搭配，无法解决档案工作真正的痛点问题。

一、痛点所在：档案与公众的疏离

【物化形式】 档案的产生得益于“人”力量的崛起，

* 文章主要观点于2025年2月14日在《中国社会科学报》发表，原标题为《借助档案叙事建构集体记忆》，作者：陈沛然（研究员）。

是人类记忆的一种特殊形式。远古时代，人类依赖以大脑为载体的记忆而维持生存，为了生存就要记住周围的环境，要分辨出哪些动物、植物对人们有害，哪些有益，如何寻找食物，如何应付各种自然灾害，这些经验需要分享和传递，这就需要保存记忆。然而，在整个社会的生产力得到发展的同时，社会形态也随之发生进化，原始社会那种人的生存与发展被自然的“神秘”与“必然”支配的境况逐渐发生改变，人对自然掌控与利用的需求日益增长，记忆面临越来越繁重的信息存储任务，加剧了人们记忆能力与需求之间的巨大矛盾，人脑这一器官逐渐暴露出它的有限性，这就激起人类扩展记忆能力的创造性活动，独立出人的大脑这一储存机体的其他物化形式便得以产生，如结绳、刻契、珠串、图形……毫无疑问，这些形式的确让人的记忆功能实现外延和转移，但这些材料的解读不能够脱离记忆主体的亲自解读，只能起到一定的提醒作用。文字的出现为人类记忆提供了可识读的记忆形式，大大提高了记忆共存共享的程度，《易经·系辞下》云：“上古结绳而治，后世圣人易之以书契。”由此，记忆开始以一种统一化、直观化的形式脱离人脑、脱离人本身，获得了自己的物质载体。

【新的“大脑”】 根据相关文献记载以及历史文物考证，商朝甚至更早之前就已经出现了档案的“专门化”管理。《礼记·曲礼》中记载：“天子建天官，先六太，曰太宰、太宗、太史、太祝、太士、太卜，典司六典”；“天子之官，曰司徒、司马、司空、司士、司寇，典司五众”；“天子之六府，曰司土、司木、司水、司草、司器、司货，典司六职”；“天子之六工，曰土工、金工、石工、木工、兽工、草工，典司六材”。这种社会分工的完善使得中央和地方之间信息往来愈加频繁，以至于产生大量的文件材料，集中化的存储和管理就成了必然。不仅我国，考古学家的发现，在古埃及、古波斯等地均发现了“专门化”的社会组织对丰富的档案进行统一调度和维护的记录。时至今日，在对档案进行管理的过程中孕育了越来越多的组织形式，如行政部门、专门机构、行业协会等，专业化水平进一步提升，这些专门化的组织负责档案的采集、整理、编码、存储、调取、解读等一系列工作环节，档案工作的主体仍然是广大人民群众，人的生产、生活实践仍然是档案的根本来源，但是档案的生产、再生产的流程被拆分、规划、分配给部分个体和集体，除档案工作从业者外的个人主体地位逐渐抽象至类存在，各类专门化的组织形式仿佛取代了最原初人脑的作用，成为档案工作中新的“大脑”。

【情感抽离】 个体对档案的情感抽离是形式脱离、过程远离的后果，从记忆开始以一种相对独立的形式存在起，本属于个体自己的记忆日益取得了丰富的物质载体，其客观属性逐渐增强，所属关系由于时空范围的不断扩大而变得越来越微弱。在社会发展到一定程度时，以国家政权为核心的权力形式会对档案的发展产生重要的甚至是决定性的作用，统治阶层会对整个文化语境进行符合自身所在阶级现实利益的引导和规训，法国哲学家、社会学家，后现代主义思想的代表人物米歇尔·福柯曾强调："档案是通过片断、区域或层次呈现出来，也就是在权力作用下，有选择地留存下来的。这种有选择地留存下来的档案，目的之一即在于控制社会记忆。"档案作为具有权威性的真实历史记录，是一种"显性记忆""正式记忆"和"优势记忆"，能够有意识地联结并组织过去和现在，在某种意义上是一种关乎集体记忆和集体遗忘的权力。此外，由于社会分工而产生的专门化工作组织将档案的再生产工作包揽，个体对档案的支配路径变得曲折遥远，"被剥夺""被遗忘"的感觉使得个体与档案不仅在物理意义上，更在心理意义上越隔越远。尽管目前各级档案部门试图拉近公众与档案的距离，让档案重新走回到公众视野，然而仅仅是把公众当作言说对象的宣教行为远不能吸引群众的、激发群众的兴趣、带动群众的参与。因此，改善这一现状应该从转换底层逻辑入手。

二、破局可能：档案助力个体建构自我

【理论转向】 其实早在20世纪90年代前后，世界范围内档案研究的新范式开始出现，随着联合国教科文组织"世界记忆工程"项目的全球推动，现代信息技术飞速发展下电子文件的大量产生，以及社会科学领域对集体记忆研究的深入，越来越多的人开始关注世界范围内各种文献遗产的生存状态及其对文明传承的重要作用。"记忆"才成为继"信息""知识"之后的又一重要概念进入档案学术话语。在后现代主义思潮、社会记忆理论、后保管时代档案理

论的影响下，“档案记忆观”应运而生，那种传统的将档案作为控制社会记忆的“功能主义”视角渐次向“建构主义”转变，不再仅仅将档案看作一种资源、媒介和权力，而是把资源、媒介和权力划归为档案所具有的现实功能，档案作为集体记忆形成、保存、传播、传承过程中的关键要素，应积极活跃地发挥这些功能，能动地改善和发展集体记忆的运行过程，主张行动者应积极发挥主观能动性来建构自我，改造社会现实。这一新范式既给档案工作者、社会公众带来了严峻的挑战，也为档案重新焕发活力、与公众重新建立深层次的联结提供了可能，更为档案工作真正实现提供了方向指引：工作重心由宏观向微观转移、馆藏来源的多元化发展、档案发展与个体需求的结合、技术手段的综合性运用。

【个体需要】 当前社会的一个显著特征便是人口的高度流动性，以及数字技术推动了个人身份的多重化与虚拟化，导致个体的自我身份参照体系常常处于变动之中，这些转变会引发人们对自我身份的重新思考与解读，普遍渴望通过与当下相适应、相匹配的方法和形式，完善对自身的认知并及时进行自我呈现。现如今，社会交往关系从现实场景扩展到数字空间，各类社交软件成为网络虚拟世界的主要交流场所，也重新塑造着每个人自我表达、缔结关系、成长发展的方式与路径。以海量社交记录为代表的各类网络资源是个体意识与行为在数字空间的自我表征，由于网络的虚拟属性，个体的自我呈现往往会更加全面，不仅仅是自身真实理念、习惯的展露，同时也存在个体对“理想自我”“应然自我”的搭建，是内心渴望的自我形象在网络空间内的打造。在这种现实世界与虚拟网络中反复以不一致的身份、人格、形象进行交往，在一定程度上会导致现实世界中的自我受到一定的冲击，为迎合网络特征而不断将自我分解为碎片化的垂类标签，因此容易造成身份认同的混乱甚至危机，缺乏核心的、稳定的、客观的现实依据作为自我建构的有力支撑，这一现实与虚拟的矛盾就为档案参与个体自我建构过程提供了可能。

【技术支持】 科学技术日新月异，针对物联网、云计算、大数据、人工智能等新技术带来的深刻变革和运用研究，档案领域从某种意义上可以说已进入了“新技术（主义）时代”。以区块链、人工智能、数字孪生、AR/VR技术等为代表的新一轮数智技术浪潮深刻影响着我国档案事业治理体系和档案工作管理模式，引发了我国档案利用理论与实践的发展与变革。近年来，国内档案行业借助技术开展档案利用服务创新，从理论研究走向工作实践成为必然趋势。如北京、上海等地借助数字孪生技术搭建网上展馆，对档案馆、图书馆、历史博物馆等进行数字化复原，实现实体场馆在网络空间的等比例搭建；依托人工智能技术，智能化档案利用模式逐渐成熟，河南省数字档案馆的智能检索系统实现了档案数据智能挖掘、智能关联、智能检索和智能学习；沪苏浙皖档案部门共同签署《长三角地区档案部门重点协同项目备忘录》，明确了全面推进长三角地区查档“一网通办”的总目标，市民只需通过实名验证，便可线上查询上海本地及苏浙皖三省部分城市国家综合档案馆的相关民生档案，节省了档案用户的大量时间成本和人力成本……然而，全新的技术手段也在一定程度上提高了档案开发、档案利用的门槛，方法不当不仅无法满足社会公众对档案信息资源获取的需求，甚至会加深两者之间的割裂。

三、解决路径：微观叙事打造集体记忆

【叙事视角】 新媒体技术赋权催生“个人力量的崛起”，其内嵌的自由、平等、民主等价值取向，使档案意识日渐深入人心，不断提升社会公众对“建档”的热情和“被记住”的需要，亦有效改善边缘、弱势群体的“沉默的大多数”现状。人们热衷于在社交媒体创造属于自己生命故事的“数字档案”，其特点是去中心化、日常生活化：它们不再被保存在档案馆里，而是存储在网络媒介中，每个人都可以参与档案的创建与分享；它们也不仅仅记录国家大事，更倾向于以个体叙事展现普通人的生活，由此建构起互联网时代人民群众的集体记忆。这些个体叙事蕴含着明显的后现代特征，使档案理论发展呈现出“从宏大叙事转向微观表达、从主流话语转向边缘声音、从权威建构转向权力解构”的特点。

档案叙事的视角，在过去是一种所谓“外视角”，即官方确定的宏大叙事方式。后现代档案叙事反对单一视角叙

事，在外视角基础上，从叙事者个人出发，进行“内视角”叙事，使档案在反映历史事实时更为全面。在后真相时代，从不同角度进行审视无疑会使人们对档案“真实性”的理解更为丰富。后现代语境下，档案叙事的可选择性逐渐成为被普遍认可的事实。这种可选择性一方面来源于叙事者在叙事过程中出于价值判断等因素所进行的资源保管、组织与呈现，很难以绝对的正误判定叙事内容的客观与真实；另一方面，档案内容与叙事内容之间存在或然的割裂与未知，原因在于叙者自身的文化背景、知识水平、价值预设会影响其对于叙事文本的理解。这意味着，档案叙事中的整体性与关联越发重要，在视角综合运用的前提下，人们对档案“真实性”的理解将会更加丰富，在一定的记忆“场景”内，微观的视角将会于叙事过程中揭示出背景、关系、事件等必要补充要素，看似主观却往往能够更为本真、生动地还原历史。

【主体建构】 档案工作者在从事档案管理工作时，通过各个环节所施加的有形或无形的影响，以职业之权力控制着集体记忆与遗忘的边界，是现阶段甚至未来一段时间内通过档案打造集体记忆的核心主体。然而，档案工作的高质量发展、集体记忆的打造、社会认同的产生均要求社会公众的参与及其在接受、传递叙事过程中主体性的生成与发展，因此，建立、实施档案微观叙事的过程其实也是帮助公众完成自身主体建构的过程。如果说，现阶段档案的解读作为一种权力资源不能够无节制地切割与划分，否则将会导致言说的混乱，那么尝试将社会公众重新拉入档案再生产的过程则是较为现实、可行的策略选择。

个人档案的建立便是社会公众将自身建构与档案工作生成联结的有效手段，个人档案是个体自身生活相对客观的记录和较为真实的凭证，个体能够在建立、完成、回望自身档案的过程中，建构起自己的整体意向，了解自身的独特性质，为个体辨别“他”“我”关系、划分群体边界、形成集体认同提供了有力依据。因此，各级档案部门、各类档案组织应积极出台规章制度、推行帮扶措施，协助社会人士建立属于自己的个人档案体系。从内容上来说，每个人在日常生活中产生的记录都因体现本人生活方式、社会地位、人际关系和性格心态而不同，且同一个人产生的不同体裁的个人档案也可能有所不同，因此无论是对于个体在社会生产和生活过程中存在里程碑意义且带有公证色彩的档案（身份、户籍、征信等），还是反映其性格、品质、价值等相对带有主观色彩的档案（日记、书信等），均应纳入个人档案的收集范围，通过个人档案的广泛建立，也就对不同群体的档案进行了补充，同时每个个体档案中都蕴含着其所处的社会关系，自我档案与他者档案便搭建起了联系，交叉验证、互为补充。通过这一过程，个体在建立、编排自身档案的过程中对自己形成初步认知，借助他者档案完善自我形象，内化名人档案、红色档案中蕴含的优秀精神，能够在一定程度上加深自我建构与档案工作的内在联系，同时锻造社会公众在档案工作过程中的主观能动性。

【呈现方式】 档案的“活”态化利用必须以时代化的技术工具作为支撑，再结合当下社会公众的浏览、体验需求制定叙事方案，以“情景化—故事化”的叙述模式为富有内涵的档案增添历史情境，为文化传播延展空间。相较于传统叙事模式对于标准化的故事结构、流程化的表现形式的依赖，创新模式下应将注意力转移、集中至新兴媒体的传播逻辑与传播特点上，强调通过一条明确的故事主线对碎片化的档案进行能动串联，对档案中与社会公众紧要相关的事件进行细节上的挖掘、补充，贴合新媒体的传播形式要求进行内容的规划与手段的综合。

一是要坚持情感叙事，最大程度上触发社会公众的情感共鸣。通过情感化的叙事，将档案背后与社会公众直接相关的社会背景、共性价值、人物关系、集体情怀以富有真情实感的方式进行表达。一方面，结合时代背景，实现档案故事情境化叙述。另一方面，叙述共同记忆，扩大社会共鸣。通过对重大历史事件的叙述，唤醒社会集体记忆。二是依据媒介特点，实现多模态表达。借用新媒体融入时代元素，将档案馆里的档案资源进行数字化叙事，将其社会影响力由点扩大到面。一方面，根据平台特性选择不同叙事结构，延展档案叙事空间。如借助微博、微信、短视频平台发布档案专属话题、专属讲解、故事演绎……以图文并茂的叙事形式向社会传递档案所承载的文化内涵，通过氛围烘托、情景再现的叙事手法将社会历史以动态的方式呈现出来，丰富叙事表达形式。另一方面，注重叙事结构呼应，构建完整故事链。叙事过程中借助不同媒介进行叙事表达与呈现，使得每一个子故事在不同平台可作为独立叙事文本呈现，但它们都紧紧围绕着同一叙事主题展开，统一叙事文本结构与风格，保证各个历史事件、故事之间的连续性，以完整的叙事链打造集体记忆的网络空间。

四、有益实践：档案中的江宁集体记忆（1949—2000）

全书紧紧围绕民生主题，从跟老百姓衣、食、住、行等强相关的历史变迁角度切入，结合地方志和档案馆材料，选取留存在江宁人记忆深处、能够着实拨动人心的与生活有关的一些民生往事，全面反映南京市江宁区1949—2000年间的时代细节变迁，展现出全区50年来的社会成长和流行演变。按照“人—事—物”划分，用物品、人物、事件构建集体记忆的空间场域；借助生活化、情感化的表达方式拉近档案与公众的距离；以文稿为主要脚本，衍生制作以“声音档案馆”为核心主题的江宁集体记忆有声节目，并通过新媒体平台，以图、文、音多种形式相互结合的方法进行传播推广，从而呈现一系列能够增进情感共鸣、凝聚价值共识的丰富成果。

人

牛经纪：耕牛也有自己的“经纪人”

小 档

1992年2月28日，江宁县工商行政管理局发布《关于征用荒地建设陶吴耕牛交易所的报告》，希望能将荒地有偿转让给陶吴工商所建设耕牛交易所。耕牛交易所即“牛市”，“牛经纪”就是“牛市”中不可或缺的一部分，其主要工作是以行家的身份为买卖双方搭起桥梁，协助介绍耕牛、推销牛只，从中收取报酬，或者凭自己本事炒买炒卖。尽管现在牛的农耕价值逐渐消失，牛市规模也在逐渐缩减，在湖熟街道，每年的农历四月初八还保留着组织集市贸易的传统。

提到庙会、赶集，相信大家都不陌生，但要说到牛市，知道的人可就不多了。此牛市并非股市上的牛市，这里说的牛市就是供大家买卖牛的集市，随着城市化的飞速发展，如今牛市逐渐退出了人们的视野，所幸在我们江宁的湖熟街道，每年的农历四月初八还保留着这样的老传统。在牛市交易过程中，活跃着一个特殊的职业群体——“牛经纪”，一头牛多重，值多少钱，买卖双方不是靠秤，而是靠“牛经纪”的眼力和诚信。

从1979年湖熟牛交所成立开始，牛市便成为湖熟最热闹的集市之一。等到牛市这一天，在湖熟集镇的赤山河河埂上，天还没亮，上百头牛就被牵到河道边和河埂上，牛主、牛客三五成群聚在一起，现场人来人往，牛的叫唤声、人的交易声不绝于耳。来自南京周边地区的养牛人像赶庙会一样会聚于此，交易现场有一群人，他们既不买牛也不卖牛，不过大家都信赖他们，并称他们为“牛经纪”。“牛经纪”是个老行业，一头牛要出售，卖家会请人估个价，估一次100元左右。买家也会请人估个价，双方估的价格一对比，相差不大的，就能顺利成交。

有些人或许会觉得牛经纪就是牛贩子，实则不然。牛经纪和牛贩子是两个截然不同的职业，牛贩子以买卖牛为主，而“牛经纪”就不同了，虽说有的“牛经纪”逛牛市偶尔也会买卖几头牛，但更多的是“相牛”，每次牛市有那么多牛，哪一头是好牛？牛只交易不同于猪羊，一头500公斤的大牛可能喝进去的水和吃的食物都有100斤，单单过秤难以呈现实际情况，因此让牛经纪来帮忙“相牛”就很重要了。从牛的毛色、腰部、腿脚等各部位特征综合判断，以撮合买卖牛的双方，把价格拉近到买卖两家都能接受的水平，等到买家和卖家成交后，“牛经纪”挣上一笔“成交费”，一般来说200元左右。随着牛只交易的兴起，1992年，陶吴也开始设立牛交所。

“以诚立身，以技为本”是“牛经纪”的职业操守。牛

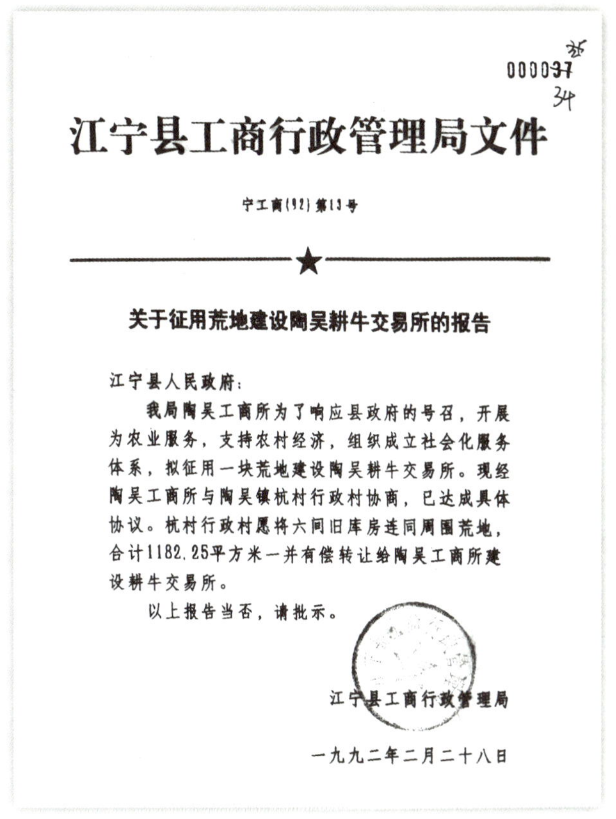

000037

江宁县工商行政管理局文件

宁工商(92)第13号

★

关于征用荒地建设陶吴耕牛交易所的报告

江宁县人民政府：

我局陶吴工商所为了响应县政府的号召，开展为农业服务，支持农村经济，组织成立社会化服务体系，拟征用一块荒地建设陶吴耕牛交易所。现经陶吴工商所与陶吴镇杭村行政村协商，已达成具体协议。杭村行政村愿将六间旧库房连同周围荒地，合计1182.25平方米一并有偿转让给陶吴工商所建设耕牛交易所。

以上报告当否，请批示。

江宁县工商行政管理局

一九九二年二月二十八日

▲关于征用荒地建设陶吴耕牛交易所的报告

主和牛客都把“牛经纪”的诚信看得很重，买家如果钱不够，只要“牛经纪”出面担保一下，连欠条都不用打。因此“牛经纪”一般在牛市上都比较在乎自己的信誉，更珍惜这份信任。有些威望高的“牛经纪”，月收入不下万元，但这个职业也不是谁都能干的，“牛经纪”作为中间人，除了眼明心慧，深谙世故，还需要别人都不懂的谈价技巧，如“手语讨还价”。据了解，如今的牛市很少有人买牛回家做耕牛了，基本是买肉牛，选择牛的标准也在改变，以看骨架、出肉率为主，要求“牛经纪”眼光准，一眼就能看出牛的年龄、品种、肉质和重量，判断出牛值多少钱。

民间还有关于这一职业的民谣：“袖里吞金妙如仙，灵指一动数目全，无价之宝学到手，不遇知音不与传。”随着社会的发展，机械化的铁牛代替了传统的耕牛，牛的农耕价值逐渐消失，牛市规模也在逐渐缩减，而这个职业也将逐渐消失在农村的牛市舞台上。但是，“牛经纪”以诚立身，以技为本的高尚职业精神，永远值得我们记忆和传承。

一代江宁教育人：致敬那些默默耕耘的“园丁”

小档

1956年10月29日，在江宁县优秀教师教学经验介绍的文件中，范英武发表《我校的品德教育》，描述她在陶吴区张家村初级小学里的教学方式；1997年5月26日，横溪乡允公小学发布《关于侨胞陶欣伯捐资横溪乡兴建乡中心幼儿园的列项报告》，提及陶欣伯先生为了家乡教育事业的发展，捐款建设幼儿园；1999年8月30日，郭荣幸填报江宁县优秀教育工作者申报表，并于9月8日获得批准……在那个年代，许许多多像范老师一样的教育人，他们用不同的方式，为江宁的教育事业奉献自己的一生。

1953年，那是一个春风化雨、万物复苏的年代，全国人民都沉浸在建设新中国的热潮中。在那时，有这样一群人，他们用最朴实无华的语言，传递着知识的力量，用一颗颗热爱教育的心，照亮了无数学生的未来之路。他们不惧艰辛，扎根农村，与孩子们同吃同住，共同经历无数个

编号______

会议文件
注意保存

江宁县优秀教师代表会文件之四

江宁县优秀教師教学經验介紹

1956.10.26.

▲江宁县优秀教师教学经验介绍

春夏秋冬。

范英武就是这样一位好老师，她所在的三郎庙小学是一所单班复式初级小学，刚开始时，条件是非常艰苦的，教学设备十分简陋，孩子们上课连桌子都没有。为了扩大学生的知识面，范老师在庙宇的一角开辟了一小间阅览室，用马粪纸、墨汁涂刷出3块小黑板和50张教学卡片，这就是课堂上最宝贵的教具了。范老师很善于将学生们的兴趣引向正当途径，学生调皮，有的喜欢玩小刀小锯，她就引导学生们成立工艺小组。她告诉学生保护国旗，动员每个学生从家中带一块布尖儿，拼凑制成一个五颜六色的旗套。降旗后，将国旗放入旗套。她意味深长地对学生说：“这个旗套的每块布尖儿，就代表每个同学的心，也表示我们同学紧紧地团结在一起，保卫我们的祖国，建设我们的祖国。”

除了范老师，郭荣幸老师也同样在默默滋润着江宁这片土地。1978年12月，郭荣幸老师投身于教师工作，他先后被评为“江宁区十佳师德标兵”“江苏省教育系统先进个人”“南京市劳动模范”“全国劳技教育先进个人”，多次被评为“中国少年科学院优秀指导教师”。郭老师带领学生开展了近百项科学研究，将青春热血都撒向乡村教育这片热土。他先后培养了十几位中国少年科学院院士和预备小院士，辅导学生小研究、小发明荣获国际奖4项，国家金奖7项、银奖2项、铜奖11项，省级奖50多项；辅导的学生高悦荣获第五届“中国青少年科技创新奖”并被

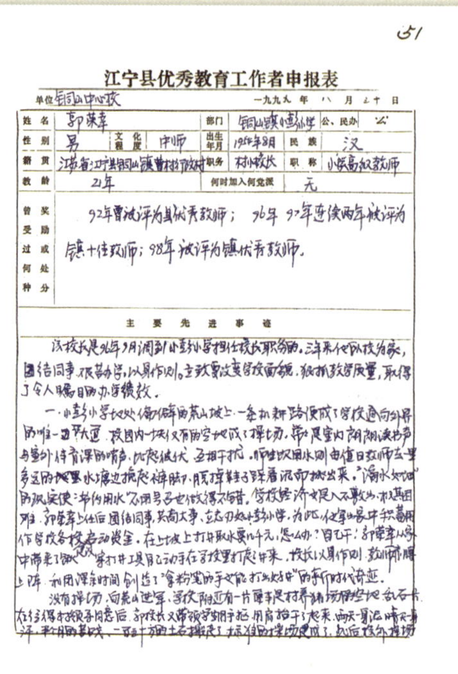

51

江宁县优秀教育工作者申报表

单位 铜山中心校　　一九九九年八月二十日

姓名	郭荣幸			部门	铜山镇小彭小学	公、民办	公
性别	男	文化程度	中师	出生年月	1958年8月	民族	汉
籍贯	江苏省江宁县铜山镇曹村村郭村			职务	村小校长	职称	小学高级教师
教龄	21年			何时加入何党派	无		
曾受过何种奖励或处分	92年曾被评为县优秀教师；96年97年连续两年被评为镇十佳教师；98年被评为镇优秀教师。						

主要先进事迹

该校长是96年9月调到小彭小学担任校长职务的。三年来他以校为家，团结同事，艰苦办学，以身作则。主要改变学校面貌，狠抓教学质量，取得了令人瞩目的办学绩效。

[illegible]

评为“中国少年科学院小院士”“全国优秀少先队员”；辅导的樊采薇同学被评为“江苏省少年科学院小院士”“江苏省优秀少先队员”……

同样在那个年代，陶欣伯先生虽身处商海，却也心系教育。1991年，陶先生在家乡南京江宁横溪出资100多万元重建了允公小学，他的这一举动，不仅改善了家乡学校的硬件设施，更为无数农村孩子提供了更好的学习环境，让他们有机会接受更好的教育，改变自己的命运。陶欣伯先生深知教

▲同意铜山郭荣幸优秀教育工作者申报表

育对于个人成长和社会发展的重要性，他所成立的“陶欣伯教育基金会”，不仅为贫困学子提供了求学的机会，更为国家培养了大量优秀的人才，为社会的发展注入了新的活力。他常对陶学子讲：“我拿你们当我的第三代。”《百岁老人话旧事》便是他送给陶学子的人生指南，他将自己的创业经历和人生体验记录下来，与陶学子分享，希望他们能从中获益，学会“待人以诚，做事全力以赴”的为人处世原则。

当然，如他们一般的江宁教师数不胜数，也正是因为江宁有这些怀揣着坚定的教育信念的老师，江宁的教育事业才得以蓬勃发展，学生们才得以茁壮成长。他们如同磐石般不动摇，将自己的青春年华与辛勤劳动，化作春雨般细腻入微的关怀，为农村的孩子们精心铺设了一条通往智慧与梦想交织的殿堂之路，用实际行动诠释了“春蚕到死丝方尽，蜡炬成灰泪始干”的崇高精神。

江宁县横溪乡人民政府

第　页　135

陶欣伯先生：

叩首！

承蒙您的一贯支持，家乡面貌年年都有新变化：一流的小学、现代化的幼稚园托起了家乡明天的希望，您帮助办的企业，为家乡经济发展注入了活力。由于家乡的底子太苦，要办的事情还很多很多，而经济的发展仍然滞后。作为乡里的当家人，我们深深地感到内疚，比起您老人家靠五块大洋下南洋创家立业的壮举自愧不如。

我们牢记您的嘱托，时时以您艰苦创业的精神激励自己，竭尽全力为家乡人民办一点好事与实事。今年，我们根据全乡人民的要求，继续实施集镇建设总体规划，搬迁乡政府，建一段新街道。您是知道的，

（18×15＝270）　　9101229.98.6

42

▲致陶欣伯先生的一封信

陶吴小学：与“一汽”共成长

小 档

中共陶吴镇委员会发布《关于在全镇党员干部中开展向“红领巾”班学习的决定》，希望全镇都能深刻学习陶吴镇小学“红领巾”班利用课余时间收集废物卖得51600元旧币给长春一汽集团捐款的精神，大力弘扬爱国主义精神。2004年，一汽集团回访陶吴中心小学，邀请新老红领巾代表到一汽集团参观访问。

古人云：“纸上得来终觉浅，绝知此事要躬行。”这句话深刻地道出了劳动教育的重要性——在课堂的学海中遨游虽能开阔眼界，但唯有亲身实践，方能验证所学。在课堂中汲取知识，在实践中检验真理，在快速发展的现代社会中，教育与工业早已密不可分。陶吴小学，这所位于城市一隅的学校，不仅承担着传授知识的重任，更以其独特的视角和行动，为支持“一汽”建设的蓬勃发展贡献着自己的力量。

1925年，陶吴中心小学正式成立。自建校以来，其发展可以说得上一波三折，虽然经历了多次停课和搬迁，但是陶吴小学一直紧跟国家的脚步，不断加大教育投入，更与“一汽”共同成长，互帮互助。在这片充满希望的土地上，陶吴小学从一开始大力发展劳动教育，到以“诗意陶小，精彩童年”为核心理念，不断探索和创新教育教学模式，以传承红领巾精神为主线，将红色血脉和社会主义核心价值观等内容外化于行，内化于心，根植于广大师生心中，为孩子们营造了一个充满爱与智慧的成长环境。陶吴小学里的每一位“红领巾”都受到过红色文化的熏陶，他们在学校与“一汽”的故事中受到激励，更加刻苦学习，勤奋用功。

1954年，陶吴小学师生以支援“141项工程”之一的第一汽车制造厂为主题，200多位“红领巾”利用课余时间收集废铜烂铁，将卖得的51600元旧币通过中国少年报社转交给第一汽车制造厂，这是“一汽”建厂以来收到的第一笔支持资金。那时候得知中国要自己建造汽车的师生们无比激动，他们起草了“为中国制造汽车红领巾出份力”的倡议书后就全身心地投入了废品的收集中，不管是路上的废铁，还是家里用坏了的锅铲、螺丝，“红领巾”们全来者不拒，都收集起来用来募集资金。在最后捐款时，他们还附上了一封信：“亲爱的第一汽车制造厂全体叔叔阿姨们，我们决心尽我们的力量来支援你们，钱虽然少，但也算是我们在建设社会主义的大厦上加了一块砖头。”

2003年，中央电视台等新闻媒体前往陶吴小学进行采访，回顾陶吴小学与“一汽”的故事，在2003年12月22日晚11：30，中央电视台《见证》栏目《带动生活的车轮》中还特意讲述了这一故事。2004年，“一汽”在建厂51周年时专门回访了陶吴小学，邀请了新老“红领巾”代表到“一汽”参观访问。2005年，一汽集团捐出10万元现金作为学校的办学资金。后来，陶吴小学还新建了“一汽红领巾广场”来纪念学校师生与一汽集团的深厚缘分。在“一汽”刚成立时，条件艰苦，没有参照，只能摸着石头过河，工人们心中仍存迷茫。当第一次收到“红领巾”的支援时，大家都深受鼓舞，立志要向江宁的“红领巾”学习，造好中国的汽车。

丁吉宝先生就是当时“红领巾”中的一员，在他的回忆里，那次捐献给他的人生带来了极大的影响。无论是后来参军，还是在工作中，每当他想起自己曾为国家作过贡献，就感觉心中充满了无限动力。“红领巾”的捐献，不仅是广大师生共同接受劳动教育

23

中共江宁区陶吴镇委文件

陶党字（2003）35号

★

关于在全镇党员干部中开展向“红领巾”班学习的决定

各村、各单位：

今年7月15日是长春一汽集团50年华诞，也是历经风雨的中国汽车工业迎来它的第50个年头。就在一汽举行隆重庆祝仪式前一天，一汽集团党委宣传部长助理沃仲声当晚在国内100多家记者吹风会上道出一汽人50年的记挂：第一笔捐款来自陶吴小学红领巾班的孩子们，他们利用课余时间，捡废铜烂铁，然后把它们卖掉换成钱，一共是五万多元（旧币，相当于现在五块多钱），寄到长春，寄到一汽。他说，我们还有一个计划，要寻访当年的红领巾班。

陶吴镇小学“红领巾”班曾经首笔支持中国汽车工业的捐款，50年后又震荡许多人的心。中央电视台和省市媒体都先后作了报道。为弘扬“红领巾”班爱国主义、集体主义精神，经镇党委研究决定，在全镇党员干部中开展向“红领巾”班的学习活动。各村、各单位要结合党的十六大精神、“三个代表”重要思想，认真组织党员干部多形式地开展学习，深刻领会，使全镇掀起一轮学习“红领巾”班爱国主义、集体主义的热潮，并使之得到发扬光大，为推进我镇“三个文明”建设提供强有力思想保证。

附：江宁报“红领巾”班报道

中共陶吴镇委员会

二〇〇三年九月六日

▲关于在全镇党员干部中开展向“红领巾”班学习的决定

的结果，更是陶吴小学与一汽集团缘分的联结。看上去小小的一笔善款，其中蕴含的精神却值得我们铭记。

4　责任编辑　王爱萍　责任校对　陈　静　2003 年 8 月 8 日　星期五　南京日报　江宁版

永远高高飘扬的红领巾

在长春一汽 50 华诞之时，一汽人在自豪地展示他们业绩的同时，向世人宣布了一件他们 50 年的记挂：第一笔支持一汽建设的捐款来自我区陶吴小学的 200 多位红领巾，是当年的红领巾们捡废铜烂铁卖钱捐的款。50 年来，这种爱国热情一直在激励着一汽人，也始终在红领巾们的胸中涌动——

●陈家清　毛文轩　李苹

今年 7 月 15 日，长春一汽集团迎来了 50 岁华诞。就在一汽举行隆重庆祝仪式的前一天，集团党委宣传部部长助理沃仲声向国内 100 多家新闻媒体道出了一汽人 50 年的记挂：一汽集团收到的第一笔捐款来自江苏省南京市江宁区陶吴小学，是 200 多位红领巾利用课余时间，捡废铜烂铁换来的五万多元（旧币，相当于现在的五块多钱），一汽人一直为这种精神深深感动。他说，他们有一个计划，想寻访当年的“红领巾”们。

消息传出，引起了陶吴镇党委、政府及当年“红领巾”们的关注，通过查找资料，部分“红领巾”们的回忆，一个个名字跃入人们的眼帘，他们中有：丁吉宝、马正华、姚瀚、王安雄、陆安英、督家梁……

难忘那激情岁月

岁月如梭，有些记忆是永恒的。

虽然已过去了 50 年，可当时那火热的场面，在如今均已是年逾六旬的“红领巾”的记忆中，依旧是那么清晰，一切仿佛就发生在昨天。

当时的学校教导主任、活动的发起人，现已是 78 岁高龄的王家鑑说起当时的情景，眼中闪动着激动的光芒。他说，一天晚上他和几位年轻教师散步，走到汽车站，和一位正擦洗汽车的司机交谈起来，司机告诉他们，他原来在上海开车，马路上跑的全是外国汽车，外国人嘲笑中国司机开的是“万国”牌汽车，作为一个中国人听了心里很不是滋味。一解放他就回到家乡江宁开车，可开的还是外国汽车。“什么时候能开上自己国家生产的汽车就好了！”老师们告诉司机，我们国家正在建设自己的汽车生产企业，不久中国人就可以开上自己国家的汽车啦！“真的吗？太好了，太好了，我等着……”这一消息让司机激动得语无伦次。此情此景，老师们被深深震撼了，这一幕也深深烙在他们的脑海中。回到学校，王家鑑即找到校领导，商量起草了一封“为中国汽车制造红领巾出份力”的倡议书，发动三年级以上学生利用课余时间，捡废铜烂铁，卖掉的钱全部捐给正在兴建的第一汽车制造厂。

图为部分当年的“红领巾”在陶吴小学新教学楼前的合影。

当时小学六年级学生，现已 66 岁的丁吉宝回忆道，看到倡议书，我们一放学就回家找废镰刀头、锅铲头、破铜板，然后用绳子一拴拎到学校去。路上碰到村上人，村上人得知情况后，也将家里的废铜烂铁给我一并捎上，说要为中国汽车制造出力，听了这话我心里热乎乎的。“我把家里的废铜烂铁捐出后，星期天又跑到 10 多里外的外婆家去找，外婆起先不同意，我告诉她中国要有自己的汽车了，我要为此出力。想不到外婆听了这话后非常高兴，还帮我一齐找废铁。”64 岁的陆安英说起当时的情景，依旧是那么激动。“当时的情景确实让人感动。”现年 90 岁、当年陶吴小学校长陈建钲说了这样一件趣事，一天一位老太太手里拿着一块废铜，领着正上一年级的孙子到学校“告状”，说孙子拿了家里的废铜，还告诉她拿到学校支援国家建设，其实是想拿去换糖吃。老师们向老太太解释确有其事，老太太立即转怒为喜：“我孙子思想好，应该，应该。”丢下废铜就走了……

爱国热情在升腾

带着 200 多名少先队员的热情和祝愿，象征着 200 多颗红心的这一笔捐款 4 月 21 日被寄到了长春一汽。不久，学校就收到了一汽寄来的感谢信和建厂照片，随后，200 多封发自一汽各车间、班组、建筑工地，或集体或个人满怀深情的感谢信雪片般地“飞”到孩子们手中，一封来自一汽热电厂的信中这样写道：“你们的精神感动着我们，我们一定会加倍努力，生产出世界上最好的汽车，让全国人民为我们自豪……”陈建钲老人说，当时他们还收到了一位解放军战士热情洋溢的信，信中说他出差在火车上，听到广播播出的孩子们的事迹后非常感动，表示要向“爱祖国、爱人民、爱劳动、爱科学、爱公共财产”的红领巾学习。

陶吴小学孩子们的举动也感染着周围学校的师生，他们有的捡破铜烂铁卖钱，有的砍柴卖钱，捐给国家，纷纷表示要为社会主义大厦添砖加瓦。

一些事情，可能影响人的一生。一次捐款，就在孩子们小小心田里埋下了爱国主义的种子，爱国激情在孩子胸中升腾。“这种感情，一直影响着我们今后的人生道路”。丁吉宝感慨地说，“从那时起，我就要求自己无论在什么地方，从事任何工作，都要听党的话，把祖国利益放在第一位。”丁吉宝告诉记者，中学毕业后，他响应党的号召，参军到部队，为国防现代化建设出力。在部队，他参与了第一批飞机雷达的研究，“每天加班加点，从没叫过苦喊过累。”由于成绩突出，他被授予二等功一次、三等功两次。督家梁，64 岁，区中医院主任医师，从医 30 多年，他一直兢兢业业，勤勤恳恳，曾多次荣获市、区先进医务工作者称号。“那次的捐款活动让我切身感受到为祖国、为人民作贡献，是一件至高无尚、无比光荣的事，也是一件非常快乐的事。在工作中，当看到病人经自己的医治，健康地走出医院，那是我最幸福的事了……”

从当初的 10 间土墙草房发展到今天拥有二幢设备齐全的现代化教学楼，爱国、奉献的优良传统一直在陶吴小学延续。在陶吴小学工作了 27 年的现任校长王成钧说，学校发动孩子为国家建设和帮助社会弱势群体做了许多有意义的事。1992 年起，学校还建立了爱心基金会，资金全部来自于师生捐款，仅近两年就为 200 多位贫困家庭学生和孤寡老人送去了温暖。

据悉，陶吴镇将利用这一爱国典型，对全镇干群进行教育，让爱国主义精神大力弘扬，激励大家为祖国、为社会多作贡献。

▲永远高高飘扬的红领巾

江宁马拉松：跑向未来的底气

小　档

1990年10月13日，江苏省人民政府办公厅印发《关于表彰在第十一届亚运会上取得优异成绩的运动员、教练员的决定》，在第十一届亚运会上，赵友凤带着脚伤夺得冠军。为了鼓励这种精神，省政府给赵友凤等运动员记大功一次。当然，如赵友凤一般的运动员还有很多，他们都在用汗水诠释奔跑的意义。

跑步是一项最基础的体育运动项目。每当城市苏醒时，我们总能在公园里、河岸边，看到周围居民跑步的身影。而马拉松比赛，则是跑步爱好者非常喜欢参与的项目之一。在比赛中，参赛者可以与无数跑友共同前行、并肩战斗。但是你知道吗？江宁与马拉松的渊源颇深，马拉松“超越自我”的精神也在江宁代代接力传递。

1957年11月24日，那是一个激动人心的日子。新中国第一场马拉松比赛在江宁举行，赛事的起点位于现在的政府大门口，终点则设在方山风景区北门的江宁淳化横岭社区附近。在这场比赛中，来自江苏的选手夏启宇以2

小时52分40秒的成绩冲过终点线，创造了新中国第一个马拉松纪录。按照国家马拉松赛跑运动员等级标准，夏启宇的成绩超过了一级运动员标准，如再缩短7分40秒，就能达到运动健将的成绩了。但让人意想不到的是，夏启宇并非职业运动员，而是一位医生，他在业余时间刻苦练习，最终在江宁这片土地上创造出了属于自己的辉煌。这场比赛的举办，不但代表着中国马拉松运动揭开了崭新的一页，更是江宁全民健身热潮的真实写照。

其实，江宁还有许多像夏启宇一样在马拉松比赛中跑出风范的选手。比如，我国第一个国际女子马拉松冠军——赵友凤。她出生于湖熟，1972年，赵友凤被体育老师发掘进入了田径队。1977年，她第一次拿到镇比赛少年组800米冠军。1982年，她进入了江苏省体育最高

馬拉松长跑賽夏启宇荣获冠軍

以172分40秒时間跑完全程

1957年江苏省馬拉松長跑竞賽，24日上午在本縣举行。來自徐州、新海連、南京、苏州等十个單位的17位長跑运动員参加了竞賽。上午8时50分，运动員从縣人民委員会門前出發后，运动員們展开了剧烈的竞爭。比賽結果，南京市运动員夏启宇，以兩小时五十二分四十秒时間，跑完四十二公里一百九十五公尺全程；超过了一級运动員标准，獲得了1957年江苏省馬拉松賽跑第一名，并創造了江苏省馬拉松記錄。其余十六名运动員，有十名达到二級、（三小时三十分）五名达到三級标准。（五小时）

▲1957年11月24日的《江宁报》

▲夏启宇参加比赛的照片

038

江苏省人民政府文件

苏政发〔1990〕115号

关于表彰在第十一届亚运会上取得优异成绩的运动员、教练员的决定

（一九九〇年十月十三日）

在第十一届亚洲运动会上，我省运动员、教练员奋力拼搏，取得了优异成绩。刷新一项世界纪录、六项亚洲纪录，共获二十六枚金牌、八枚银牌、三枚铜牌。为了表彰他们作出的重大贡献，鼓励全省体育健儿攀登世界体育高峰，为国为省争光，省人民政府决定：

授予周玲美、林莉、王晓红、黄康林、张雄省劳动模

—1—

039

范称号；

给赵剑华、赵友凤、施文、蔡建明、杨阳、张玉萍、肖爱华、贾桂华、梁军、周萍、梁翠、宫鲁鸣、孙凤武、胡宾、唐鑫、毛武扬、徐鸿林、石严、庄杏娣、宗祥庆、沈昌杰、金海泉各记大功一次；

给许学宁、孟刚、赵德岭、张润龙各记功一次。

江苏电视台亚运转播团在承担第十一届亚运会乒乓球转播工作中，圆满完成任务，成绩显著，一并予以表彰。

主题词：体育　奖惩　决定

主送：各市、县人民政府，省各委、办、厅、局，省各直属单位。

抄送：省委各部委，省人大常委会办公厅，省政协办公厅，省法院，省检察院，省军区。

江苏省人民政府办公厅　　一九九〇年十月十三日印发

共印：二，一〇五份。

—2—

▲关于表彰在第十一届亚运会上取得优异成绩的运动员、教练员的决定

▲关于奖励赵友凤的请示

学府——南京体育学院深造。1988年3月6日，赵友凤参加了在日本名古屋举行的国际女子马拉松赛，以2小时27分56秒的成绩夺得本届赛会的桂冠，也创造了全国最好成绩。

随着江宁全民健身活动的不断深入，越来越多的人开始意识到运动健康的重要性，并养成了良好的健身习惯。现在，马拉松已经融入江宁老百姓的生活中。马拉松比赛让江宁居

民开始注意到长跑这种健身方式，无论是专业选手还是业余爱好者，都十分着迷于这样酣畅淋漓的比赛。马拉松甚至已经成了亲子活动的选择之一，马拉松不仅能锻炼孩子的身体，还能培养孩子的体育精神，磨炼孩子的意志，加固亲子关系。与此同时，马拉松还成为江宁对外开放的一个窗口，举办马拉松赛事，能吸引许多外省的选手和游客来到江宁。在赛事期间，选手和游客可以品尝江宁的特色美食，欣赏江宁的美丽风景，感受江宁深厚的文化底蕴和独特的城市魅力，进而促进江宁体育、文化、旅游等多方面的发展。

如今，长跑运动仍然是很多江宁人生活中不可缺少的一部分。每到清晨与傍晚时分，我们总能在江宁的街头

▲健身操比赛

▲淳化街道第一届全民健身运动会、2008江宁区全民健身月活动开幕式

巷尾看到跑步健身的居民。每当遇上马拉松赛事，那就是一场盛大的跑友狂欢，选手们在比赛中用脚步丈量着江宁的每一寸土地，用汗水诠释奔跑的意义。这种积极向上的生活方式和坚持不懈的奋斗精神，正是江宁在经济社会发展大潮中始终奔跑向前的底气。

江宁乡贤：一方水土养一方人

小 档

1989年7月22日，江苏省民政厅发布《关于表彰张兴富先生热心支持社会福利事业的决定》，以中华人民共和国民政部的名义，授予张兴富先生荣誉证书和“德高义重”铜匾。1979年，香港大华皮草有限公司经理张兴富从香港回到了他的家乡——江宁县禄口乡王家庄探亲，为了支持家乡兴办敬老院，发展社会福利和教育事业，张兴富陆续捐赠120万港元。1984年，张兴富资助建设江宁县禄口兴富中学（1992年并入禄口中学）。多年来，张兴富先生投身于社会福利事业，虽然他并非个例，但也让我们明白了“乡贤”两个字的重量。

在江宁这片满是乡愁的土地上，乡贤们成了发展中不可缺少的重要力量。他们或许没有显赫的官职，也没有丰厚的财富，但正是这些平凡中的不凡，让江宁的故事更加生动，更加感人。江宁的乡贤，大多生于斯、长于斯，对这片土地有着难以割舍的情感。他们深知，家乡的发展离不开每一个人的努力，于是，他们在各自的领域里默默耕耘，用实际行动诠释着对家乡的热爱与奉献。

1909年，出生于江宁县禄口乡陆岗行政村王家庄的张兴富便是其中一位乡贤。他生在一个贫苦家庭，13岁时，张兴富跟随父亲到了“十里洋场”的上海，在一家皮毛作坊当徒工。新中国成立前夕，张兴富奔赴香港继续经营皮草生意。在香港，张兴富凭借自己精湛的手艺，良好的信誉，在香港的皮草行业打出了自己的天地。在国货公司的扶持下，张兴富的皮草生意越做越大，小作坊变成了“香港大华皮草行”，张兴富也自然而然地成了“香港大华皮草行”的董事长。

不知不觉，张兴富

8

张兴富先生简介

张兴富先生1910年出生于禄口镇陆岗行政村王家庄，从小在上海学皮毛，1951年在香港定居。由于他为人诚实、办事稳重，被同行推选为香港皮革行经理和皮革行商联谊会会长。

张先生怀着一颗赤子之心，时刻注视和关心着祖国，尤其是家乡的社会主义事业。一九七九年，张先生回乡探亲观光，表示愿意为祖国四化大业和家乡建设出力。他先后捐资给本镇发展乡镇企业、副业生产，兴办医院、学校、敬老院和自来水厂等社会主义福利事业。

一九八四年，张兴富先生先后汇款九万八千元，创建兴富中学，经江宁县文教局批准更改原校名，聘请张先生为名誉校长。

一九八一年，四川省遭受水灾，他立即汇款3.33万港元援助灾民。一九八七年，大兴安岭发生火灾，他又捐款十万港元。十年来，张先生捐献给国家和家乡的资金共达一百二十万港元。

张兴富先生在香港不算巨富，他能自觉用来之不易的金钱帮助祖国搞建设，充分体现了他作为炎黄子孙的爱国热情。为表彰张先生的爱国爱乡精神，中华人民共和国民政部于一九八九年八月授予他“德高义重”牌匾和荣誉证书。

今年五月，张先生再次捐款1.5万元人民币给兴富中学。附信一封如下：

禄口兴富中学领导人：

你们好！今来信把关于造学校之事谈一谈，由于我是出生在家乡的港澳同胞，为帮助家乡的建设，提高后一代的文化程度，使家乡建设后继有人，所以我在一九八四年四月十二日寄了人民币三万元给你们造学校，在造好学校之后，你们写信来告诉我说：你

9

们造学校用了六万多元，三万多元是用了政府的，起名为兴富中学。所以我收到信之后，在一九八四年六月二十一日我又寄了人民币五万元，之后在一九八七年又寄了一万八千元，为造学校我前后共寄了九万八千元人民币。由于我文化程度低，不会写信，故托别人现在帮我写信给你们，所以希望你们搞好教育工作，提高教育质量，教育后一代要好好读书，提高文化知识，为建设家乡贡献力量。

祝一切顺利如意！

张兴富
1985年10月8日

弘扬“兴富精神”办好兴富中学
专题研讨会提纲

一、什么是兴富精神？它有什么意义？
二、怎样认识二中学的地位？办好兴富中学有什么意义？
三、什么是兴富中学的办学方向？
四、兴富中学目前管理体制、师资队伍、生源、经费上的若干问题怎样解决？

兴富中学是一所农村学校、一所联办中学、一所正在实施义务教育的学校、一所统战部门的窗口学校，讨论解决这些问题，既有它的特殊意义，又有它的普遍意义。

一九九〇年十二月

▲张兴富先生简介

已离家三十载，事业蒸蒸日上，家庭幸福美满，生活安定舒适，但他依然时时刻刻惦记着故土，挂念着家乡的父老乡亲。1979年，改革开放的春风拂遍了神州大地，触动了张兴富的心，他满怀喜悦的心情，踏上了阔别几十年的故乡土地，成为江宁县第一个归来的赤子。张兴富欣喜地看到了家乡的变化，并决心为家乡的发展建设贡献绵薄之力。回到香港后，张兴富随即向禄口乡的裘皮厂捐赠了10台英制缝皮机，同时也向陆岗行政村捐赠了3台，帮助他们发展村办裘皮厂。之后，张兴富又汇来10万元人民币，资金的一部分用于发展养兔事业，解决皮毛原料，剩下的部分用于乡裘皮厂的修建，扩充规模，增强技术力量。

1984年，张兴富捐资8万港元，在禄口乡新建了江宁县禄口兴富中学。在兴富中学落成典礼大会上，专程从香港赶来的张兴富激动地对挤满一院子的乡亲们说："……我一生吃尽了没有文化的苦，深知没有文化就

025

江宁县人民政府文件

江宁政发〔1984〕80号

★

关于接收港胞张兴富捐赠人民币伍万元给禄口乡创办兴富中学的报告

省、市人民政府：

我县禄口乡陆岗行政村港胞张兴富先生，于一九八四年六月二十九日自愿捐赠人民币伍万元（已汇中国银行南京分行），给禄口乡创办兴富中学，为发展家乡教育事业贡献力量。

根据国务院〔1978〕252号文件精神，经我们研究，同意接收人民币伍万元作为禄口乡创办中学用。

望予批准。

江宁县人民政府

一九八四年[illegible]月[illegible]二日

抄送：省（市）侨办、中国银行南京分行，县委统战部

▲关于接收港胞张兴富捐赠人民币伍万元给禄口乡创办兴富中学的报告

没有科学技术，没有科学技术就没有国家的强盛和人民的富裕。建立这所学校，只是我为祖国，为家乡所尽的一点微薄之力，也是我多年来的一片心意，一点夙愿……”为改善家乡的医疗条件和社会福利，1985年，张兴富又带头捐资30万港元，并动员、联络在香港的47名禄口港胞集资捐助44万港元，共计74万港元修造禄口卫生院和敬老院，大大缓解了当地群众看病难的问题。1986年，张兴富又捐资28万元人民币为陆

张兴富先生等港胞捐款新建的六口医院和敬老院外景

县委书记陈宗林和港胞张兴富先生为六口医院落成典礼剪彩

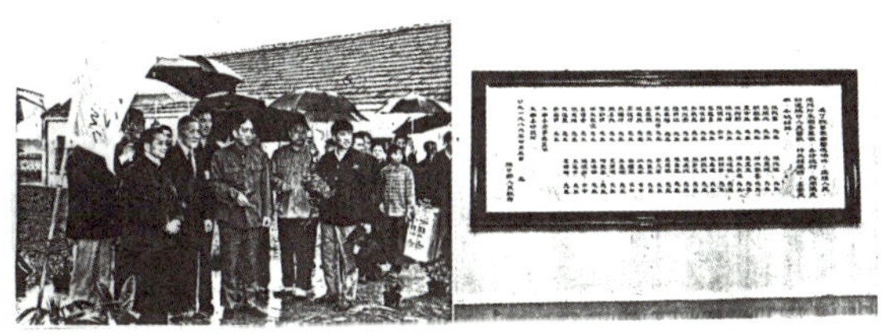

张兴富先生在市、县、乡领导同志的陪同下观看揭碑仪式

市、县、乡领导同志陪同张兴富先生参观六口乡医院和敬老院

张兴富先生与部分参加医院落成典礼的港胞同县乡有关领导在乡林场合影留念

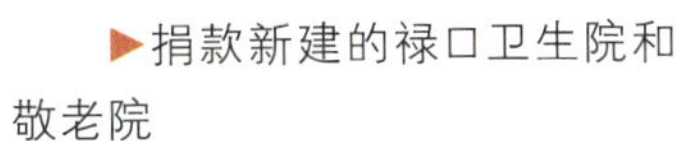

▶捐款新建的禄口卫生院和敬老院

江苏省民政厅文件

苏民农(1989)26号

关于表彰张兴富先生
热心支持社会福利事业的决定

江宁县人民政府:

张兴富先生系江宁县禄口乡人，一九五一年去香港定居，现任香港大华皮草有限公司经理。张先生为了支持家乡兴办敬老院、发展社会福利和教育事业，自一九七九年以来，陆续捐赠了一百二十万港元，受到家乡群众的热情赞扬。

经报国家民政部批准，并受民政部的委托，以中华人民共和国民政部的名义，授予张兴富先生荣誉证书和“德高义重”铜匾，予以表彰。

一九八九年七月二十二日

主题词：民政　表彰　决定

抄报：民政部，省委、省政府、省人大、省政协办公厅。

抄送：省委统战部、省侨办，南京市政府、侨办、民政局，江宁县统战部、民政局。

▲关于表彰张兴富先生热心支持社会福利事业的决定

岗行政村兴建自来水厂，改善当地村民的饮水条件。

张兴富先生对家乡的深情厚谊，不仅体现在言语之间，更深深烙印在他为江宁发展所付出的每一滴心血里，他用实际行动诠释了何谓“德高义重”。当然，像他这般无私奉献的乡贤并非个例，陶欣伯、贾安坤等乡贤都如同一股清泉，滋养着江宁这片热土，也深深感染着每一个人，他们的精神将如同灯塔一般，指引着后来者继续前行，在祖国的广袤大地上书写更加辉煌的篇章。

乡音：江宁人说江宁话

小档

在禄口语言教学的第二十五章中，列举了许多江宁特有的方言、谚语和常用歇后语。江宁方言属于江淮方言。其方言与南京老派方言十分接近，一般人难以区分。江宁话与南京话有一共同特点，即有些字读音不稳定。甚至从某种角度上看，可以说江宁方言是南京城市老派方言在东南农村的保留版本。

说起江宁话你会想起什么呢？熟人碰面开口就是一句寒暄："啊，吃饭啦？"然后高兴地聊上几句，互相讲讲最近的生活。江宁话很有意思，比如"老外"，这个"老外"在江宁话里不是指外国人，而是指外行。同样地，如果江宁人说"胀气"，那不是说肚子不舒服，而是说小孩儿不听话，事情不顺心。乍一看不搭边的词语，却处处出现在江宁人的日常交流中。

江宁方言属于江淮方言。由于江宁与南京城东、城南、城西南山水毗连，地理上互为渗透，与南京语言文化一脉相承，其方言与南京老派方言十分接近，一般人难以

▲第二十五章　方言、谚语、常用歇后语

区分。甚至从某种角度上看，可以说江宁方言是南京城市老派方言在东南农村的保留版本。与普通话相比，江宁方言有好几处不同，而且不同城镇还各有千秋，就拿禄口话做个例子：首先，舌尖鼻音n与边音l不分，声母为n的字多读成声母为l的音，比如“那”会读成“腊”的音；其次，卷舌音少，一般只有舌尖z、c、s，没有舌尖后音zh、ch、sh，比如“书”会读成“苏”的音。而且，鼻音韵尾分不清前后，只有前鼻音韵母n，无后鼻韵母ng，韵母ing与in不分等。

在社会结构和居住人口不断变化的情况下，江宁人使用语言的习惯和方式必然发生变化，方言的使用功能、使用空间均与过去大不相同，方言本身也不可避免地发生变化。改革开放后，一批适应市场经济、记录时代变化、展示政治文明、体现地域经济和文化影响的新词语应运而生。其中部分新词语通过大众传媒反复传递，逐步与江宁地方语言相融合，久而久之成为江宁人的通用语言。举个例子，“打镖枪”从一种射击活动，摇身一变指代小偷在偷窃前踩点。而“挂红灯”，则是对考试不及格的戏称。

江宁作为南京的新城区，社会生活发生了翻天覆地的变化，有些江宁人离开家乡，到外地去工作学习。在人口流动成为常态的情况下，人口构成发生极大变化。加之普通话的推广，方言自然随之发生相应的变化。20多年前，江宁可以说普通话的人并不多，说流利普通话的人更少。

至2007年，在日常生活中使用普通话的人日益增多，普通话作为主要交际语言的地位已经基本确立。虽然普通话成了日常交流的用语，但在家时人们还是习惯说着家乡话，相信很多人遇见过这样的场景——有时候遇到复杂的事情，那真是“栀子花茉莉花”云里雾里，“火都快上房了”还没办法解决问题，最后祈求“菩萨的儿子”神人指点迷津，才得以发现其中奥妙……

江宁话，它简单直白，却十分生动形象，每一个貌似不合句意的词汇、每一句看似让人摸不着头脑的表达，都蕴含着江宁人心底深处的真实情感。从清晨见面的第一声问好到夜晚饭桌上的日常分享，从每日工作的沟通到街坊邻里的聊天，江宁话无处不在。江宁人用最朴实的话语搭建出最坚固的桥梁，无论是在外还是在内，江宁人在听到江宁话的那一瞬间都仿佛回到了家的怀抱。

事

承包经营责任制改革：江宁始终破浪前行

小　档

1987年11月15日，江宁县物资局发表《推行承包经营责任制增强企业活力》。实行承包经营责任制是将经营权与所有权分离，深化改革的一项重要措施，一般遵循“保住基数，确保上交，超收多留，歉收自补”的原则。1987—1995年，江宁县商业局所属企业先后实行三轮承包经营责任制。承包经营责任制的实行，增强了乡镇企业自我改造和发展能力，增强了企业自我发展后劲，提高了乡镇企业的管理水平。

在改革开放的春风中，江宁县的企业如同一颗蓄势待发的种子，深深扎根于市场经济的沃土之上。随着企业经营体制的改革如春雨般滋润，这片土地上的国有企业开始焕发出勃勃生机。1987年至1995年，三轮承包经营责任制的实施，如同为这片土地注入了源源不断的活力之水，让乡镇企业如同雨后春笋般茁壮成长，展现出前所未有的自我改造和发展能力。

1987年9月，江宁县百货公司作为第一轮承包经营责

推行承包经营责任制增强企业活力

江宁县物资局

根据中共中央（86）21号文件和省政府今年83号文件精神，以及市县有关推行厂长（经理）负责制和承包经营责任制组织实施方案的要求，为深化企业改革，使企业所有权与经营分离的责权利紧密结合，充分调动企业、经营者和职工的积极性，进一步增强企业活力，我们遵循确保国家财政收入稳定增收；确保企业自我积累、自我改造、自我发展的能力不断增强；确保职工收入，随着企业经济效益的提高而相应提高的原则，经报请县政府批准，九月十日前相继对金属材料等八个全民性质的物资企业推行了经理任期目标责任制和承包经营责任制，签订了一定四年的承包经营合同。

我们的工作是分三步走的，第一步是选择作用影响大、经济效益好、人员素质高的金属材料公司进行试点；第二步是在试点的基础上进行小范围内推广；第三步是学习邓小平同志“我们改革的步子要加快”、“我们不但要继续实行改革和开放的政策，还要搞得更勇敢一些”的讲话以后，才下决心全面推开。全民物资企业实行“两制”以后，有这样几点明显的效果：一是用合同的形式明确了国家与企业的分配关系；二是有利于企业避免短期行为；三是明确了企业经营者的中心地位和作用；四是国家与企业、企业与经营者、企业与职工、经营者与职工的关系更明确、更完善了；五是对企业党组织、工会的工作提出了更高的要求。从半年多来实践的情况来看，改革的效果是好的，给企业增添了活力，激发了干部职工的经营积极性。到十月底，

—1—

全局进销额已分别超亿。超额完成了年度计划，在市属五县之中销货总额率先创亿元，迈入了全国销售额超亿元的先进县行列。并在进货额、销货额、费用率、资金周转等四个经济指标中，名列全市五县同行业四个第一，尤其是费用率还名列全省同行业第一。

全民企业推行经理任期目标责任制和承包经营责任制，是一项政策性强、涉及面广的细致工作。对于这项工作，我们坚持做到主管领导亲自过问，分管领导一抓到底，重大决策问题集体研究。具体做法主要是“把好三关”和正确处理“四个关系”。

一、把好“三关”。

（一）把好思想关。

今年，我们在物资企业推行经理任期目标责任制和承包经营责任制，从酝酿到实施阶段，有些同志曾对深化企业改革产生过疑虑的思想和观望的态度。如有的同志把实行经理负责制看作是“削弱党的领导”；把企业的承包经营责任制看作是搞“私有制”。有的同志把企业实行的“两制”比拟成唐僧的“紧箍咒”；还有个别担任公司领导职务的同志对企业“两制”产生畏难情绪等等。针对这些思想反映，我们深感要加快改革的步伐，就有必要先统一广大干部职工的思想，以坚定改革的决心和信念。在推行“两制”的宣传发动阶段中，我们主要是采取分层次的学习办法，即：先党委后支部，先党内后党外，先领导后职工。重点是学习中央（86）21号和省政府（87）83号等文件，着重引导大家克服“三怕”，即：一是克服怕“离谱”的顾虑，敢于冲破旧条条、旧框框的束缚。原先，有少数同志受陈旧、僵化的思想观念的影响，对目前的改革，缺乏正确的认识，生怕离了四项基本原则的“谱”。为此，我们结合坚持四项基本原则的正面教育，并采取“形势与改革”宣讲会、“物资工作发展史图片”展览等形式，

—2—

◀推行承包经营责任制增强企业活力（1）

任制试点单位，在县政府的批准下与其他相关单位一起率先开始了改革。同年12月15日，县财政局、劳动局、商业局分别与县百货、纺织品、五交化、糖烟酒、医药公司5家批发企业签订了“两包一挂”（包上缴利税和企业自我改造、自我发展能力，实行工资总额与上缴利税挂钩浮动）的承包经营责任制和经理任期目标责任制，承包期4年。1989年，县商业局按照“配套、完善、深化、发展”的要求，把改革的重点放在搞活企业内部的二次分配上，逐步完善对承包

企业的考核管理，企业内部层层分解承包指标，初步形成一个纵向上下衔接、横向连锁互保的体系。1990年，第一轮承包经营期结束，县商业系统利润比1987年增长了51.27%。

1990年，江宁县商业局、财政局贯彻《江宁县人民政府关于完善县属企业承包经营责任制的意见》，在第一轮合同期满后，他们并未止步，而是秉持“稳定政策、兴利除弊、分类指导、多作贡献”的原则，毅然决定延长承包期。县商业系统内的18家企业，如同被点燃的引擎，纷

116

启发干部职工认清坚持四项基本原则与深化改革的关系。从而，使有顾虑的同志澄清了模糊的认识，认识到坚持四项基本原则与坚持改革开放是党的三中全会以来路线的两个基本点。改革的实践只要是有利于搞活企业，有利于发展经济是不会偏错的。

二是克服怕风险的思想，放散开拓新路，勇于挑起重担。原先，有些党员，特别是一些担任公司领导职务的党员吃惯了现成饭，做惯了太平官，面临改革，缺乏开拓进取的勇气，抱有随大流的态度。后来，我们就结合“上党课教育，并采取举办“老山前线英雄事迹报告会”等形式，以提高广大党员的政治素质。

局业务股副股长周咏友同志，年青有为，具有中专文化。这次，我们把他调到物资交易中心去任经理。开始，他有种种想法，实际上就是安于机关工作，不敢到基层单位挑重担。通过学习，他认识到在改革的年代，青年人尤其要致力于改革，干一番事情，从而，愉快地走上了新的工作岗位。

三是克服怕得罪人的思想，发扬党的优良传统，做好政治思想工作。改革可能会局部地暂时地触犯上下左右各方面的利益。这次实行“两制”，我们遵循大稳定、小调整的原则，对少数公司的领导班子作了些调整；有的公司对内部的中层干部也作了适当的调整。这样，就使一些同志产生了畏难、埋怨、顶牛等不良的思想反映。当然，还有其它方面的阻力。对这些问题，我们一方面坚持实事求是的态度，光明磊落地敢于顶住；另一方面重点是开展了大量的说服教育工作。木材建材公司经理刘炳生同志，对调整前后的中层干部，一个一个的找他们促膝谈心。通过对话，促成消极因素向积极方向转化，使他们心情舒畅地在各自的工作岗位尽职尽力。

（二）把好人选关

115

根据中共中央、国务院“关于颁发全民所有制工业企业三个条例的通知”的精神，我们在推行经理负责制的过程中，在就确定企业经营责任人的人选问题上，主要是按照《全民所有制工业企业厂长（经理）工作条例》中，厂长（经理）应具备的条件的要求，在充分调查研究、考察并征求职工意见的基础上，局党委研究后确定。

木材建材、金属材料、机电设备、燃料、化工轻工等五个公司，属于大中型企业。对这些公司的经理人选问题，我们主要是召开各种类型的座谈会，广泛听取干部职工的意见。在此基础上，由局党委会讨论通过后任命。原燃料公司是由副经理倪宏九同志主持业务工作，王则成同志主持支部工作。在群众的座谈会上，与会干部职工一致反映：“倪宏九同志虽然业务精、会算帐，但是缺乏魄力。认为王则成同志事业心强，工作有魄力，外面关系广，并有一定的组织能力。这样，我们就尊重民意，由王则成同志任燃料公司经理。象木材、建材、金属材料、机电设备、化工轻工等四个公司，也是在广泛征求群众意见的基础上，仍由原来的经理为经营责任人。生资服务、金属回收、物资交易中心等三个公司，属于中小型企业。对这些单位的经理人选问题，我们主要是破除论资排辈的思想，按照任人为贤的原则，经组织考察，直接由局党委任命。

（三）把好政策关

今年，通过文件的学习，以及到兴化、高淳、溧水、六合等县物资部门学习，使我们认识到实行承包经营责任是大势所趋，势在必行。因而，我们在物资企业推行经理任期目标责任制的同时，又全面地实行了承包经营责任制。在实施的过程中，根据省政府（87）83号文件精神，结合物资系统实际情况，按照承包经营责任制“包死基数、确保上交、超收多留、欠收自补”的原则，首先与县财政局共同商订

▶推行承包经营责任制　增强企业活力（2）

纷加入第二轮承包经营的大潮。县商业系统第二轮承包经营的企业承包了指标利润和上缴利润，将工资总额与经济效益挂钩，承包期2年。1992年，第二轮承包期结束，利润比1990年增长了19.30%。

第二轮承包期结束后，江宁县商业局、财政局开始有计划、有步骤，积极稳妥地在商业企业内推行四放开（经营放开、分配放开、价格放开、用工放开）。按照政企职责分开，“放而有度，活而有序”“政府放权，企业严管”的要求，转换经营机制。企业实行在岗、试岗、待岗“三岗”制，做到人员能进能出，干部能上能下，工资能高能低。1993年，县商业局、财政局与商业系统17家全民所有制企业签订包国有资产保值增值、包上缴利润、包技术进步，工资总额同实现利税挂钩浮动的第三轮承包经营责任制，承包期为3年。1995年，第三轮承包期结束，利润比1992年增长了5.12%。

在改革开放的浪潮中，江宁百姓如同勇敢的航海家，乘风破浪，踏上了实行承包经营责任制的航程。这场改革如同解锁了企业活力的魔法，赋予了国有企业自我改造和发展的自由。每一次航程的延伸，都昭示着江宁百姓勇攀改革高峰的决心与智慧。在改革的海域中，江宁县的乡镇企业仿佛乘风破浪的巨轮，历经三轮承包经营责任制的洗礼，终于驶向了更加宽广的海洋。

国企改革：绽放的江宁之春

小　档

在《江宁风范》的一篇文章中提到江苏时花电器集团公司，它于1994年9月26日组建成立，其前身为南京长江电风扇厂，1993年十年联营期届满，公司面临重重困境，企业积极投身国企改制浪潮，带领时花电器改革生产经营结构、创新核心生产技术、拓展产品国内外市场。短短几年之内，时花电器各类产品获得业内权威肯定，并且成功走出国门，出口至多个国家和地区。

国有企业改革是贯穿我国改革开放的主线，也是中国经济体制改革的缩影。国有企业改革伴随着共和国改革开放的整个历程，从封闭走向市场，从僵化走向开放，从落后走向现代、走向文明。在江宁，就有这样一家企业筚路蓝缕、上下求索，走过了一段坎坷曲折、激昂壮阔的历程，这家企业就是时花电器。

江苏时花电器集团公司的前身为南京长江电风扇厂，是江宁县与南京国营长江机器制造厂联营的企业，它生产的蝙蝠牌电扇曾荣获国际金奖。该联营厂在南京市

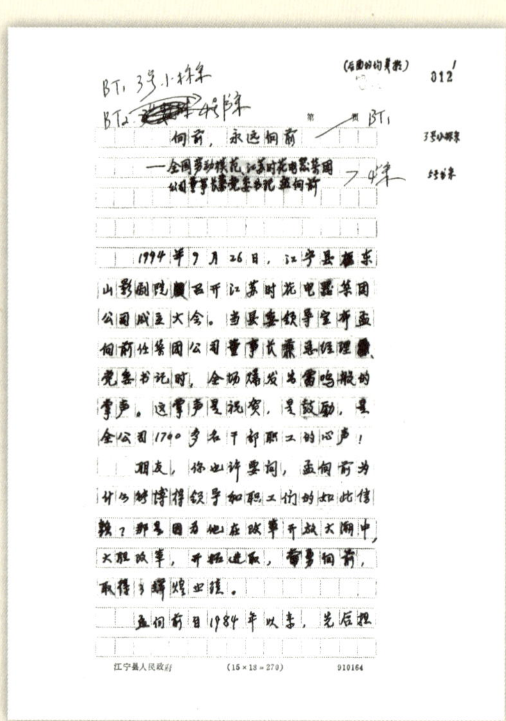

向前，永远向前

——全国劳动模范、江苏时花电器集团公司董事长兼党委书记孟向前

1994年7月26日，江宁县东山影剧院召开江苏时花电器集团公司成立大会。当县委领导宣布孟向前任集团公司董事长兼总经理、党委书记时，全场爆发出雷鸣般的掌声。这掌声是祝贺，是鼓励，是全公司1740多名干部职工的心声！

朋友，你也许要问，孟向前为什么能博得领导和职工们的如此信赖？那是因为他在改革开放大潮中，大胆改革，开拓进取，奋勇向前，取得了辉煌业绩。

孟向前自1984年以来，先后担任过前南京长江电扇厂的生产长、副厂长、厂长兼党委书记。由于成绩卓著，他曾多次获得省、市及全国的多项奖励，1989年和1991年两次被评为"南京市劳动模范"，1995年被授予"全国劳动模范"光荣称号。

大胆改革 冲出困境

江苏时花电器集团公司的前身为南京长江电风扇厂，是江宁县与南京国营长江机器制造厂联营的企业。它生产的蝙蝠牌电扇曾荣获国际金奖。该联营厂在南京市五县四郊第一个实现亿元产值。可到1993年年底联营期将满时，企业应收回而尚未到位的货款高达4000多万元，库存积压产品价值419万元、欠银行贷款4000万元以上，干部职工忧心忡忡。

面对如此困难，孟向前没有退缩，而是认真思考分析本厂的优势和社会主义市场经济的新形势、新规律，认为现有企业的经营体制严重地束缚了干部职工的手脚，必须从产权制度改革入手，调整生产结构，下放权力，实行经济承包责任制，调动各方面的积极性，使企业冲出困境。他的这一思路经过党委一班人认真讨论通过后，立即在全厂分层、分段、分质、分量，全面有序地展开。

改革产权制度 孟向前首先带领全厂干部职工从产权制度改革入手，调整生产结构，下放部分权力，实行经济承包责任制，以调动各方面的积极性，走"一法人多实体"的改革之路。按社会化专业生产的要求，将原有的六大生产车间逐步组建成六个分厂，变一切依赖于总厂的二级法人为具有独立纳税人资格的一级法人，由各分厂分别领取经营执照，在市场经济竞争中自主经营，自负盈亏。各分厂作为独立的经济实体，实行产值、利润、人均收入的全面承包，面向市场生产经营，以增强企业竞争的实力。如东宁微特电机厂在积极做好电扇等产品的生产配套的同时，开发了火车用直流电机和其它小家电的电机，仅1—8月份就完成产值2560万元，实现利税164万元。

转换科室机制 随着改革产权制度取得显著成效之后，孟向前又大胆有序地推进后勤科室的机制转换，将科室及其非生产人员按照新型的生产经营体制和办事高效的原则进行合并与精简，并积极

▲《江宁风范》刊载的《向前，永远向前——全国劳模、江苏时花电器集团公司董事长党委书记孟向前》

五县四郊第一个实现了亿元产值。可在1993年底十年联营期届满时，企业面临库存积压、债台高筑的困境，干部职员忧心忡忡。面对如此情况，长江电风扇厂毫无退缩之意，而是认真思考分析本厂的优势和社会主义市场经济的新形势、新规律，认为现有企业的经营体制严重地束缚了干部职工的手脚，因此企业从产权制度改革入手，调整生产结构，下放权力，实行经济承包责任制，调动了全体人员的积极性，不仅使企业渡过难关，更扩大了经营范围，增强了企业的经济活力。

在企业成功渡过难关之后，又进一步转型升级，于1994年9月26日组建成立了“江苏时花电器集团公司”，全面实施公司化领导，在建立现代化企业的道路上迈出了更为关键的一步。集团公司打破了原有的生产、经营结构，扩大了企业规模，使企业的经营范围得到了延伸，不仅扩大了电扇等电器的生产，而且拥有了加工业、塑料业、印刷业、运输业、服务业等产业，整体布局发生了重大变化，形成了“多法人、多实体”的格局。也就在当年，时花电器集团公司被评为“中国500家最大电器机械及器材制造企业”之一。

时花电器深谙企业发展之根本在于产品过硬，因此企业开始走向新品开发体系，专门设立技术开发科，引进激励机制，实行主帅负责制，极大地调动了企业科研人员的积极性。一项项新产品于1994年相继诞生：鸿运扇、油烟机、空气净化器、加湿器等六大类20个“时花”新品试制成功并投放市场，全集团公司上下业已形成了浓厚的“保质量、创名牌”的氛围，多个产品获得国家级荣誉奖项，更是取得了国际市场的“通行证”。1994—1995年短短两年之内，企业共出口各类家电产品110万台，创汇700多万美元，在乌拉圭、几内亚、新加坡等国家开辟了“时花市场”，出口产品遍及美、欧、非、亚等大洲的34个国家和地区。

在改革开放、推进社会主义现代化建设的大潮中，时花电器闯出了属于自己的一片天地，创造了为我们铭记传颂的一段传奇，也浓缩了那个时代关于江宁的又一段记忆。

经营体制改革：江宁租赁经济的新活力

小　档

1987年4月23日，江宁县审计局发布《对南京特种光源厂实行租赁经营进行调查审计的报告》，详细阐述南京特种光源厂租赁经营的情况。1986年，按照“三定五不变”（定经营范围、定资金、定租赁费；企业性质不变、隶属关系不变、职工身份不变、连续计算工龄不变、工调升级考核不变）办法，在县商业系统13个门点实行职工个人或集体租赁。2000年起，地处东山街道的新世界广场有限公司、新星食品有限公司、商业大厦、国贸大厦、食品总公司和江宁商场等企业，先后实施营业场地出租。

在湖熟镇的角落，一家国营烟酒杂货店曾陷入困境，连续五个月的亏损让店铺岌岌可危。然而，自这家烟酒杂货店以租赁经营的方式承租后，便开始了逆袭之路。在江宁企业中，这样的例子还有很多。租赁经营不仅让企业有了更大的自主权和决策权，同时也让企业有了更强烈的责任感和使命感，给予企业利用自身经验和智慧的空间，

73

江宁县审计局（ ）

宁审字（87）18号

★

对南京特种光源厂实行

租赁经营进行调查审计的报告

县政府：

为了支持搞活企业，深化改革，为扩大租赁经营服务，遵照上级今年审计工作计划要求，我局工交审计股组织了四人审计小组，于4月1日至4月11日对南京特种光源厂实行租赁经营的情况进行了调查审计。审计过程中，得到了厂领导的支持和有关部门的配合。4月20日审计组又把审计的情况和工业局、厂领导、体改委、公证处、税务局的同志在一起进行了交谈，并对如何完善和发展租赁经营进行了探讨。现将调查审计的情况报告如下：

一、租赁经营初见成效。

该厂1974年2月建厂，1978年由镇办厂转为县属大集体。现有职工138人，固定资产原值28·5万元，定额流动资产30·2万元，近几年年利润只有二、三万元，有时不免税就亏损。今年元月12日，县工业局和承租人武斌正式签订租赁合同，租赁期三年。租

·1·

74

赁后，短短三个月的时间，与去年同期相比情况就发生了明显变化。一季度工业总产值完成21·3万元，比去年同期11·5万元增加了85·9%；产品销售收入实现16·7万元，比去年同期增加了5·5万元，增长49·2%；产品销售利润实现2·5万元，相当于去年同期5千元的5倍；利润总额实现1·6万元，比去年同期0·3万元增长了4·4倍；定额流动资金周转天数为149天，比去年同期加快了99·7天；全员劳动生产率为1810元，比去年同期1053元增长71·9%。各项指标完成情况均比去年同期有了较大幅度的增长，这是改革企业经营体制的结果，是承租人和全厂职工共同努力的结果，他们主要抓了以下几项工作：

1、统一思想认识，稳定职工情绪。

该厂自建厂十二年来，领导班子调整频繁，主要领导先后更换了七次。开始时，职工思想上有一种厌烦情绪，加上租赁是一种新的经营方式，有的职工不理解，对实行租赁后是否能把厂搞好还有点担心，承租人针对职工中存在的思想实际，做了大量的工作。首先召开了全厂职工大会，动员职工甩掉包袱，树立信心，并提出了一季度产值完成20万，利润达到1·5万元的奋斗目标。两位厂长还亲自到生产第一线和工人一道上班，一道工作，经常干到很晚才回家，加上厂领导深入细致的思想工作，全厂职工情绪很快稳定下来。精神旺、干劲增。

2、健全组织机构和考核制度。

·2·

75

二位厂长上任以后，将原来的机构进行了调整，成立了供销科、生产科、质检科、行政科和办公室，并建立了奖惩制度、岗位责任制等各项考核制度。从二月份开始，厂部和车间又订立了承包合同，按产品的产量、产值、品种、消耗、质量等指标下达生产任务，把各种奖金和经济效益指标考核挂起勾来，调动了职工的积极性，主动性和创造性。

3、坚持以稳定老产品为主的生产经营方针。

承租一开始，他们从厂的实际情况出发，以老产品生产为主，在这个基础上，上质量，上技术，上水平，稳步提高经济效益。然后再根据市场行情，试上一、二个投资少、见效快的新产品。四月份，他们打算尽快上一台芯柱机，改变芯柱靠求援，废品多、质量差、价格高的状况，改为自己生产，予计一年可增利三万多元。他们还准备增加一台烧氢炉，改变原来灯丝都要送到华电去烧的情况，予计一年可节约开支四千多元。目前他们正在和江阴县文林电子组装厂挂勾，试产“触电保安器”，此外还研制了一种交直流应急两用灯。

4、加强了企业管理和会计核算工作。

过去原材料、物资管理比较混乱，损失浪费较为严重。承租后，厂成立了一个原材料仓库，二个半成品仓库和一个成品库，建立了原材料、产成品等进出库手续，做到核算到人，按日入库，有帐可查。会计核算工作也有了改进和加强，经抽查，帐帐、帐表、帐实基本相符，各项指标的完成都比较真实。

·3·

76

二、通过调查审计，我们有如下几点建议：

1、小型企业深化改革，可走租赁经营的路子。

租赁经营是我国企业经营体制的一项重要改革。通过租赁，可以进一步增强企业自我改造，自我发展的能力，使企业有更多的活力和后劲，是搞活企业的一条有效途径。各地的实践已经充分显示了它的生命力。特种光源厂是我县第一家实行租赁试点的企业，这个厂的初步变化也是租赁经营带来的。在深化改革的过程中，小型企业，特别是处在微利和亏损边缘的企业，都应积极努力走租赁经营的路子。

2、摸清企业家底和核实企业盈亏是租赁前的一项重要工作。

为了确保承租人在承租期内的正常经营，在签订租赁合同之前，对企业的经营成果和财产物资等情况，事前都应核实，并经承租双方签订认可，以免留下后遗症，出现事后扯皮甚至纠纷。特种光源厂租赁前，甲方做了财产清查和成果的核实工作，租赁后，两位承租人在二月份又花了一定的精力和时间，组织了一次清查盘点工作，清理出不能用的付品灯丝13392·68元，白条抵库存的原材料1461·60元；为外厂加工的非标准另件4537·52元；库存次品变压器11310·53元，白条抵库存产成品5771·65元，以及难以收回的债权43507·11元，共计79535·11元，这些情况如何处理还有待于甲、乙双方协商解决。在确定的87年基数利润上，承租人清查盘点后有不同看法，甲方认为基数利润是经过反复测算核定的，基数订的比较合理。乙方认为不知道84、85、86三

·4·

▲对南京特种光源厂实行租赁经营进行调查审计的报告

不断寻找新的商机，拓展业务，店铺的销售额节节攀升，生意也越做越好。

1986年，江宁县内的不少企业，在传统管理体制的束缚下，面临生产效率低下、产品滞销、成本攀升等困境，导致了严重的亏损，影响了地方经济的发展。为了尽可能地救活企业，江宁县商业局开始采取一系列商业经营体制的改革措施，租赁经营就是其中一项卓有成效的举措。1987年，在对南京特种光源厂进行审计时，发现租赁经营初见成效，江宁县商业局按照“三定五不变”办法，在县商业系统13个门点实行职工个人或集体租赁。这次尝试获得了巨大的成效，成功案例迅速在江宁县内传播开来，成为其他企业争相效仿的典范。

1986年12月23日，江宁县第一个县属企业——南京特种光源厂在《江宁报》公开招标租赁，短短20天内，就有30余人投标，投标者中有工程师、技术员，有行政单位的国家干部，有企业里的党支部书记，有管理600多人工厂的副厂长，也有工人，以及乡镇企业的厂长和职工。他们中有的设想集体租赁，也有的要求个人租赁，还有三人一组、五人一组前来投标的。在这些投标者中，已年过40岁的占多数，他们都经过了慎重的考虑，都有一颗强烈的事业心和一定的行业基础知识及管理经验。有的人还特意从华东电子管厂请来了工程师帮助考察，大部分实地考察者也带来了行家或工程技术人员鼎力相助。

终于在1987年1月12日，经过“三堂会审”后，县工业局和承租人武斌正式签订租赁合同，租赁期3年。租赁后的三个月内，特种光源厂各项指标的完成情况均比1986年同期有了较大幅度的增长。特种光源厂厂长高承松说：“这个厂啊，真的得改革了。不改的话，那些有能力的人才进不来，没有他们，企业怎么可能有活力呢？”当时的厂党支部书记陈步荣也深有感触地说道：“以前啊，我们厂的领导都是上面直接任命的。这个厂从1974年建起来到现在，我已经是第八任书记了。工人们都盼望着能有个擅长管理、懂得经营的领导来带领大家，一起努力，把厂子搞得红红火火。”

租赁经营如同一股清新的春风，吹散了企业困境的阴霾，唤醒了沉睡的活力。租赁经营的模式不仅为企业带来了经济效益的显著提升，更激发了人才的潜能和创造力，众多有志之士用自己的梦想和热情为陷入困境的企业注入源源不断的活力。租赁经营已成为江宁县乃至更广泛地区企业改革的重要一环。它打破了传统的管理体制，让人才有了更广阔的舞台，让企业有了更灵活的经营方式。

家庭联产承包责任制：江宁沃土上的金色变革

小　档

1980年3月13日，在《农民工作情况》中有一篇《和进大队制定“一年早知道”，建立生产责任制的情况和做法》，文中详细总结在湖熟公社和进大队进行生产责任制的试点的具体情况和经验。同年3月，东山公社赵册王生产队也试办两个农业联产承包组，接着全县范围内开始全面推行农、林、牧、副、渔、机（械）、财（务）、物（资）、干（部）和工（种）10个方面的责任制。

在江宁县的一个小乡村里，村民们曾过着“日出而作，日落而息”的平淡生活。然而，随着时代的变迁，传统的农业生产方式已难以满足村民们的温饱需求。一天，村里的干部召集大家，激动地宣布：“我们要改革了，要推行家庭联产承包责任制，让每家的土地都长出金疙瘩！”村民们眼中闪烁着希望的光芒，仿佛看到了丰收的田野和幸福的未来。从此，江宁县的农村经济体制改革如春风般吹拂着这片土地，带来了翻天覆地的变化。

为激发农业生产活力，解决中国人的吃饭问题，20世纪70年代末，中共中央决定改革农村计划经济生产方式。1978年12月22日，中共十一届三中全会原则通过《关于加快农业发展若干问题的决定（草案）》之后，将村集体土地、生产工具等分给农户，实行“包干到户”，成为当时农村改革的重点。1979年2月，在江宁县召开的县、社、队三级干部大会上，县委明确把落实生产队的经营自主权、推行生产责任制作为农村工作的中心任务。1980年初，县委首先在湖熟公社和进大队进行生产责任制的试点。同年3月，又在东山公社赵册王生产队试办两个农业联产承包组，接着在全县范围内全面推行这一制度。

1981年4月底，全县推行各种形式责任制的有5031个生产队、1702家社队企业、315个林副队（场）。集体养猪、拖拉机等单项承包的已达50%。小宗经济作物、渔场、十边隙地和“鸡口田”已大部分承包，粮油棉大田作物已推行联产责任制的有730个生产队。1982年底，谷里全乡284个生产队共承包了47103亩责任田，每个劳力承摊3.11亩（其中口粮田人均0.65亩，劳力田每劳力1.62亩）。这让长期被捆在土地上搞饭吃的农民获得了独力生产的经营地位，生产积极性十分高涨，劳动效率和经济效益显著增长。群众形象地概括这种责任制是“除了锅巴就是饭”“巷子里扛木头，直来直去不拐弯”。这种方法简便、利益直接的责任制在广大农民中产生了巨大的吸

011 ~~00147~~

农村工作情况

第八期

南京市革委会农办秘书处　　一九八〇年三月十三日

和进大队制定“一年早知道”，
建立生产责任制的情况和做法

按：现将江宁县湖熟公社和进大队制定一年早知道，建立生产责任制的一份材料转发于后。他们充分发动群众，认真总结去年经验，狠抓管理，促进生产的做法是好的。但责任制的具体形式和方法，由于各地情况不同，推行时要注意因地制宜。

（一）

江宁县湖熟公社和进大队是丘陵地区，共二十个生产队，六百四十六户。去年年终分配以后，也搞了一年早知道，但存在两个主要问题，一是发动群众不充分，不少生产队是干部讲讲，会计算算，

—1—

012 ~~00148~~

社员心中无数。二是指导思想不明确。有的心有余悸，不敢富，也不会富，还是搞单一经营，粮油计划比较具体，林牧副渔项目少、收入小。全大队副业总收入只比去年增加一万多元，有五个生产队的副业收入还比上年减少。根据这个情况，大队党支部按照中央两个农业文件精神，向干部群众进行了四个方面的教育：讲发展社会主义生产的目的，讲党的允许“冒尖”、让一部份地区农民先富裕起来的政策，讲外地和本地的冒尖典型，讲本地生产致富的各项有利条件，使干部群众消除顾虑，解放思想，坚定信心。同时，还抓住前山岗一队由高产穷队变增产增收，集体、社员一齐富的事例进行教育，使干部群众充分认识全面发展农业生产的重要性。这个队一九七二年粮食就超了“双纲”，但由于单一经营，分配水平一直很低。一九七六年粮食大丰收，总产增加一万七千多斤，但因为没有多种经营，社员分配只有一百一十元，比上年只增四元，低于全大队的平均数。粉碎“四人帮”后，他们冲破禁区，一手抓粮一手抓钱，年年增产增收。去年粮食超历史，副业收入翻一番，达一万六千三百元，占总收入的百分之四十以上，社员人平分配二百三十七元　比上年增加五十三元。这个队的事例，给大家很大启发，都说：“过去我们不是不要富，而是想富不敢富、不会富，现在敢富会富、上级支持富，我们一定能够富”。

认识提高以后，他们放手发动群众，根据农林牧副渔五业并举的方针，队队排项目、挖潜力，广开财路，修订一年早知道。各队从实

—2—

013

际出发，按照调整精神，主要抓了“四改”：一是改单一经为全面发展；二是改单纯靠外出做工挣收入为立足本地资源、大力发展种植业和养殖业；三是把部分产品由单纯出售原料改为加工成品，自产自售，逐步向农、工、商方向发展；四是适当调整茬口布局。在坚持执行国家计划的前提下，把部分山岗薄地改种收入较高的经济作物。经过四改，各队不仅粮食显著增产，而且按照宜林则林、宜副则副、宜渔则渔的原则，充分挖掘了地力资源。开发了不少新的经营项目，恢复了许多传统的副业生产。全大队瓜后稻搞了一百二十七亩，扩种芝麻、花生九十亩；利用鸡口洼田种荸荠、茨菇十三亩，利用空塘水面放菱、栽藕、种茭瓜十五亩。大队林业队过去种玫瑰花每年可收入九千多元，后来全部毁掉种粮，这次他们计划逐步恢复。后山岗三队，原来认为粮食难上，副业难增，通过群众讨论，全队粮食由去年一千九百斤计划今年单产达吨粮，副业收入由去年一万八千元增加到二万六千一百元，社员分配达到二百零五元，比上年增加二十八元。窑上二队，原来副业规划一万元，还说完不成。解放思想后，决定拿出十五亩荒地种花生和芝麻，利用本队社员张国政有糍饼手艺的条件，经营花生糖和交切片，一年可收入一千七百多元。修订后的一年早知道，副业收入达一万五千二百多元，队长张长银还说这是留有余地的。

全大队一年早知道修订结果：粮食总产四百一十四万斤，比上年增产十四万斤；单产一千五百二十斤。油料总产六万八千多斤，增长

—3—

014 ~~00150~~

百分之四十。集体养猪二千二百四十四头，增长百分之十六。副业项目二十个，增加十四个，收入二十四万四千多元，增长百分之三十三，占总收入的百分之二十九点四，平均每人一百元，有两个队副业收入超过二万元，十六个队超过一万元。对国家贡献粮食一百七十万斤，比上年增加百分之八。集体提留九万四千元，增加二万一千元。总支出由上年占总收入的百分之三十四点三下降到百分之三十点三。人口出生率由上年千分之十二点九下降到千分之十二以下。社员分配人平一百九十元，比上年增加三十一元。

（二）

为了进一步调动群众积极性，保证“一年早知道”的贯彻落实，大队和生产队建立了多种形式的生产责任制。开始，有些干部对此感到吃不透、摸不准，担心偏离方向；有的嫌麻烦，怕搞起责任制自己办事不方便。大队总结了以往经验，用正反两方面的事实教育大家认识建立责任制的重要性。去年全大队二十台拖拉机，三台搞了单机核算，每台盈余八百二十二元，十七台没有搞单机核算的，台台亏本，平均每台亏本三百四十三元。最高的后山岗二队亏一千零二十三元。二十一个集体养猪场，除四个搞了“五定一奖”的不亏本外，其余每个猪场平均亏本四百六十二元。许多干部深有体会地说：“不搞生产责任制，再好的措施不能落实，再多的门路不能生财，各项生产指标都会成为纸上谈兵”。

经过干部群众的反复讨论协商，全大队建立了八个方面的责任制，

—4—

▲和进大队制定“一年早知道”，建立生产责任制的情况和做法

引力。

在江宁县委的大力支持下，包产到户这种责任制，以燎原之势迅速遍及全县。1983年夏种前，全县5686个生产队全部实行包产到户责任制。江宁县实行家庭联产承包责任制后，逐步形成了农业经济的新框架，解放了生产力，促进农业经济发展。此后，江宁县不断完善家庭联产承包责任制，深化改革，巩固成果。1985年春，在“大稳定、小调整”原则的基础上，江宁县政府把原承包期从3年延长为15年，并发放土地承包使用证，促进农民向土地增加投资，实行集约经营。1996年，全县强化土地所有权、明确发包权、稳定承包权、搞活经营权，土地承包期延长“30年不变”。

在这片充满希望的土地上，江宁县以家庭联产承包责任制为笔，绘制了一幅农业繁荣的壮丽画卷。从试点到全面推广，从“包干到户”到“30年不变”，每一步都凝聚着农民的汗水，土地上的每一粒种子都承载着丰收的希望，每一片田野都飘扬着幸福的歌声。江宁县的百姓用勤劳的双手，凭借智慧和勇气，在改革的洪流中破浪前行，书写了农村土地改革的辉煌篇章。

从“薪”出发：江宁曾经的三次工资改革

小　档

1952年，江宁县进行第一次工资改革。1956年8月，根据国务院《关于工资改革的决定》，全县进行第二次工资改革。1985年9月23日，中共江宁县委员会、江宁县人民政府发布《关于成立县工资改革领导小组的通知》，之后全县进行第三次工资改革。江宁在深化工资制度改革中，进行不断探索，通过试点，先后进行“工资总额与经济效益挂钩”“岗位技能工资”“最低工资制度”“企业经营者年薪制”“工资集体协商制度”等形式，并在实践过程中不断完善，均取得一定成效。

作为劳动者的劳动报酬，近年来，人们对工资的看法越发多元。尤其是年轻人普遍认为，工资不仅是为了满足基本的生活需求，更是个人价值和工作成果的一种体现。他们渴望通过努力工作和专业技能的提升，获得与之相应的薪资回报，从而在职场上实现自我价值和成长。回溯档案，在江宁县工资制度的历史演变中，就曾有过三次重要的工资改革。这些改革既反映了当时社会经济状况和劳动力市场需求的变化，也体现了对工资制度不断完善和优化的追求。

1952年，江宁县政府参照1950年国家出台的《工资条例（草案）》，在全县进行第一次工资改革。第一次工资改革主要是实行工资分制，贯彻“同工同酬，按劳取酬”的原则。1952年，全县职工人均月工资27.4元，第一次工资改革后，人均月工资达到31.3元。经过工资改革，职工的收入普遍增加，他们的工作积极性被极大地激发出来，开始更加专注于提升自己的技能和能力，为企业的发展贡献更多的智慧和力量。同时，工资改革也为企业带来了更多的活力和创造力，推动了企业的持续发展和创新。

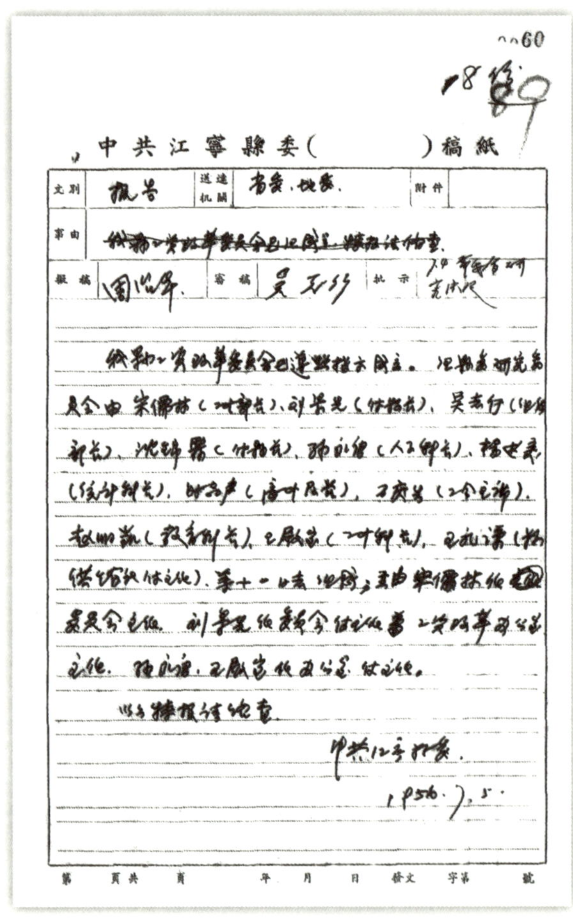

中共江寧縣委（　　　）稿紙

文别	报告	送達機關	省委、地委	附件	
事由					
擬稿		審稿		批示	

1956.7.5

第　頁共　頁　　年　月　日　發文　字第　號

▲成立工资改革委员会的报告

1956年8月，根据国务院《关于工资改革的决定》，全县进行第二次工资改革。这一次改革的任务是取消工资分制度和物价津贴补助制度，直接以货币规定工资标准；统一和改进企业职工工资等级制度。这次改革，全县按照镇江专区下达的工资调整增长率17.44%的指标开展调资工作。第二次工资改革前，集体所有制职工人均月工资只有34.62元，而改革后的人均月工资涨到了40.45元，月增资5.83元。此外，全县共有23家公私合营单位参加第二次工资改革，工资也从改革前的月均30.64元，涨到了33.12元。可别小瞧了这三五块钱，那个时候，一块钱足够人们出门逛上一天。孩子们喜欢的老冰棒和糖果才几分钱，一斤面粉两毛钱，一斤猪肉八毛钱，一斤花生油才六毛钱，一家三口好几天的开销可能也就仅需一块钱。

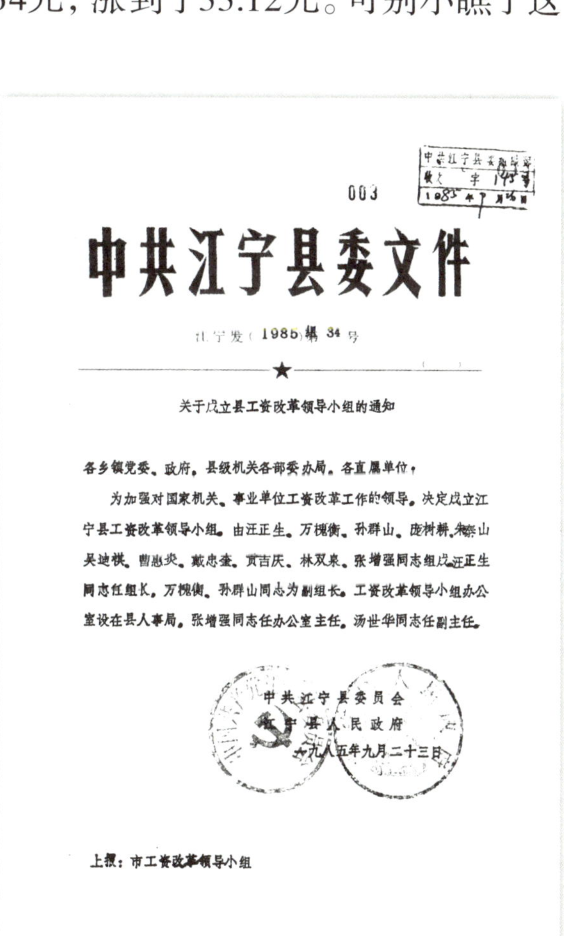
003

中共江宁县委文件

江宁发（1985）第34号

关于成立县工资改革领导小组的通知

各乡镇党委、政府，县级机关各部委办局，各直属单位：

为加强对国家机关、事业单位工资改革工作的领导，决定成立江宁县工资改革领导小组。由汪正生、万槐衡、孙群山、庞树耕、朱泰山、吴迪祺、曹思炎、戴忠奎、贡吉庆、林双泉、张增强同志组成，汪正生同志任组长，万槐衡、孙群山同志为副组长。工资改革领导小组办公室设在县人事局，张增强同志任办公室主任，汤世华同志任副主任。

中共江宁县委员会
江宁县人民政府
一九八五年九月二十三日

上报：市工资改革领导小组

▲关于成立县工资改革领导小组的通知

1985年12月2日至1986年1月底，全县进行了第三次工资改革，这次工资改革主要是为了让企业工资制度与国家机关事业单位的工资制度脱钩，同时将企业职工工资总额与企业的经济效益挂钩，企业内部具体的分配形式由企业自主确定，把原企业两种工资标准简化归并后执行统一的工资标准。第三次工资改革前，全民所有制职工人均月工资61.42元，集体所有制职工人均月工资57.25元，工资改革后，按照基础工资、职务工资、奖励工资、补助工资等构成，全民所有制职工人均月工资水平增至76.11元，集体所有制职工人均月工资水平增至70.58元。在20世纪80年代，30块钱就够人们换上一件顶好的衣裳了，70块钱足以让职工给家里增添一件小电器，甚至还绰绰有余。

三次工资改革给职工们带来了实实在在的甜头，它让工资与个人价值和工作成果紧密相连，让那些勤奋努力的职工的付出得到了应有的回报，这不仅是对他们能力的认可，更是对他们辛勤工作的最好回馈。工资改革激发了职工的工作热情和创新精神，使他们更加珍惜工作机会，不断提升自我，为企业的发展贡献更多力量。

从“五小”工业起步：成就江宁工业新发展

小　档

1980年4月，在《接待赞比亚共和国卡翁达总统时关于江宁县“五小”工业情况的介绍》中详细阐述“五小”工业（小矿山、小钢铁、小农机、小化肥、小水泥）的发展。随着时代变迁，“五小”工业认真学习大庆的基本经验，进一步加强企业管理，经济效果越来越好。如化肥厂的化肥年产量增长了50%，每吨合成氨的煤耗下降了60.7%，油耗下降了64.8%，电耗下降了32.0%，成本下降了30.0%，利润增加七倍。1976—2000年间，有来自40多个国家的总统代表团来到江宁的“五小”企业参观访问。

新中国成立后，江宁积极贯彻国民经济调整方针，充分利用当地资源办工业，自力更生，艰苦奋斗，从无到有。通过建立国营厂矿和对私营工商业、手工业的社会主义改造，逐步形成一个以生产资料公有制为主体的社会主义工业体系。1957年，有国营和地方国营企业15家，手工业202家，工业总产值1187.18万元，占工农业总产值的

20.40%,“五小”工业对工业的恢复与发展起到了明显的促进作用。

1970年前后开始兴起的“五小”工业企业，充分利用江宁的自然资源，就地取材，土法上马，这样投资少、上马快、成本低、效果好。当时，江宁有20多个乡镇，70多万人口，农村还是以粮食生产为主。然而，随着时代的变迁，发展农村工业成为振兴江宁农村经济的必由之路。于是，在这片土地上，一群怀揣梦想的干部和工人，开始了他们的创业之旅。其中，尽管有曲折、有困难，但由于县委、县政府和广大干部群众、职工的共同努力，损失相对较少，江宁工业有所发展，有所前进，工业化进程由起步阶段进入工业化初级阶段，并为之后30年的发展奠定了良好的基础。

刚办厂时，条件艰苦得令人难以想象。资金紧张，工厂连最基本的住房都没有。干部工人们只能自己动手，搬砖运瓦，盖起了一间间简陋的宿舍。他们白天在工地上挥汗如雨，晚上则挤在狭小的宿舍里休息。尽管条件艰苦，但从未抱怨过一句。没有技术，他们就摸着石头过河，边干边学，或者到兄弟厂请教经验丰富的师傅，逐渐掌握了各种生产技能。同时，他们还积极引进新技术、新设备，不断提高生产效率和产品质量。没有设备，他们就自己动手制造，从20多台简易的车床开始，逐渐发展到180多台主要设备。每一台设备都凝聚着他们的心血和汗水，见证着他们的奋斗与拼搏，他们用自己的智慧和双手，创造了一个个奇迹。这样的奇迹，也吸引了海外国家代表团，1976年至2000年，“五小”企业共接待了中非、赞比亚、加纳等40多个国家的总统代表团的来访。

在江宁县政府的支持下，一系列为农业服务的“五小”工业应运而生。江宁县化肥厂、农机修理制造厂、钢铁厂、丝厂以及东山人民公社百家湖养殖场等，如雨后春笋般崛起。这些工厂不仅为农业生产提供了必要的物资和技术支持，还带动了周边乡镇的经济发展，为江宁的工业化进程奠定了坚实的基础。在大力发展“五小”工业的同时，江宁还坚持发展社队工业，努力做到社社办工厂，队队有工业。社队工业的兴起，不仅促进了农业生产，加快了农业机械化的步伐，还促进了社会主义集体经济，推动了其他事业的发展。农民们纷纷加入工业生产的行列中，用自己的勤劳和智慧创造着美好的生活。

虽然与先进地区相比，当时江宁的工业化进程还有一定的差距，但在这片土地上，干部和工人用他们的坚韧和拼搏精神，书写了一个个感人至深的故事。他们用自己的汗水换来更快更好的发展，不仅让江宁的经济实力得到了显著提升，也让老百姓的生活水平得到了极大改善。

48

在接待赞比亚共和国卡翁达总统时

关于江宁县“五小”工业情况的介绍

我县地处南京近郊，有二十六个人民公社，七十万人口，粮田面积八十多万亩，以农业为主。为了加速农业的发展，逐步举办了一些“五小”工业，现有县办“五小”企业四十一个，职工八千多人。社队企业一千一百五十个，亦工亦农人员三万多人。去年全县工业总产值一亿九千五百万元，比七八年增长百分之十点五。

在兴办“五小”工业中，充分利用本县自然资源，坚持了艰苦奋斗，自力更生的精神，就地取材、土法上马。例如，利用本县比较丰富的铁矿石资源，办了小铁矿和钢铁厂；利用自己冶炼的生铁，办起了农机厂；利用本地石灰石资源，办了水泥厂；利用本地生产的蚕茧，办了缫丝厂。开始办厂时，没有厂房，干部和工人就自己动手盖；缺少技术知识，就边干边学，在实践中提高。缺少机械设备，就土法上马，自己动手造，并积累资金逐年购置，做到由小到大，逐步发展。

“五小”工业坚持为农业服务的方向。目前，县办“五小”企业生产支农产品有三十多种，产量不断增加。年产化肥碳酸氢铵七万五千吨，水泥七万吨，生铁一万五千吨，轧钢材一万吨。能制造脱粒机、粉碎机、电动机、变压器、轴承、手扶拖拉机、农用汽车050发动机等农业机械。此外，还从资金和技术力量上支援了农业的发展。

一九七九年，全县粮食总产量达到九亿八千七百多万斤，平均亩产一千二百三十四斤，油料总产一千三百七十万斤，皮棉总产一万八千六百多担，粮、棉、油产量都超过全县历史最高水平；家禽比七八年增长百分之十二点八生猪增长百分之十六，水产增长百分之三十点三。

·1·

49

今年以来，全县“五小”工业积极贯彻国民经济调整方针，认真学习大庆的基本经验，加强了企业管理，生产形势比较好。一季度全县工业产值比去年同期增长百分之二十九，主要产品产量都有较大幅度的增长，化肥、磷肥、钢材增长一倍以上，手扶拖拉机增长百分之三十三。

我县“五小”工业还存在不少问题，如技术基础工作比较薄弱，管理水平不高，增产潜力没有充分发挥出来。我们决心发扬成绩，克服缺点，继续办好“五小”工业，为现代化建设作出贡献。

一九八〇年四月

·2·

▲在接待赞比亚共和国卡翁达总统时关于江宁县“五小”工业情况的介绍

50

在接待中非总统时

关于全县工业情况的介绍

我们江宁县地处南京近郊，有二十六个人民公社，七十万人口，耕地面积八十万亩，以农业为主。为了加速农业的发展，逐步办了一些工业。现在，县、社、队各种类型的厂矿企业一千一百多个，职工三万五千多人，今年总产值预计可达一亿一千万元。

今天，贵宾们来我县，主要是请你们参观“五小”工业。我们在兴办“五小”工业时，坚持独立自主，自力更生的方针，充分利用本县自然资源，就地取材，土法上马。例如，利用本县比较丰富的铁矿石资源，办了小铁矿，办了钢铁厂，又利用自己冶炼的生铁，办了农机厂，修理制造农业机械，利用本地石灰石资源，办了水泥厂，利用本县栽植桑树，养蚕结茧的条件办了丝厂。这样，就地取材，就地生产，投资少，上马快，成本低。刚办厂时，条件很差，困难较多，工厂的干部和工人，自己动手，造厂房，盖宿舍，艰苦奋斗，穷办苦干。技术力量不足，工人们边干边学，在实践中摸索提高，也派人到兄弟厂学习培训。缺乏设备，工人们土法上马，自己制造设备、土机器，由小到大，逐步发展。如农机厂建厂初期，只有二十多台简易的车床、刨床。现在有了一百八十多台套的主要设备，其中大部分都是自己制造、自我武装的。现在，主要支农产品发展到三十多种，产量也不断增加，化肥年产四万吨，水泥年产三万五千吨，生铁年产一万三千吨，农业机械过去只能修不能造，现在能制造脱粒机、变压器、粉碎机、轴承，手扶拖拉机等产品。最近，华国锋同志任党中央主席、中央军委主席和以华国锋主席为首的党中央，一举粉碎了王张江姚“四人帮”篡党夺权阴谋的伟大胜利，广大干部、

工人，心情欢畅，干劲倍增，生产打胜仗。钢铁厂十月份的生铁产量，比去年同期增长百分之二点五，丝厂的白厂丝产量比去年同期增长百分之六十。他们用实际行动，拥护华主席，保卫党中央，回击“四人帮”。

全县“五小”工业始终坚持为农业服务的方向，加速了农业生产的发展，加快了农业机械化的步伐，积累了社会主义集体资金，支持了公社、大队办工业，还为农村培养了技术人材。比如县小铁矿建矿以来，为农业提供资金五百七十六万元。几年来，县化肥厂支援农业化肥十三万八千多吨，县办“五小”工业为农业提供的拖拉机、电动机等各种农业机械二万二千多台件。现在，全县排灌、脱粒、饲料加工基本实现了机械化，耕作、运输实现了机械化和半机械化。“五小”工业的发展有力地促进了农业生产。一九七〇年全县粮食总产六亿一千八百万斤，今年粮食总产可达九亿斤，比七〇年增长百分之四十五点六，每年平均递增五千七百万斤。

我们在大办“五小”工业的同时，还十分注意发展社、队工业，特别是去年贯彻了全国农业学大寨会议精神，加快了社、队工业发展的步伐。现在社社办工厂、队队有工业，生产支农产品二百多种，有扬谷机、稻麦两用收割机、水泥、农药、塑料薄膜等等。今年一至十月份的总产值比去年全年总产值增长百分之四点一，直接为农业提供的生产资金八百四十多万元。社队工业不仅促进农业生产，加快了农业机械化的步伐，而且还积累了社会主义集体经济，推动了其它事业的发展。

我县工业虽然取得了这些成绩，但与先进地区比较，还存在一定的差距。今后，我们决心，在以华国锋主席为首的党中央领导下，继承毛主席遗志，坚持以阶级斗争为纲，坚决同王、张、江、姚反党集团斗争到底，抓革命，促生产，使我县工业更快地发展。

今天贵宾们参观的几个工厂的情况，因为已有文字简介给贵宾，就不再介绍了。

▲在接待赞比亚共和国友好代表团时关于江宁县“五小”工业情况的介绍

开放粮油：繁荣市场的江宁之路

小　档

1982年8月25日，江宁县粮食局发布《关于认真检查粮油购销现行价格的通知》。1983年12月12日，江宁县粮食局发布通告，从12月15日起，在江宁县全县范围内开放粮油市场。至1985年底，湖熟、丹阳、江宁等乡（镇）粮管所相继成立粮油交易所和贸易货栈27家。1985年，县粮食局成立粮食贸易公司，专门从事粮油议购议销业务。1992年，成立粮油总公司，拓展市场粮油购销工作。至1995年，在南京及县内经营网点已发展到100多家。1998年，成立粮食批发市场，2000年，批发市场交易额达2097万元。

每天清晨，当第一缕阳光洒向大地时，粮油市场就开始热闹起来。这里，米面粮油琳琅满目，应有尽有，它们是我们餐桌上的主角，是我们生活的必需品。农民辛勤劳作，种出的粮食通过市场流通到千家万户，实现了从田间到餐桌的无缝对接。消费者则可以在粮油市场里，以合理的价格购买到新鲜、优质的粮食和食用油，享受物美价廉的购物体验。

江宁县作为南京地区的重要产粮区，历史上曾源源不断地为城区人民供应粮食，县境主要集镇都有几爿粮行。新中国成立初期，全县大小集镇自由经营粮油贸易。自1950年国营粮食机构进入市场挂牌收购粮食起，由工商业、粮食、合作社、银行、交通运输等部门组织管理小组，对粮食市场进行管理。当时，由于有私营粮行粮店，粮食集市贸易既要保护正当合法的公私经营，规定私营粮商收购与销售价格必须服从国家牌价，不得抬价或压价；又要取缔扰乱市场的投机粮商活动，打击兴风作浪、囤积居奇、哄抬粮价的不法粮商粮贩，以稳定粮油价格，安定人民生活。

1953年，国家开始实行粮食统购统销，全县禁止私商经营粮油。到了第二年，为了辅助国家实行粮油收购计划，县内建立了24处粮油市场，生产者和消费者都可以进入市场自由交易，进行粮食有无调剂和品种交换。到1956年，全县粮油交易市场增至34处，扩大了业务范围，成交粮食总量比1954年增长14倍多。随着粮油交易市场的不断扩大，各地商贩为了牟取不法利益，不断进行黑市活动，严重影响国家统购任务的完成。1957年8月后，为了整顿这一市场乱象，县政府关闭了粮油市场，凡属国家规定计划收购的粮食、油料，全部由国家统购，一律不准上市。1963年，在度过了三年困难时期后，江宁县政府开始逐步恢复粮食贸易，按照“管而不死”“活而不乱”的原则，在管好市场、保护正当交易的同时，严厉打击投机倒把活动。

1966年，江宁的集市贸易再度遭受了重创，粮油交易所被迫关闭，粮油的正常交易被迫中止。这对于依赖集市贸易获取生活必需品的江宁百姓来说，无疑是一个沉重的打击。他们的饭桌上开始缺少了往日的丰富与多样，取而代之的是粮油短缺带来的艰难与困苦。1979年，中共十一届三中全会的召开，给江宁的粮油市场带来了新的生机。随着粮油市场的重新放开，江宁百姓又可以在粮油交易所和贸易货栈中购买到各种粮油产品，满足日常生活的需求。随着时间的推移，江宁的粮油市场不断发展壮大。据统计，1968年至1985年，麒麟农民共向国家提供商品粮8546.38万千克，共向困难户、集镇居民提供统销粮食500

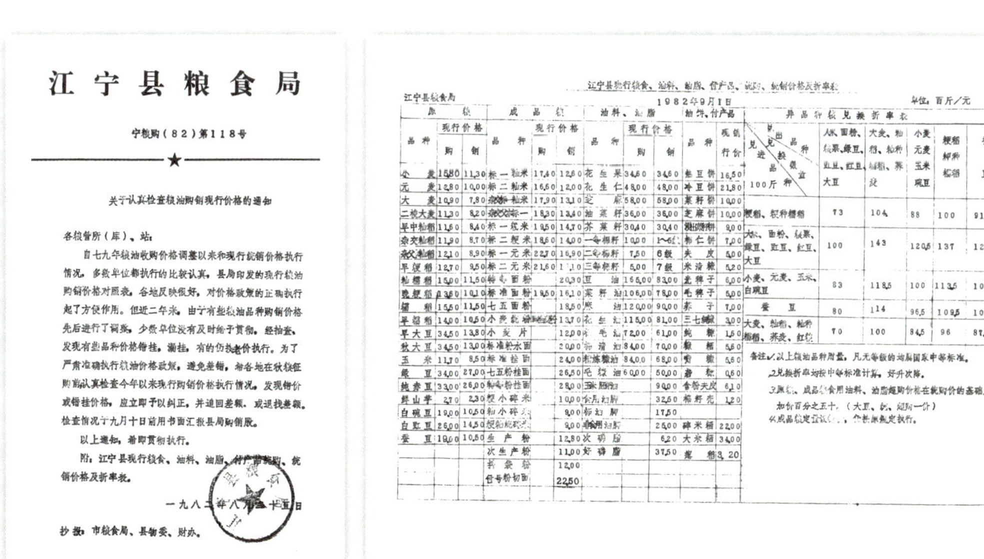

江宁县粮食局

宁粮购（82）第118号

关于认真检查粮油购销现行价格的通知

各粮管所（库）、站：

自七九年粮油收购价格调整以来和现行统销价格执行情况，多数单位都执行的比较认真，县局印发的现行粮油购销价格对照表，各地反映很好，对价格政策的正确执行起了方便作用。但近二年来，由于有些粮油品种购销价格先后进行了调整，少数单位没有及时给予贯彻，经抽查，发现有些品种价格错挂，漏挂，有的仍按老价执行。为了严肃准确执行粮油价格政策，避免差错，希各地在秋粮征购前认真检查今年以来现行购销价格执行情况，发现错价或错挂价格，应立即予以纠正，并追回差额，或退找差额。检查情况于九月十日前用书面汇报县局购销股。

以上通知，希即贯彻执行。

附：江宁县现行粮食、油料、油脂、付产品统购、统销价格及折率表。

一九八二年八月二十五日

抄报：市粮食局、县物委、财办。

江宁县现行粮食、油料、油脂、付产品、统购、统销价格及折率表

江宁县粮食局　　1982年9月1日　　单位：百斤/元

原粮 品种	现行价格 购	现行价格 销	成品粮 品种	现行价格 购	现行价格 销	油料、油脂 品种	现行价格 购	现行价格 销	油饼、付产品 品种	现销行价
小麦	15.80	11.30	标一籼米	17.40	12.60	花生果	34.60	34.60	蚕豆饼	16.50
元麦	12.80	10.00	标二籼米	16.60	12.00	花生仁	48.00	48.00	冷豆饼	21.80
大麦	10.90	7.80	杂交标一籼米	17.90	13.10	芝麻	58.00	58.00	菜籽饼	10.00
二棱大麦	11.30	8.20	杂交标一	18.30	13.40	油菜籽	36.00	36.00	芝麻饼	10.00
早中籼稻	11.60	8.40	标一粳米	19.50	14.70	芥菜籽	30.40	30.40	[illegible]	9.00
杂交籼稻	11.90	8.70	标二粳米	18.60	14.00	一等棉籽	10.00	1~6级	棉仁饼	7.00
杂交籼稻	12.10	8.90	标一元米	22.70	16.90	二等棉籽	7.50	6级	夫皮	5.00
早粳稻	12.70	9.50	标二元米	21.60	1[illegible].10	三等棉籽	5.00	7级	米清糠	5.20
籼糯稻	15.00	11.50	特一面粉		20.30	豆油	165.00	83.00	麦稗子	6.00
晚粳稻	13.60	10.10	标准面粉	19.50	16.10	菜籽油	106.00	78.00	毛稗子	5.00
糯稻	15.50	11.50	七五面粉		18.50	麻油	120.00	90.00	荞子	7.00
早糯稻	14.00	10.50	小麦[illegible]		13.70	花生油	115.00	81.00	三七[illegible]	3.00
早大豆	34.50	13.80	小麦片		12.00	[illegible]毛油	72.00	61.00	统糠	1.60
秋大豆	34.50	13.00	标准粉水面		20.00	棉清油	84.00	70.00	[illegible]	5.60
玉米	11.70	8.50	标准挂面		24.00	精炼棉油	84.00	68.00	[illegible]糠	5.60
绿豆	34.00	27.00	七五粉挂面		26.50	毛糠油	60.00	50.00	砻糠	0.60
纯赤豆	33.00	26.00	特一粉挂面		28.00	玉米胚油		90.00	食粉夫皮	6.10
鲜山芋	2.70	2.30	粳小碎米		10.00	食用油脚		32.50	棉籽壳	1.20
白豌豆	19.00	10.50	籼小碎米		9.00	棉油脚		17.50		
白豇豆	26.00	14.50	粳籼统碎米		9.00	非食用油脂		25.00	碎米稻	22.00
蚕豆	19.00	10.50	生产粉		12.80	次磷脂		6.20	大米稻	34.00
			次生产粉		11.00	好磷脂		37.50	瘪稻	3.20
			[illegible]袋粉		12.00					
			食号粉切面		22.50					

异品种粮兑换折率表

兑出品种 / 兑进品种 100斤 / 兑换数量	大米、面粉、杂粮、绿豆、豇豆、红豆、大豆	大麦、籼稻、籼种糯稻、荞麦	小麦、元麦、玉米、豌豆	粳稻、粳种糯稻	蚕豆
粳稻、粳种糯稻	73	104	88	100	91
大米、面粉、杂粮、绿豆、豇豆、红豆、大豆	100	143	120.5	137	125
小麦、元麦、玉米、白豌豆	83	118.5	100	113.5	103.5
蚕豆	80	114	96.5	109.5	100
大麦、籼稻、籼种糯稻、荞麦、红粮	70	100	84.5	96	87.5

备注：1.以上粮油品种附量，凡无等级的均属国家中等标准。
2.兑换折率均按中等标准计算，好升次降。
3.原粮、成品粮食用油料、油脂超购价格在统购价的基础上，加价百分之五十。（大豆、[illegible]、超购一价）
4.成品粮定[illegible]，价按原规定执行。

▲关于认真检查粮油购销现行价格的通知

024

江宁县人民政府文件

江宁政发（1990）82号

关于切实做好一九九0年度粮油购、销、调包干的通知

各乡(镇)人民政府、县府各有关局：

今年是实行粮食购、销、调及财务三年包干的最后一年，为切实搞好粮食包干工作，更好地稳定粮食市场，保证城乡人民对粮食的需求，现根据市人民政府宁政发(1990)145号文件精神，对有关问题通知如下：

一、一九九0年度粮油收购任务原则上仍按县政府江宁政发(1989)70号文件执行。全年粮食收购任务12669万公斤，其中：国家定购任务12090万公斤；良种转定购176.5万公斤；六十年代初城镇老居民下放

1

025

"农转非"后，口粮田转责任田增加定购任务102.5万公斤，用于以购抵销；粮食议转平任务300万公斤。油菜籽定购任务750万公斤。为切实保证收购任务的完成，各乡(镇)可按上级要求适当增加一些机动数。

凡一九八八年、一九八九年尾欠粮食定购任务的乡(镇)，今年要通盘计划，都应在一九九0年度坚持三年统算，保证完成粮食收购任务。哪个乡(镇)欠购，必须由哪个乡(镇)拿钱买议价粮补足。

二、粮油销售，本着收支平衡，切实保证军供和现行定量(销)供应的原则，在坚持三年包干计划不变的基础上，由于城镇人口增长过快，全县包销盘子绷得很紧，稍有疏忽，就超销。因此，要严格控制县外的城镇居民人口迁入；加强对粮油计划的管理，继续"实行凭证、凭票、记录、限量"供应的办法，控制粮票购粮，打击粮票贩子以物易票，套购大米，增加财政补贴；定期组织粮油供应计划的检查，堵塞不合理的供应，确保一人一份粮。对行业用油压缩30％，压缩后重点解决早点用油。

三、稳定粮食购调及财务包干政策。继续执行市粮食局、市财政局联合发出的《关于下达1988—1990年度粮食购销调及财务包干办法的通知》。粮食商业财务继续由县财政管理，继续执行市财政局、粮食局宁财商(89)194号《关于粮食商业财务下放到县有关问

2

026

题的规定》。粮油议价经营及企业综合经营盲亏比例仍按下放时规定的比例执行。今后多购压销而减少的价差支出和亏损，由县财政建立粮食风险后备基金，专项储存，用于以后年度可能发生少购增销而增加的价差和亏损。为了用活资金，粮食部门可周转使用。

四、要进一步搞好粮油市场管理。各乡(镇)政府要继续组织贯彻好市政府《关于清理整顿农村小油坊的通知》；组织落实好市粮食局、工商行政管理局、物价局、监察局、公安局联合发布的《关于加强夏季、秋季粮油市场管理的通告》的实施。对违反规定扰乱国家合同定购和哄抬粮油价格的单位、个人，除按统购价收购其粮油外，由工商部门吊销其营业执照，县监察局要对有关部门负责人认真查处。

五、要切实加强粮食工作的领导。粮食问题事关稳定大局。粮食工作政策性强、涉及面广、任务繁重。各乡(镇)政府务必把粮食工作列入重要议事日程，认真抓紧抓好。要落实各项控亏压销措施。银行、财政、工商、物价、监察、公安、粮食等各有关部门要密切配合，通力合作，共同做好粮油资金、收购调拨、供应和市场管理工作，确保全县粮油市场的稳定。

以上通知，希认真贯彻执行。

江宁县人民政府

一九九0年六月[illegible]日

027

江宁县一九九0年粮食、油菜籽收购计划表

1990年6月10日　　单位：万公斤

乡镇名称	粮食任务						油菜籽定购任务
	合计	定购				议转平任务	
		小计	国家定购	转非增加任务	良种转定购		
总计	12669	12369	12090	102.5	176.5	300	750
东山镇	25.5	25.5	23.5	0.5	1.5		1.5
岔路	115.5	115.5	113	2.5			12.5
殷巷	322	319.5	304.5	2.5	12.5	2.5	25
方山	358.5	356	345	3.5	7.5	2.5	25
秣陵	579.5	564.5	553	6.5	5	15	39
禄口	693.5	673.5	668.5	5		20	55
上坊	408	400.5	383	5	12.5	7.5	25
淳化	503.5	488.5	475	6	7.5	15	39
湖熟	741	721	708	5.5	7.5	20	40.5
周岗	635	620	602.5	5	12.5	15	57
龙都	724	704	687.5	6.5	10	20	53.5
土桥	831.5	811.5	809	2.5		20	50
江宁	768.5	746	739.5	6.5		22.5	25
陆郎	636.5	616.5	611.5	5		20	35
铜井	756.5	746.5	682	4.5	60	10	30
谷里	946.5	926.5	907	2.5	17	20	35
东善	483	470.5	467	3.5		12.5	27.5
陶吴	531.5	516.5	510	6.5		15	42.5
横溪	663.5	648.5	640.5	3	5	15	43
丹阳	367	357	348	4	5	10	35
铜山	595	585	580	5		10	25
汤山	230	225	209	3	13	5	4
上峰	425.5	413	409	4		12.5	25
其林	329	319	314	5		10	2

▲关于切实做好一九九〇年度粮油购、销、调包干的通知

多万千克。1982年至1985年，县粮食局成立了粮食贸易公司，专门从事粮油议购议销业务。1990年后，江宁县更是成立了粮油总公司，进一步拓展市场粮油购销工作，使得江宁的粮油市场更加繁荣兴旺。

经过数十年的曲折发展，江宁县粮油市场从最初的统购统销到改革开放后的全面放开，再到如今多层次、多渠道的粮油购销体系，不仅见证了国家经济体制的深刻变革，也体现了江宁人民在改革开放中不断探索、勇于创新的精神。如今，江宁粮食贸易已越发繁荣，不仅满足了本地的粮油需求，更在开放型市场中发挥着举足轻重的作用。

统购统销：存粮如存金，有粮不担心

小 档

自1953年粮食实行统购统销的政策出台开始，中共江宁县委和县人民政府及时召开了全县干部扩大会议，并在东山镇共和乡设置了统购试点，陆续对农村缺粮农民实行计划供应。1955年11月22日，在《江宁县关于粮食统购统销情况报告》中，江宁县决定开始以户为单位进行定产、定购、定销。直到1956年农业合作社兴起，江宁县将原来的“三定”到户改为归社计算。

新中国刚成立时，物资相对匮乏，在那个年代，每一粒粮食都尤为可贵，人们日出而作，日落而息，在农田里挥洒汗水，但是由于外界种种原因，很难保证稳定的收成，未来的生活也难以得到保障，每家每户都在为了温饱而奔波。那时的江宁，农田里稻穗摇曳，但是如何将这份暂时的丰收转化为长久的稳定，却成了一个难题。正是在这样艰难的背景下，政府开始转变思路，摸着石头过河，寻找更好的出路，统购统销政策开始进入大众的视野。

1953年，粮食实行统购统销的政策出台后，中共江宁

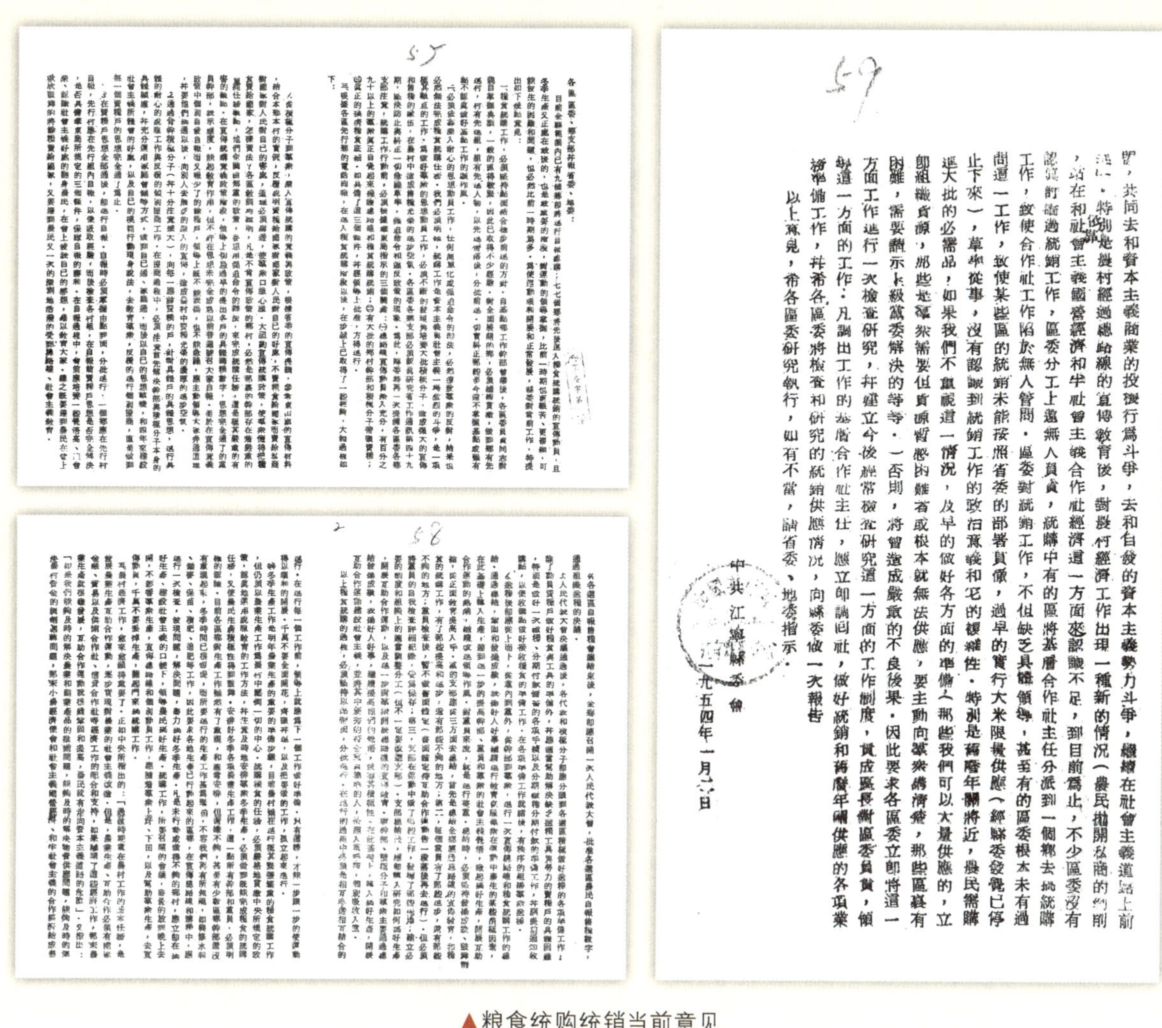

貿，共同去和資本主義商業的投機行爲斗爭，去和自發的資本主義勢力斗爭，繼續在社會主義道路上前進。特別是農村經過總路線的宣傳教育後，對農村經濟工作出現一種新的情況（農民拋開私商的剝削，站在和社會主義國營經濟和半社會主義合作社經濟這一方面來）認識不足，到目前爲止，不少區委沒認眞討論過統銷工作，區委分工上還無人負責，統購中有的區將基層合作社主任分派到一個鄉去搞統購工作，致使合作社工作陷於無人管問。區委對統銷工作，不但缺乏具體領導，甚至有的區委根本未有過問這一工作，致使某些區的統銷未能按照省委的部署貫徹，過早的實行大米限量供應（經縣委發覺已停止下來），草率從事，沒有認識到統銷工作的政治意義和它的複雜性。特別是舊曆年關將近，農民需購進大批的必需品，如果我們不重視這一情況，及早的做好各方面的準備（那些我們可以大量供應的，立即組織貨源，那些是羣衆需要但貨源暫感困難者或根本就無法供應，要主動向羣衆講清楚，那些區域有困難，需要請示上級黨委解決的等等。）否則，將會造成嚴重的不良後果。因此要求各區委立即將這一方面工作進行一次檢查研究，幷建立今後經常檢查研究這一方面的工作制度，責成區長對區委負責，領導這一方面的工作：凡調出工作的基層合作社主任，應立即調回社，做好統銷和舊曆年關供應的各項業務準備工作，幷希各區委將檢查和研究的統銷供應情況，向縣委做一次報告

以上意見，希各區委研究執行，如有不當，請省委、地委指示。

中共江寧縣委會

一九五四年一月二日

▲粮食统购统销当前意见

县委和县人民政府及时召开了全县干部扩大会议，层层进行思想发动，贯彻中央这一命令，并在东山镇共和乡设置了统购试点，发动群众自报互评。试点乡于1953年12月26日送粮入库，2月底统购结束。全县统购余粮17422.1万斤，占计划收购17507万斤的99.5%。为与统购同步，1954年1月，开始对农村缺粮农民实行计划供应。各乡成立供应委员会，村成立供应小组。由缺粮户自报，逐步转为由

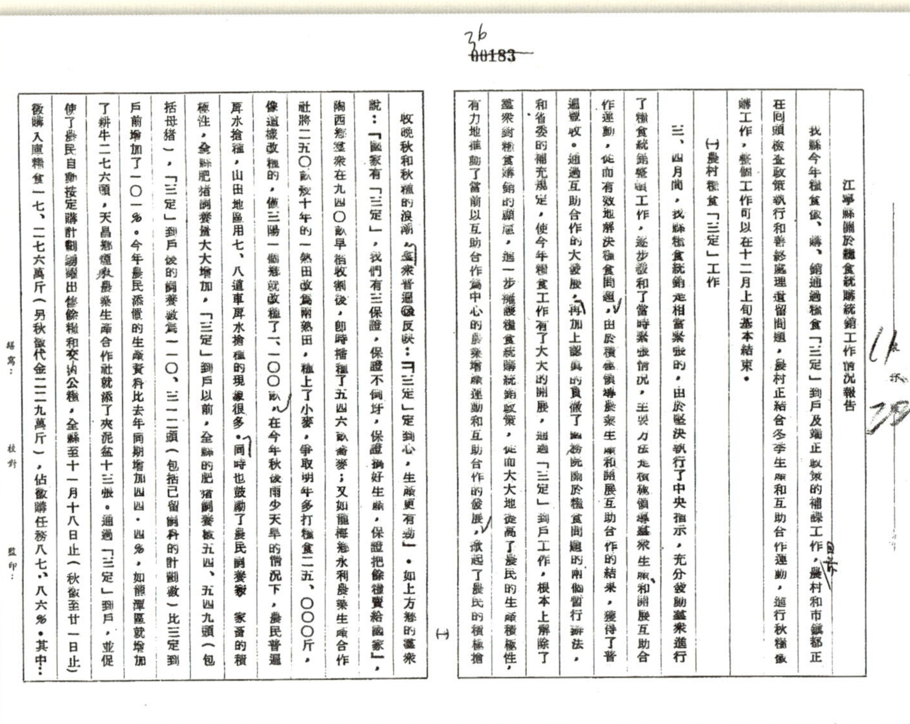

36
00183

江寧縣關於糧食統購統銷工作情況報告

我縣今年糧食徵、購、銷通過糧食「三定」到戶及端正政策的補課工作，農村和市鎮都正在回頭檢查政策執行和善終處理遺留問題，農村正結合冬季生產和互助合作運動，進行秋糧徵購工作，整個工作可以在十二月上旬基本結束。

㈠農村糧食「三定」工作

三、四月間，我縣糧食統銷是相當緊張的，由於堅決執行了中央指示，充分發動羣眾進行了糧食統銷整頓工作，逐步緩和了當時緊張情況，主要力量是積極領導羣眾生產和開展互助合作運動，從而有效地解決糧食問題，由於積極領導農業生產和開展互助合作的結果，獲得了普遍豐收。通過互助合作的大發展，再加上認真的貫徹了國務院關於糧食問題的兩個暫行辦法，和省委的補充規定，使今年糧食工作有了大大的開展，通過「三定」到戶工作，根本上解除了羣眾對糧食購銷的顧慮，進一步擁護糧食統購統銷政策，從而大大地提高了農民的生產積極性，有力地推動了當前以互助合作為中心的農業增產運動和互助合作的發展，掀起了農民的積極搶

（一）

收晚秋和秋種的浪潮，羣眾普遍的反映：「三定」定到心，生產更有勁」。如上方鄉的羣眾說：「國家有「三定」，我們有三保證，保證不倒圩，保證搞好生產，保證把餘糧賣給國家」。陶西鄉羣眾在九四〇畝旱稻收割後，即時播種了五四六畝番麥；又如龍梅鄉永利農業生產合作社將二五〇畝幾十年的一熟田改為兩熟田，種上了小麥，爭取明年多打糧食二五、〇〇〇斤。像這樣改種的，僅三陽一個鄉就改種了一、一〇〇畝，在今年秋後雨少天旱的情況下，農民普遍戽水搶種，山田地區用七、八道車戽水搶種的現象很多。同時也鼓勵了農民飼養家畜　家畜的積極性，全縣肥猪飼養量大大增加，「三定」到戶以前，全縣的肥猪飼養數五四、五四九頭（包括母猪），「三定」到戶後的飼養數為一一〇、三一二頭（包括已留飼料的計劃數）比三定到戶前增加了一〇一%。今年農民添置的生產資料比去年同期增加四四．四%，如龍潭區就增加了耕牛二七六頭，天昌鄉塘坝農業生產合作社就添了夾泥盆十三張。通過「三定」到戶，並促使了農民自動按定購計劃踴躍出售餘糧和交納公糧，全縣至十一月十八日止（秋徵至廿一日止）徵購入庫糧食一七、二七六萬斤（另秋徵代金二二九萬斤），佔徵購任務八七．八六%。其中：

繕寫：　　校對：　　監印：

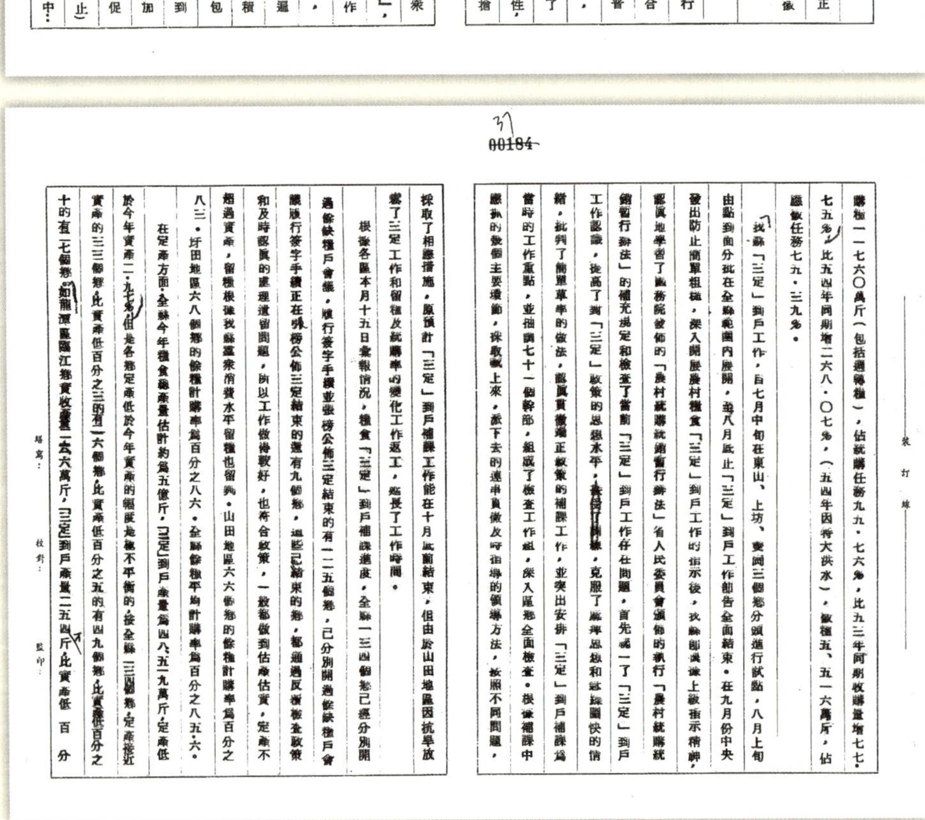

37
00184

購糧一一七六〇萬斤（包括週轉糧），佔統購任務九九．七六%，比五三年同期收購量增七七．七五%，比五四年同期增二六八．〇七%，（五四年因特大洪水），徵糧五、五一六萬斤，佔應徵任務七九．三九%。

我縣「三定」到戶工作，自七月中旬在東山、上坊、麥岡三個鄉分頭進行試點，八月上旬由點到面分批在全縣範圍內展開，至八月底止「三定」到戶工作即告全面結束。在九月份中央發出防止簡單粗糙，深入開展農村糧食「三定」到戶工作的指示後，我縣即根據上級指示精神，認真地學習了國務院發佈的「農村統購統銷暫行辦法」省人民委員會頒佈的執行「農村統購統銷暫行辦法」的補充規定和檢查了當前「三定」到戶工作存在問題，首先統一了「三定」到戶工作認識，提高了對「三定」政策的思想水平，克服了麻痺思想和急躁圖快的情緒，批判了簡單草率的做法，認真貫徹端正政策的補課工作，並突出安排「三定」到戶補課為當時的工作重點，並抽調七十一個幹部，組成了檢查工作組，深入區鄉全面檢查。根據補課中應抓的幾個主要環節，採取[illegible]上來，派下去的連串貫徹及時指導的領導方法，按照不同問題，

採取了相應措施，原預計「三定」到戶補課工作能在十月底前結束，但由於山田地區因抗旱放鬆了三定工作和留種及統購率的變化工作返工，延長了工作時間。

根據各區本月十五日彙報情況，糧食「三定」到戶補課進度，全縣一三四個鄉已經分別開過餘缺糧戶會議，履行簽字手續並張榜公佈三定結束的有一二五個鄉，已分別開過餘缺糧戶會議履行簽字手續正在張榜公佈三定結束的還有九個鄉，這些已結束的鄉，都通過反復檢查政策和及時認真的處理遺留問題，所以工作做得較好，也符合政策，一般都做到估產估實，定產不超過實產，留糧根據我縣羣眾消費水平留糧也留夠。山田地區六六個鄉的餘糧計購率為百分之八三。圩田地區六八個鄉的餘糧計購率為百分之八六。全縣餘糧平均計購率為百分之八五．六。

在定產方面，全縣今年糧食總產量估計約為五億斤，「三定」到戶產量為四八、五一九萬斤，定產低於今年實產二．九七%，但是各鄉定產低於今年實產的幅度是極不平衡的，按全縣一三四個鄉，定產接近實產的三三個鄉，比實產低百分之三的有一六個鄉，比實產低百分之五的有四九個鄉，比實產低百分之十的有一七個鄉，如龍潭區臨江鄉實收產量一六六萬斤，「三定」到戶產量一二五四斤，比實產低百分

繕寫：　　校對：　　監印：

▲关于粮食统购统销工作情况报告（1）

00185

之四・五二。銅井區牧龍鄉實收產量平均每畝四四四斤，定產平均每畝四〇四斤，比實收產量低百分之十；龍潭區三勝鄉聯合村農業生產合作社實收產量平均每畝五五〇斤，「三定」產量平均每畝四六八斤，比實產低百分之一五・四六；沙洲區興隆鄉今年超產在一、〇〇〇斤以上的佔該鄉總農戶的百分之二十，所以羣衆普遍反映：「定產合理，定產不高」，如鐵心橋鄉農民張漢才編個小調唱着「三定三定，定得高興，稻子實收四七〇，包產七三，兩下加起來五四三，黃豆麥子還未算產，光這兩項就超過產」。

在留糧方面：僅以全縣「三定」到戶產量（超產部份不計算在內）除去國家徵購糧再加上定銷供應糧，按全縣農業人口五一四、八七三人平均分攤，不分大小人口，每人得糧六〇二斤（包括口糧、飼料、種子），如瑞明鄉宣閘、灣子、花園三個農業生產合作社社員每人口糧數低為四六五斤至五〇〇斤只有七戶，[illegible]九十八戶社員口糧均為六〇〇斤以上，每人口糧最高的在九〇〇斤以上，銅井區洪幕鄉僅山農業生產合作社社員平均口糧每人九二五斤，所以留糧是堅持執行了中央留糧留足的指示精神，就是受旱減產也照地委規定數留足的。

在定購方面：根據定產與留糧計算，今年全縣餘糧數為一二、八一四萬斤，到戶定購餘糧數一〇、九六二萬斤（佔餘糧數百分之八五・六），加上農業秋徵收糧食七、五八二萬斤，合計一八、五四四萬斤（不包括週轉糧與備減免未除）比五三年徵購實績減少百分之一三・五六，比五四年我縣遭受特大洪水的情況下徵購實績增加百分之三二・四五。

在定銷方面：已訂好缺糧分月供應計劃，羣衆又滿意的有一一一個鄉，正在與缺糧戶協商訂分月供應計劃的還有二三個鄉，今年到戶農村定銷數三、二九〇萬斤（包括週轉糧），比五四年糧食年度實銷數七、八五三斤（包括市鎮居民，在去年的特大洪水的情況下）少百分之五八・一，通過秋徵減免及定額減免照顧等，定銷數字還須略有減少。

我縣的「三定」到戶工作，由於認真執行了上級政策和緊緊依靠了全縣廣大農民的共同努力，工作的進度是順利的，健康的，基本上達到了鼓勵農民增產的積極性和為建立糧食工作的制度化打下了基礎，但由於「三定」到戶是嶄新的工作，再加之今年秋熟豐收，滋長了幹部的

(三)

繕寫： 校對： 監印：

00186

自滿麻痺和盲目的樂觀思想，不能深入發動羣衆，存在着單純的任務觀點，不能完整的貫徹黨的政策，以致在端正政策前的一個階段工作上發生一些問題：⑴幹部存在着偏面任務觀點，以致定產偏高任務，普遍加成，如板橋區在定產過程中，在縣分配的初步指標上又加上一二〇萬斤任務，結果在鄉支書會議上就發生了頂牛現象；⑵評增評減不從實事求是出發，一些幹部認為對地、富、反份子給予評減是失去立場，或則不通過羣衆少數幹部包辦代替；⑶扣供應標準存在少供應一點好一點的思想，特別是對個漢、二流子認為這些人該少供應一點，如上方鄉廣里村顧漢良東武應供應二〇〇斤，但祇供應一〇〇斤，以上問題，通過端正政策的補課工作，都及時分別的予以解決，但還得在今後工作中予以注意。

我縣對省人民委員會關於今年秋季農業稅減免的新規定，進行了嚴肅認真的貫徹，使全縣三四七個去年遭受不同程度的災村，一二八、四八一個農民得到了定額照顧減免，納稅農戶飼養種畜和幼畜，不分牛、馬、驢、騾，在今年秋徵時，都每頭減徵糧二〇斤，因此，又進一步鼓舞了農民生產積極性，並使去年受災農民得以迅速恢復再生產能力，以支持農業生產，促進農村合作化運動的發展，但由於今年秋熟豐收，羣衆自動出賣餘糧快接近任務，因此，幹部對當前的徵購工作普遍地存在着自滿麻痺，盲目樂觀思想，祇看到完成任務的一面，而沒有看到虛假數字的一面，祇看到積極賣糧的一面而沒有看到富裕中農保守惜售和地、富份子對抗的一面，據最近一三四個鄉的統計，有這種思想情緒的八八個鄉，如石馬鄉趙長郄西村主任說「今年賣餘糧篤定完成任務，要我們村上怎樣賣就怎樣賣」因此自已也就認為篤定無問題，但目前實糧結果，全村一〇二戶，有尾欠的三一戶，佔總戶數的三〇・三九，尾欠糧達一七、三四五斤，佔該村任務數二三・四四％，特別是全村四戶富農就有三戶有尾欠，尾欠糧也最多，如該村富農尾欠戶平均每戶二二二斤，中農尾欠戶平均每戶四六二斤，富農尾欠戶平均每戶六四三斤，其次在減免工作上，幹部執行政策不嚴肅，或偏面的羣衆觀點，不能認真的貫徹減免政策，不按照先減後徵收的程序辦事，如湯山區，龍山鄉孫家自然村（受旱災村）事前未做好減免工作，就發動羣衆送糧，而引起羣衆不滿，有些地區則有減免過多的現象，如淳化區青山鄉徐巷村二〇七戶，發動羣衆自報減免一六三戶糧六八、〇〇〇斤，但通過檢查實際不背產不

(四)

繕寫： 校對： 監印：

▲关于粮食统购统销工作情况报告（2）

乡直接控制，实行凭证供应。

1955年8月，随着《农村粮食统购统销暂行办法》的颁布，江宁县的农民家里迎来了“三定”的新生活。政府按户定产，每家的田地经过仔细评估，确定了合理的常年产量，这成了他们未来三年定购定销的基础。国家根据定产量，规定了每家每户每年应贡献给国家的粮食份额，这份承诺同样稳定了三年，让农民心里有了底。而对于村里的缺粮户，政府则实施了定销政策，每年评定一次，确保他们先用自己的粮食，不足时再由国家补足，且“有什么粮供应什么”，温暖而贴心。

1956年，农业合作社兴起。江宁县将原来的“三定”到户改为归社计算。经整理“三定”资料，落实试算方案，平衡余缺后，全县余粮社267个，缺粮社10个，单干农民3288户。全县归社计算：定产42794万斤，公粮8304万斤，定购8396万斤，缺粮户定销550万斤，“三定”到户归社后，是年征购实绩13777万斤。此后粮食购销政策虽有变化，但作为一项制度，一直延续下来，成为党和政府的一项经济政策。统购统销政策不仅稳定了物价，促进了社会的安定、农业的发展，还巩固了政府和农民之间合作的桥梁，老百姓的温饱问题有了保障，生活质量也得到了提升。

生理需要是人们最基础的需求，而温饱问题作为重中之重，一直受到老百姓的广泛关注，解决了温饱问题，才能让老百姓拥有过上好日子的希望。粮食虽然看上去平凡，却是老百姓过上幸福生活的基石。统购统销政策，不仅有效保障了农产品的稳定供应，更提高了农民的生活水平，促进了农业生产的健康发展，为老百姓的美好生活保驾护航。

江宁县人民委員会佈告

宁人字第　　号

自国家实行粮食統购統銷和“三定”政策以来，国家掌握了粮食，因而保証了工人、国防战士、城市居民、农村缺粮户和災民的粮食需要，有力地支持了工业建設和国防建設，稳定了粮价和物价，消灭了粮商投机，制止了农村阶級的分化，改善了广大农民的生活。因此，必須继續坚决貫彻执行粮食統购統銷和“三定”政策。

但在今年夏粮登场以后，我县部分地区农民要多留口粮，企图推翻三定。另外，有些奸商、粮贩和蓄意破坏統购統銷政策的坏分子，乘机投机倒把，暗地組織地下粮行，私下交易稻、米、麦、面及粮票。高价收买，暴利出售。如听任这种情况发展下去，将严重影响統购任务的完成和統銷的正常供应，影响农业生产和农业社的巩固。

根据江苏省农村产品自由市場暂行管理办法的規定，凡粮食、棉花、油料一律由政府向农业社或个体农民按照国家統购統銷政策，合理地規定統购任务。农业社和个体农民必須保証如期如数地完成規定任务。在政府宣佈統购結束以后，农业社和农民才能对这类剩余产品进行少量的自由調剂。为此，希全县人民严格遵守国家法令，积极完成夏季統购任务。并协助政府严厉打击粮食黑市活动，如发现有贩卖粮食、扰乱市場，甚至造謠破坏統购統銷政策者，及时检举，坚决制止，一般的給以批評教育，黑市粮票一律沒收，黑市粮食应交由当地粮管所处理。对情节严重的，則依法懲办。

此佈

县长　李　錦　荷

一九五七年七月十五日

▲关于自国家实行粮食统购统销和“三定”政策以来的布告

电力发展：带来万家灯火

小　档

1963年，江宁县供电所成立。1976年，成立江宁县供电局。1979年起，全县各乡村均已通电。1989年1月13日，江宁县供电局在中共江宁县七届三次全委（扩大）会议上指出要“困难面前不气馁，千方百计供好电”。江宁电网主要有四种类型：10千伏及以下网络、35千伏网络、110千伏网络与220千伏网络。2000年，农村配电网和城区配电网先后进入大规模建设和改造。2007年11月14日，江宁供电公司建制并入南京供电公司。

你想象过从前没有电的日子吗？没有网络，没有冰箱，没有空调，在炎炎夏日里，只能摇着扇子，用水冰镇西瓜解暑。新中国成立之初的江宁，许多家庭夜晚还沉浸在一盏盏煤油灯和一支支蜡烛昏黄的光影中。在煤油灯旁坐上几个小时，鼻孔里面都是黑黑的烟尘，喉咙也会被煤油烟子熏得发痒难受。“何当共剪西窗烛”，那真是需要一次次剪下烛花，才能换来更长久的光明。

为了解决老百姓的用电问题，江宁从南京大校场飞机场引3.30千伏电源至东山镇，安装30千伏安变压器一台，为县政府机关、社会团体和工商业照明用电服务。1955年，江宁县人民政府在东山镇建成全县第一个配电房，配电变压器容量180千伏安。当那束明亮而稳定的电流沿着导线，点亮了第一盏电灯时，整个小镇仿佛被施了魔法，瞬间焕发出前所未有的生机与活力。大家聚集在街头巷尾，脸上洋溢着难以言喻的喜悦与好奇。老人们颤巍巍地伸出手，轻轻触碰那散发着柔和光芒的灯泡，眼中闪烁着泪光，仿佛是在见证一个新时代的开启。孩子们更是兴奋不已，他们围着电灯转圈，欢呼雀跃，对这份来自未来的光明充满了无限的好奇与向往。

1963年，江宁县供电所成立。1976年，江宁县供电局成立。1979年起，全县各乡村均已通电。20世纪80年代起，全县县属工业和乡（镇）村工业蓬勃兴起，电网建设加速。江宁电力建设以适应农业大县电力需求，稳定和加强供电网络，保证工农业生产和人民生活需要为目的。1995—1996年，江宁自筹资金3200万元对农村400伏及以下低压电网和设备进行第一次较大规模改造，并先后通过华东电管局和江苏省、南京市有关部门验收，成为农村电气化、农村用电标准化和电力“三为服务”（为农业、为农民、为农村经济服务）达标县。越来越多的家庭开始拥有电视机这个稀罕物件，在夏日夜晚的广场上，大家可以一边看着露天电影，一边吃着西瓜乘凉，人们的精神生活开始丰富起来。

2000年，农村配电网和城区配电网先后进入大规模

00031

中共江宁县七届三次全委(扩大)会议典型材料之七

困难面前不气馁，千方百计供好电

——江宁县供电局

领导、同志们:

去年是我县用电最紧缺的一年，特别是下半年以来，供电的形势十分严峻，突出表现在两个方面：一是供需矛盾非常尖锐。一方面，八八年比八七年统配供电计划下降7.46%，分配负荷不足正常负荷的一半，全县日需用电量为110至130万千瓦时，而分配只有30万千瓦时，仅够全县照明和生活用电。另一方面，八八年全县供电量31125万千瓦时，比八七年增长1850万千瓦时，仅增长6.1%，而全县工业产值比八七年增长31.95%。我们全县的用电量是江浦高淳县的三倍；是溧水县的二倍；是六合县的1.5倍。二是拉电限电频繁，拉电次数多、时间长都是前所未有的。去年110KV线路被华东、省市拉路316条次，35KV线路被拉路297条次，是八七年的一倍，最长拉电时间连续达50多小时。电力的紧缺给我县工农业生产和人民生活造成了极其严重的影响，也在群众中产生了许多埋怨情绪。

造成用电紧张的原因是：第一，各发电厂发电用煤严重不足，使电网发电机组不能正常生产发电。如：全国最大的火力发电厂谏壁电厂总装机容量162.5万KW机组，但长期只有50—80万千瓦机组运行发电，有时只能开一台机组发电。第二，电网长期处于超负荷、低周波运行，给电网安全生产带来极大的危险。第三，从八八年九月份起，由于发电煤缺少，省要求计划电量的40%要以煤换电、另外加工电费也必须交煤。虽经县委、县政府多方努力，组织了

—1—

00032

近二万吨发电煤，但仍无法满足交煤任务。第四、我县高能耗企业比较多，水泥、钢铁、化肥、电石、轧钢铸造等高能耗企业有30多家，用电量占整个工业用电量的70%以上，占全县总用电量的50%左右。

今年缺电情况仍将很严重，供电紧张形势短期内是很难解决的，仍要采取以煤定电、以电定产的办法。今年省继续实行计划电20%煤电挂钩和加工电交煤政策。我县八九年分配电量为1.7亿千瓦时，扣除20%煤电挂钩电量，只有1.36亿千瓦时。再扣除7%的线损952万千瓦时，仅有1.2658亿千瓦时。根据我县八九年年供电量3.26亿千瓦时水平，缺电约2亿千瓦时，再扣除前几年集资电量，预计要购加工电1.4亿到1.5亿千瓦时。根据煤电挂钩和购加工电用煤每千瓦时交煤497克计算，一年全县需交12万—13万吨煤。按190元一吨算，需2400万元至2600万元。另外，市规定凡是八八年欠市加工电费的，从八九年元月份起，加工电和煤电挂钩的20%计划电票一律不开，必须待八八年的欠帐交清后才开。我县目前欠八八年加工电费222万元。如果不在近期内上交，将面临着被更多拉电限电的困境。

面对今年的严峻形势，县委、县政府非常重视协煤供电工作，去年底就组织力量赴山西、河南等地开展横向联系，目前已经组织了一定数量的发电用煤，并将继续努力开展这项工作。面对供电十分紧缺的状况，我们全局干部职工决心在县委、县政府领导下，在全县各行各业广大用户的理解支持下，切实履行"人民电业为人民"的服务宗旨，端正行业指导思想，想方设法克服困难，千方百计提供用电服务，与全县人民一起共渡难关，为保证全县八九年实现22.5亿元总产值的奋斗目标尽最大的努力。我们的具体措施是:

1、多渠道、多方式积极争取用电指标，一是与县计经委和县三电办一道，主动、积极、经常地向市级、省级和华东调度部门、能源部门、三电部门汇报我县缺电情况

—2—

00033

和由于缺电、拉电给工农业生产造成的损失，同时经常请有关人员来江宁察看，了解我们的困难，争取他们的同情和帮助，给予照顾少拉电和不拉电。二是积极协助县协煤领导小组做好工作。我们主要是组织人员做好电费的收缴多宣传、多跑腿，请乡、镇领导同志多支持，争取把应收的电费尽快收上来，从资金上支持协煤工作，完成协煤任务，力争实现全年网供电量3.26亿千瓦时。

2、热情支持和积极帮助用户搞好自发电工作。我县目前已有用户自发电机583台，装机容量36471KW，年发电量予计8000万千瓦时，这是一个不可低估的力量。我们要积极动员他们多发电，提倡以机代电，同时鼓励用户多装新的发电机，以对大电网缺电进行必要补充。新蕾化工公司最近已新上了一台6000KW的发电机组，钢铁厂也将要新上一台6000KW的发电机组，这二台机组如能正常发电，予计全年能发电4000—4500万KW时，这对我县电力紧张状况将起缓和作用，为此，我们本着既不违反政策规定，又能支持电厂正常发电的原则，努力做到四点：一是从并网的安全上给予提供良好的条件，二是从代售电量上给予提供合情合理的报酬，三是从技术上需要电网办的事情，超前做好服务，四是从调度上高度重视，防止误调度造成发电机组故障。

3、继续搞好电网建设。我们打算今、明两年完成35KV禄口变拆迁改造任务并从陶吴引一条35KV线路至禄口，完成六郎变电所升压工程，将原35KV变电所升压为110KV变电所。这两个变电所建成后，将使电网布局更趋合理，六口、六郎、铜井、江宁等乡用电状况将有所好转。做好这两个变电所的改造，升压工作予计需投资300万元左右，现这两个工程已报省市电力部门。目前正在抓紧做工作，力争早立项和向上多争取资金，使二个工程尽早竣工，发挥效益。

4、认真搞好计划用电，合理调度，使有限的电力发挥最大的效益，按市下达的每月计划电量，按时做好计划电的分配。根据不同的时期情况，制定调荷方案，统一调

—3—

00034

度，稳定用电秩序，控制大用户峰上用电，削峰填谷，鼓励用户多用深夜电，严格按负荷曲线控制负荷，做到自我控制，自我平衡，减少上面超负荷拉电。在非农业用电期尽量多供工业用电；在农村大忙及排涝抗旱期间，采取停高能耗企业用电、乡镇企业和其他工业改为夜间用电等措施，以确保农业生产用电。还要搞好停电的计划工作，做到每周制定一次停电计划。对重要用户提前发停电通知，对线路大修、技术改造等停电的，要求调度部门统一掌握能合并的合并，尽量减少重复停电给用户带来不应有的损失。

5、搞好节电工作，尽量减少电能损耗。一是狠抓降损节电，加强电力线路管理和维护，保证电网安全，经济运行，使年计划7%的线损下降到6.5%左右，节约电量160万KW时，争取达250万KW时；二是对非排灌期间空载或轻载的排灌专用配变及一些容量大，负荷轻的主变实行停运，节电100万KW时。三是抓产品单耗考核，扩大考核面，由八八年的31家扩大到35至40家。全县产品单耗定额考核争取节电1350万KW时。四是抓"以提高产量，增效益、增收入、降低电耗"为主要内容的节电活动，推动各企业制定以机名、班组、车间、个人为主的节电承包责任制，提高电能利用率。五是推广节电新技术的运用和促进企业对耗能高的陈旧设备进行更新改造。六是根据市经委、县计经委等部门的有关规定，与各单位密切配合，坚决查封电炉、电力空调、电取暖器、电烧水、电饭锅的使用，防止电能的浪费。

6、搞好安全运行和对事故的抢修工作，把因事故带来少供电的损失降低至最低限度。认真进行变电、线路设备大修工作。全年大修任务力争在上半年全部完成。组织好春季迎峰、秋季三次安全大检查，对检查出来的各类缺陷按规定处理，做到一类缺陷不过夜，二类缺陷不超过一个星期，三类缺陷编制计划定期处理。在平时特别在节假[illegible]期间，加强设备巡视，使设备始终[illegible]

▲困难面前不气馁，千方百计供好电——江宁县供电局

◀韩庆华（时任江宁县委书记）到南京东善桥500千伏变电站现场办公

建设和改造，电力基础设施建设取得突飞猛进的发展，用电水平迅速提升。2007年11月14日，南京供电公司下发《关于撤销南京市江宁供电公司建制》的通知，江宁供电公司建制并入南京供电公司。江宁电网规模已由原先服务于以农业为基础，地方国营和集体经济为主导的工农业生产和城乡居民生活用电的农村电网，发展成为服务于以外向型经济为主导的城市区域电网。电力的普及带动了江宁的基础设施建设：路灯、交通信号灯、公园里的景观灯……这些现代化的设施让江宁的夜晚变得更加美丽和安全，更方便人们享受夜生活带来的乐趣和便利。

电力的普及，不仅极大地改善了江宁人的生活质量，更推动了江宁经济社会的快速发展。转眼间，江宁的通电用电事业发生了翻天覆地的变化。如今，当你漫步在江宁的街头巷尾，无论是繁华的商业街区，还是宁静的居民小区，电无处不在，编织着这座城市的生活网络。电灯、电视、冰箱、空调……这些曾经只有少数人才能享受的奢侈品，如今已成为江宁普通家庭中的标配。

城市规划：让东山再起

小　档

1994年8月8日，江宁县人民政府发布《关于报请审批〈东山城市总体规划〉的请示》，提到希望政府能批准实施于1994年编制的《县城总体规划》。总体规划确定东山城市的性质为江宁政治、经济、文化的中心，是南京都市圈南部的中心，其规模为30万人口，总面积41.2平方公里。但随着经济发展，东山城市总面积不断扩大，县委、县政府不断调整设计、修订方案，在符合江宁实际的基础上很好地指导了东山城市的建设与发展。

在很多老江宁人心中，东山板块才是“江宁主城”，随着百家湖、九龙湖、上秦淮的崛起，东山日益低调，但由于板块本身发展成熟，配套齐全，依然是宜居之地。江宁东山经济社会发展表现亮眼，其经济活力和动力丝毫不逊于区域其他新兴板块，这背后的一个非常重要的原因就在于它是全区最早进行规划和开发的城市板块。

从新中国成立直到1977年，江宁城区建设虽有所发

▲1988年的东山

展，但无科学的总体规划。1978年5月，江宁草拟《县城东山和南岔路口地区轮廓规划》，为县城总体规划做准备，1984年5月完成《县城总体规划（1983—2000年）》，1984年12月经南京市人民政府批准实施。在实际执行的过程中，规划所确定的工作目标基本能够实现，特别是在指导东山城市建设中，有些地方甚至还超出了预期设想。但随着改革的不断深入，江宁经济建设加速发展，城区规模呈扩大态势，县城面貌也已经发生了很大变化，原有的总体规划已不适应城市建设和发展的需要。因此，1993年，县政府按照“经济强县、南京副城”的要求，高起点编制《东山城市总体规划（1992—2010年）》（以下简称《规划》）。

东山城市规划具体范围北起南京绕城公路和县城规划中的城北路，南抵四号公路南500米和牛首山河北岸，西到韩府山、翠屏山、将军山，东达县城规划中的环城路。《规划》中提出了“一城三区”的科学城市结构形态，由于秦淮河将东山划分为三区，规划布局结合了山、水等自然形态，以交通为枢纽，把老城区、岔路区及新城区连成了一个整体，使之既相对独立，又互为依存，既是一个形态完整的城市布局，又使各区具有自己的特色。此外，东山作为交通枢纽和县域中心城市，既接受南京辐射，又向外折射。《规划》中将国道、省道、铁路及运河等主要交通线路与东山“经八纬六”路网格局有机结合，在保证实

052

江宁县人民代表大会

常务委员会文件

江宁人发(1994)6号

印发《关于东山城市总体规划的决定》的通知

县政府：

江宁县第十二届人大常委会第十次会议，听取和审议了县政府委托城建局副局长周宗贵所作的《关于东山城市总体规划编制情况的汇报》。会议作出了《关于东山城市总体规划的决定》。现予印发。

江宁县人民代表大会常务委员会(盖章)

一九九四年六月二十日

抄送：县委办，县城建局

053

江宁县人大常委会

关于东山城市总体规划的决定

(1994年6月28日江宁县第十二届人大常委会第10次会议通过)

江宁县第十二届人大常委会第十次会议，听取和审议了县城建局副局长周宗贵受县政府委托所作的《关于东山城市总体规划编制情况的汇报》。会议认为《东山城市总体规划》在认真调查、深入分析本地特点和发展趋势的基础上，充分考虑到南京总体规划的发展要求，提出的老城区、新城区、岔路区“一城三区”的结构形态是合理的，《规划》指导思想明确，内容全面，资料数据丰富，达到了城市规划编制的基本要求，符合《城市规划法》。会议决定原则同意《东山城市总体规划》。

▲印发《关于东山城市总体规划的决定》的通知

001

江宁县人民政府文件

江宁政发[1994]145号　　签发人：庞顺根

关于报请审批《东山城市总体规划》的
请　　示

南京市人民政府：

我县原《县城总体规划》于1[illegible]94年编制完成，同年12月经市政府批准施行。在总体规划指导下，县城在城镇基础设施、新区开发、旧城改建等方面已经取得突破性进展，为我县的经济发展和人民生活的改善发挥了积极的推动作用。

随着改革的不断深化，江宁经济呈现加速发展的好势头，规划滞后越来越明显，原总体规划已不能适应城市发展的需要。为此，县政府于1992年4月成立了东山城市总体规划修订工作小组，对原总体规划进行修订。经过多次论证和广泛征求意见，反复修改，于1993年12月顺利通过了由市12名专家组成的“东山城市总体规划评审组”的审

—1—

002

查，94年4月县政府县长办公会议再次进行审议、修改。最后，于1994年6月28日经县十二届人大常委会第十次会议审议通过。

现对几个主要的问题说明如下：

一、总体规划修订的指导思想

1、规划突出东山在南京都市圈内的位置，主动与南京总体规划接轨，并把东山总体规划看做是她的延伸和深化来把握。

2、按照尊重历史，创造未来的原则，面向二十一世纪，为提高城市的现代化水平创造良好的空间环境。

3、规划高标准、高起点，统筹兼顾，远近结合，合理布局，处理好建设与控制的关系，最大限度地发挥中心城市的功能，使总体规划近期具有可操作性，远期富有弹性。

二、东山城市的性质

东山是江宁政治、经济、文化的中心，是南京都市圈内南部的吸引中心。

三、在这次修订东山总体规划中，提出了“一城三区”城市结构形态。由于秦淮河将东山划分三区，规划布局时结合山、水自然形势，以交通为纽带，把老城区、岔路区及新城区连成一个整体，使之既相对独立，又互为依存；既是一个城市的整体，又各具特色，突出加快新城区的建设。

—2—

003

四、城市规模

1、用地规模：至2010年，北起南京绕城公路和五城路，南抵四号路南500米和牛首山河北岸，西到韩府山、翠屏山、将军山，东达裕江路，总面积41．2平方公里。

至下世纪中叶，规划控制范围北起南京绕城路，南沿南京都市圈内界线，东到104国道，西抵宁丹公路，总面积110平方公里。

2、人口规模：规划中提出2000年规划人口17－20万人，人口自然增长率按10‰，机械增长率按70‰考虑，2010年规划人口28－30万人。

现将《东山城市总体规划》(1992－2010)上报，请予审批。

附件：一、江宁县人大常委会关于东山城市总体规划的决定

二、东山城市总体规划评审意见

三、东山城市总体规划文本(1992－2010)

四、东山城市总体规划专项说明书(七本)及图纸(照片)

五、蔡敬东副县长在审议《东山城市总体规划》会议上的讲话

—3—

004

六、关于《东山城市总体规划》编制情况汇报
——县城建局副局长周宗贵

江宁县人民政府
一九九四年八月[illegible]日

—4—

▲关于报请审批《东山城市总体规划》的请示

用性的同时体现了设计的科学性。

东山是南京的南大门，是重要的物资集散之地，同时，东山又处于“机场开发带”起点位置，它的启动和发展对都市圈南部经济建设有着十分重要的意义。老城区（秦淮河以东），作为城市的政治、文化、金融和商贸中心，调整工业产业结构，搬迁有污染的企业，优先发展轻工、机械等工业。新城区以优先发展工业为主体，集科、工、贸于一体，第三产业配搭的经济技术开发区，形成一个相对独立的新城区。岔路口区域依托南京火车南站，面向东山，背靠南京，也逐步建成东山的副中心。三个功能区协调发展，为东山在江宁区域的发展奠定了基础，也促使东山收获了巨大的进步。

经历了几十年的时移世易，如今一直在修缮缝补的东山，是个一直在变迁的地方，既保留着悠闲安逸的生活韵味，又有着“东山再起”的发展雄心。走进东山，你会看到旧房子、新楼厦鳞次栉比，老市场、新商城咫尺相邻，人群熙熙攘攘、热闹不已……这座“老城”包容的气质在整修出新的持续循环里慢慢沉淀、鲜明，最终成为东山人最为珍惜的味道。

新济洲搬迁：人退鱼归，绿色蝶变

小　档

2000年11月1日，江宁县人民政府发布《关于成立新济洲移民安置工程指挥部的通知》，要求加快新济洲移民安置，确保汛期前受益。江宁铜井镇是长江入苏后的第一港，其下属的新济洲是长江江苏段的第一个水上行政村。由于它孤悬江心，人口又多（3900余人），故一到汛期，其安危备受关注。为切实贯彻省市“加快新济洲移民安置，确保明年汛前受益”的要求，高标准、高效率地推进这一事关全县稳定和发展的移民安置工程，新济洲移民搬迁安置启动。

在长江南京段的上游，有一片“江心洲”——江宁新济洲。新济洲曾是江宁区铜井镇的一个村落，由于它孤悬江心，人口又多（3900余人），每逢汛期，村民们便提心吊胆地防范洪水侵袭。然而，近年的变迁，让新济洲从一个平凡的江中小洲，蜕变成了国家湿地公园，成为我们江宁自己的“济洲岛”，这一切，都始于一场搬迁与重生。

2000年，江宁决定整治新济洲的环境，进行一场前

江宁县人民政府文件

江宁政发（2000）294号

关于成立新济洲移民安置工程指挥部的通知

各镇人民政府、县府各委办局、县各直属单位：

为切实贯彻省市“加快新济洲移民安置，确保明年汛前受益”的要求，高标准、高效率地推进这一事关全县稳定和发展的移民安置工程，决定成立新济洲移民安置工程指挥部，组成成员名单如下：

总　指挥：王加法　县政府常务副县长

副总指挥：计家荣　县政府副县长

谢跃进　县政府副县长

成　　员：陈　勇　县府办副主任

朱庭根　县农工部部长

周久耕　县计经委主任

杭德林　县国土局局长

易长生　县民政局局长

杨友林　县建设局局长

— 1 —

刘正元　县供电局局长

黎昌祥　县公安局局长

梁六生　县交通局局长

毕书宏　县劳动局局长

谈太年　县水利农机局局长

朱克诚　县教委主任

王世琦　县卫生局局长

庞家龙　县司法局局长

李昌文　县审计局局长

尤才保　县法制局局长

丁圣荣　县财政局副局长

侯礼富　县民政局调研员

王贵文　县宣传部副部长

李高平　县监察局局长

段　俊　县国土局副局长

周正洋　县水利农机局副局长

钱德年　铜井镇党委书记

指挥部下设一个办公室，四个工作组。陈勇兼任办公室主任，段俊、周正洋、张仁福任办公室副主任。宣传组以宣传部为主，由王贵文同志负责；征地组以国土局为主，由段俊同志负责；安置组以民政局为主，由侯礼富同志负责；后勤保障组由公安局王会功同志负责。各组成员从下列单位抽调组

— 2 —

成。

政府办1人	公安局1人
交通局1人	国土局2人
建设局1人	环保局1人
教　委1人	农业局1人
林副业局1人	水利农机局1人
司法局1人	纪委1人
劳动局1人	农开局1人

江宁县人民政府

二000年十一月一日

主题词：水利　移民　机构　通知

— 3 —

▲关于成立新济洲移民安置工程指挥部的通知

所未有的“生态移民”。为了贯彻省市“加快新济洲移民安置工程，确保明年汛前受益”的要求，江宁县人民政府成立了新济洲移民安置工程指挥部。那一年，洲上数千名原住民陆续搬离新济洲，无论是企业还是码头，全都撤离下洲，给予洲上生态环境恢复的空间。这场搬迁，不仅是对村民生命财产安全的保护，更是对长江湿地资源的呵护。“刚开始时，大家都舍不得离开这里。”一位曾经的村民回忆道，“但想到未来可能还会再碰上洪水，又想到要保护长江，咱们最终选择支持政府的决定。”随着原住民的离开，新济洲成为各种野生动物和鸟类的乐园。如今，洲上栖息着220多种鸟类，成为江宁一道亮丽的生态风景线。

为了做好居民搬迁之后的安置工作，江宁特别召开了关于新济洲移民问题的会议，要求有关部门和单位对新济洲的移民继续给予关心和支持，善始善终地做好新济洲的移民工作，切实为移民创造安居乐业的环境，千方百计地帮助移民发展生产、增加收入，继续维护稳定大局。会议要求，不仅是住所的改变，还要考虑到责任田分配、教学设施、供电供水等问题。“虽然我们是支持政府的决定，但是一开始也很担心之后的生活。”有一位移民这样说道，“后来看到政府没有忘记咱们，是真真切切地为我们考虑过之后的问题，我悬着的心就放下了。”面对政府的号召，有些安置好的移民又重新投入了保护长江的事业中，虽然人下了洲，心却一直留在洲上。

会议纪要

第80号

南京市人民政府办公厅　　2001年8月15日

关于新济洲移民问题的会议纪要

8月9日，市委副书记汪正生、副市长盛金隆在江宁区铜井镇政府主持召开会议，专题研究新济洲移民安置等有关问题。出席会议的有：市政府徐克勤，市农办王秀芳、市计委李凌、市财政局金钟、市民政局张良礼、市水利局刘克利、市交通局刘俊锋、市教育局张也可、市市容局王依群、市建委潘玉良、市国土局沈剑荣、南京供电局刘德泰，江宁区王建华、詹双定、计家荣等。会议听取了江宁区关于新济洲移民安置工作的情况汇报，在充分讨论的基础上，议定如下事项：

一、充分肯定新济洲移民安置工作所取得的成绩。从去年下半年开始，江宁区委、区政府认真贯彻落实市委、市政

—1—

府关于对新济洲实施移民的重大决策，及时开展调查研究，周密制定工作方案，广泛宣传发动，认真落实措施，由于工作细致，方法得当，到目前为止，整个移民安置工作总体比较平稳、安全、有序。

二、进一步做好当前移民及安置工作。对目前尚未撤出的个别农户，要继续加强宣传发动和说服教育工作，洲上人员必须全部撤出，确保不留一户、一人。同时，要善始善终做好对移民的安置工作，切实为移民创造安居乐业的环境，千方百计帮助移民发展生产、增加收入，继续维护稳定大局。

三、市有关部门和单位对新济洲移民要继续给予关心支持。市计委、水利局要积极开展工作，帮助江宁区争取国家计委、水利部和省水利厅的支持；市国土局负责协调解决移民建房新增用地指标和耕地占补平衡问题，同时对洲上土地复垦进行指导，帮助江宁区通过省里新增耕地的认定；市财政局帮助江宁区研究解决移民后由于土地变更，需要核减有关税费的问题；市教育局、市容局要会同江宁区对移民后铜井镇的教学设施、集镇供水问题进行专题研究论证，切实帮助解决有关实际问题；市民政局对移民中的贫困户和残疾人给予必要的关心、支持；市建委、交通局、南京供电局要从

—2—

各自职能出发，帮助解决移民后带来的小城镇、道路、供电等基础设施建设问题。

四、江宁区要切实加强对移民后新济洲的管理。1、洲上原有村民全部撤出以后，严禁任何外来人员上洲落户，坚决杜绝产生新的移民。这项工作由江宁区负全责。2、认真搞好洲上土地的整理工作，对原非农用地实施复垦，争取尽快通过省里新增耕地的验收。同时，要慎重做好新济洲土地合理利用的规划论证。3、今后新济洲对洪水不再设防，不再对防洪给予新的投入，必要时要为行洪让路。

▲关于新济洲移民问题的会议纪要

搬迁之后，新济洲的生态修复工作紧锣密鼓地展开。随着生态修复的进行，新济洲周边渔民的生活也发生了翻天覆地的变化。很多新济洲的居民，前半生基本生活在水上，从渔民到个体捕捞户，他们与长江有着不解之缘。但在长江江宁段禁渔期政策实施后，他们不得不放下渔网，转岗就业。“过去新济洲上的人大多是靠江吃江，但看到长江的水变清，鱼变多，江豚又出现了，我就知道政府要我们搬离的决定是对的。”在政府的引导下，他们加入了“长江守望者联盟”，从“捕鱼人”变成了“护江人”。身份变了，习惯却没变，每天清晨，他们都会骑上电瓶车沿江巡查，劝阻非法垂钓行为。

现在的新济洲国家湿地公园，不仅成了江宁生态文明建设的鲜活名片，更是长江经济带“共抓大保护、不搞大开发”高质量发展的生动实践。江宁新济洲的搬迁与重生，是一段人与自然和谐共生的美好故事。它教会我们——只有尊重自然、顺应自然、保护自然，才能实现经济社会的可持续发展。

邮政快递：从前车马慢

小　档

1973年11月10日，发布《关于启用〈江苏省江宁县邮电局〉印章的通知》，这枚印章见证了江宁县电信局和江宁县邮局合并为江宁县邮电局。1994年，县邮电局成立速递公司，东山镇城区划为专递区，接受用户预约上门服务。至2007年，全区办理特快专递的服务点有30个。

有首诗中这样写道："从前的日色变得慢，车，马，邮件都慢。"一封小小的书信，寄托着人们对生活最美好的期待。人们至今还记得当时在邮局，封好信封，板板正正地用米浆贴上邮票，小心翼翼地投到绿油油的信箱里，天天掰着手指计算着什么时候才能收到对方的回信。到后来，经济飞速发展，想见到远处的亲朋好友只需要打个视频通话，互寄家乡特产也只需静候两三天，快递就能送到手中。

1904年，杨云出生于江宁县一个普通的家庭，随着年岁的增长，他踏入了社会，成为一名电信局的职工。

1952年，江宁邮局正式成立，开办报刊发行业务，增加乡邮路线。县境内增设自办邮政营业处6处、邮政代办所20余处。1953年，江宁邮局和县电讯交换所合并成立江宁

▲江宁县邮电局

▲电话机房

县邮电局，统一管理县内邮电业务。为了支持新邮电局，一纸调令将杨云从繁华的南京电信局带到了江宁县邮电局。从此，他便扎根江宁，成为一名投递员，这一干，便是十二个春秋，直到1965年他光荣退休。在过去那个年代，一封书信、一张报纸，不仅传递了信息，更连接了人们的情感。杨云深知看似普通的工作却关系着百姓的生活，他对待每一封信件、每一份报纸都如同对待珍宝一般，小心翼翼，生怕有丝毫闪失。为了能及时将这些“珍宝”送到大家手中，他几乎放弃了所有的休息时间，无论何时何地，邮递都是他生活中的第一位。

1970年，江宁邮、电机构分设，直到1973年，邮、电

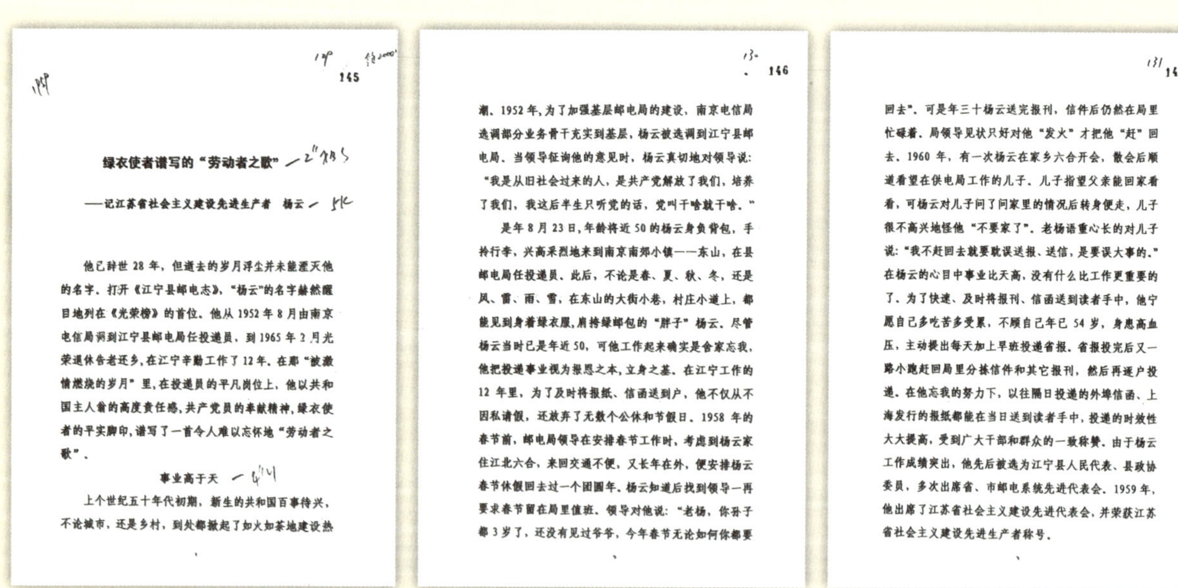

145

绿衣使者谱写的“劳动者之歌”

——记江苏省社会主义建设先进生产者 杨云

他已辞世 28 年，但逝去的岁月浮尘并未能湮灭他的名字。打开《江宁县邮电志》，“杨云”的名字赫然醒目地列在《光荣榜》的首位。他从 1952 年 8 月由南京电信局调到江宁县邮电局任投递员，到 1965 年 2 月光荣退休告老还乡，在江宁辛勤工作了 12 年。在那“激情燃烧的岁月”里，在投递员的平凡岗位上，他以共和国主人翁的高度责任感，共产党员的奉献精神，绿衣使者的平实脚印，谱写了一首令人难以忘怀地“劳动者之歌”。

事业高于天

上个世纪五十年代初期，新生的共和国百事待兴，不论城市，还是乡村，到处都掀起了如火如荼地建设热

146

潮。1952 年，为了加强基层邮电局的建设，南京电信局选调部分业务骨干充实到基层，杨云被选调到江宁县邮电局。当领导征询他的意见时，杨云真切地对领导说：“我是从旧社会过来的人，是共产党解放了我们，培养了我们，我这后半生只听党的话，党叫干啥就干啥。”

是年 8 月 23 日，年龄将近 50 的杨云身负背包，手拎行李，兴高采烈地来到南京南郊小镇——东山，在县邮电局任投递员。此后，不论是春、夏、秋、冬，还是风、雷、雨、雪，在东山的大街小巷，村庄小道上，都能见到身着绿衣服，肩挎绿邮包的“胖子”杨云。尽管杨云当时已是年近 50，可他工作起来确实是舍家忘我，他把投递事业视为报恩之本，立身之基。在江宁工作的 12 年里，为了及时将报纸、信函送到户，他不仅从不因私请假，还放弃了无数个公休和节假日。1958 年的春节前，邮电局领导在安排春节工作时，考虑到杨云家住江北六合，来回交通不便，又长年在外，便安排杨云春节休假回去过一个团圆年。杨云知道后找到领导一再要求春节留在局里值班。领导对他说：“老杨，你孙子都 3 岁了，还没有见过爷爷，今年春节无论如何你都要

147

回去”。可是年三十杨云送完报刊，信件后仍然在局里忙碌着。局领导见状只好对他“发火”才把他“赶”回去。1960 年，有一次杨云在家乡六合开会，散会后顺道看望在供电局工作的儿子。儿子指望父亲能回家看看，可杨云对儿子问了问家里的情况后转身便走，儿子很不高兴地怪他“不要家了”。老杨语重心长的对儿子说：“我不赶回去就要耽误送报、送信，是要误大事的。”在杨云的心目中事业比天高，没有什么比工作更重要的了。为了快速、及时将报刊、信函送到读者手中，他宁愿自己多吃苦多受累，不顾自己年已 54 岁，身患高血压，主动提出每天加上早班投递省报。省报投完后又一路小跑赶回局里分拣信件和其它报刊，然后再逐户投递。在他忘我的努力下，以往隔日投递的外埠信函、上海发行的报纸都能在当日送到读者手中，投递的时效性大大提高，受到广大干部和群众的一致称赞。由于杨云工作成绩突出，他先后被选为江宁县人民代表、县政协委员，多次出席省、市邮电系统先进代表会。1959 年，他出席了江苏省社会主义建设先进代表会，并荣获江苏省社会主义建设先进生产者称号。

▲《群星耀江宁》楷模篇 绿衣使者谱写的“劳动者之歌” ——记江苏省社会主义建设先进生产者 杨云

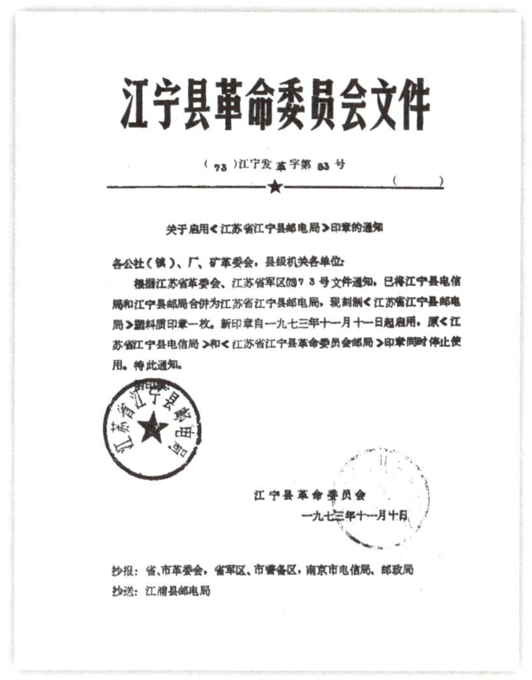

江宁县革命委员会文件

（73）江宁发革字第83号

关于启用《江苏省江宁县邮电局》印章的通知

各公社（镇）、厂、矿革委会，县级机关各单位：

根据江苏省革委会、江苏省军区(73)7 3 号文件通知，已将江宁县电信局和江宁县邮局合併为江苏省江宁县邮电局，现刻制《江苏省江宁县邮电局》塑料质印章一枚。新印章自一九七三年十一月十一日起启用，原《江苏省江宁县电信局》和《江苏省江宁县革命委员会邮局》印章同时停止使用。特此通知。

江苏省江宁县邮电局

江宁县革命委员会

一九七三年十一月十日

抄报：省、市革委会，省军区、市警备区，南京市电信局、邮政局

抄送：江浦县邮电局

▲关于启用《江苏省江宁县邮电局》印章的通知

两局再次合并为邮电局。后来县邮电局划归南京电信局，全县安装程控电话交换机27392门，建地下电缆管道12.30千米，架光缆335千米、用户电缆1000多千米，建无线寻呼和移动通信基站1处、实现县内杆线邮路自办汽车邮运。当年邮电业务收入3001万元。在以前，电话不是人人都能装得起

▲电报机房

的，而到这时候，电话已然成为江宁老百姓家中的常备之物。不管是固定电话，还是风靡一时的电信小灵通，当想念亲朋好友时，只需要按下号码，思念就会顺着电话传递给对方。这些年来，从固定电话、移动通信到数据通信，老百姓的生活真是越来越便利了。

1992年，东山支局开办特快专递业务，同年5月15日，办理特快专递业务的局所扩大到全县除江宁镇、铜井镇外各乡镇邮电局、所，共22处。1994年，县邮电局成立速递公司，专柜、专车收投，东山镇城区划为专递区，接受用户预约上门服务。至2007年，全区办理特快专递的服务点已有30个。是年，江宁区邮政局速递公司专营队伍有31人，专用车12辆，城区快件已实行专网投递，快递开始进入寻常百姓家。不仅信件、机密、贵重物品，就连寻常小物也能通过快递传递，带着每一份平凡的期待，被送往家家户户。

从前一封家书从远方寄来，往往需要数天甚至数周的时间，而现在，只需要花几秒钟下单，第二天就能收到来自天南地北的包裹。从最初的手提肩扛、书信往来到如今的智能化、网络化配送，这翻天覆地的变化，不仅转变了物品传递的媒介，更建立了情感交流的桥梁，时代的发展与江宁的生活紧密相连，饱含着人与人之间的温情与关怀。

扫盲歌："扫"出一条进步路

小 档

新中国成立后，在中国共产党的领导下，特别是在1952年和1956年曾先后两次掀起全县的扫盲高潮，共扫除文盲8万人，使3万多文盲提升至半文盲水平。1957年12月15日，《江宁报》刊登《扫盲快板》。新中国成立前，江宁县较为偏僻的横溪等乡文盲率达96%以上，全县17万青壮年劳动力里有13万多人处于文盲状态，达80%。至1958年7月前后，江宁县近200个社全部摘除文盲帽子，全县基本实现"无盲"。

"不识字来真苦恼，瞎子看戏听人笑。要想识字学文化，扫盲队里把名报。农业技术要改革，文化水平要提高。生产、文化齐跃进，提前实现四十条。工地上面是课堂，大家学来大家教。生产、学习两不误，技术、文化都提高。苦干、实干、创造干，识字也要算一条。保证今年六月底，文盲帽子要摘掉。亩亩产粮双千斤，人人能读江宁报。生产、文化两丰收，家家户户乐陶陶。"这是20世纪50年代江宁地区传唱的《扫盲歌》，生动地再现了那个年代轰轰烈烈的扫盲运动。

江宁县地处南京南郊，新中国成立前由于国民党的反动统治，人民过着“糠菜半年粮”的穷苦生活，更谈不上读书学文化，较为偏僻的横溪等乡文盲率达96%以上，全县17万青壮年劳动力里有13万多人处于文盲状态，将近80%。新中国成立后，在中国共产党的领导下，江宁开办了冬学、民校，特别是在1952年和1956年，曾先后两次掀起全县的扫盲高潮，共扫除文盲8万人，使3万多名文盲提升至半文盲水平，形成了“万人教，全民学”“生产到哪里，学习到哪里，人人身上有课本，处处都有读书声”的喜人局面。在扫盲运动中，江宁县秉承着“集中突击，分散巩固”的教学方法，规模宏大，声势浩大，速度飞快，成绩惊人。

江宁报

1957年12月15日 第145号

扫盲快板

中共江寧縣委 江宁縣人民委員会 关於大力开展扫盲工作的指示

搞社会主义要有拼命精神！

永安社討論40条掀起冬季生产高潮

建康社民校開学了

明确中心 全面行动

兴修水利为三大运动中心！

湖熟镇委重新安排劳力冬修由慢轉快

周子社扭轉單打一 巳冬修、積肥兩不誤

人人起早拾粪 天天起早拾粪

今冬多積肥 明年多打粮

▲1957年12月15日的《江宁报》刊登扫盲工作的指示

在这一过程中也发生了不少远近闻名的逸事。以汤山的一位四年级小学生胡信英为例，她主动参与扫盲运动，动员了五位妇女参与识字并给她们设计了识字方法。在第一天晚上，这位“小老师”只花了两个小时，就教会她们每人25个字，每个生字反复教了十几遍，直到大家都认得为

▲江宁县1956年冬至1957年春扫盲工作计划（草案）

止。“老师”这么热情，“学生”更是积极。妇女侯玉兰虽然是三个孩子的母亲，但她一直坚持学习，没有间断，有时学到晚上9点多才回家休息。正是全县人民这样齐心协力把难克，在一轮又一轮的扫盲竞赛、一场接着一场的动员大会下，到20世纪50年代末，全县大部分地区实现了“无盲”，江宁人民终于摘掉了“文盲”的帽子。

扫除文盲以后，全县一片崭新气象，看书读报、写信作诗的人数大大增加。谷里乡开展献书运动，很快各社都成立了图书室，生产队有图书箱，开展田头读书活动。陆郎乡开展写信运动，写的信在田头工地展览，4100多名学员一星期中就写信16500多封，平均每人写信4封以上，并创作了300多首诗歌快板，订阅的报刊量比往年大大增加，营防乡增加了5倍。有些社队还自己出刊办报，人人都是读者，也是作者。全民欢欣鼓舞，群众纷纷唱道：“共产党比亲娘好，关心群众把盲扫，干部、老师上门教，田头学习办法好，摘掉可恨的文盲帽，人人喜得双脚跳，多年的瞎子睁开眼，个个心里开了窍，日子越过越美好，毛主席恩情比山高！”

轰轰烈烈的扫盲运动不仅有效地降低了文盲率，也改变了江宁几代人的生活和命运，为经济建设以及各项事业的发展壮大奠定了坚实的基础。这不但在文化上使江宁广大农民摆脱旧社会的噩梦，打开知识文化的大门，从而实现了自身的解放，而且为他们通过技术革命改变落后面貌提供了重要的历史条件，切实地为江宁“扫”出了一条进步路。

高考改革：逐梦江宁，一路生花

小 档

1978年6月25日，江宁县革委会发布《关于转发市劳动局、教育局〈关于从参加高校统考的我市插队知青中招收部分职工的通知〉的通知》，招收参与1977年高考的考生。江宁恢复高考制度以后，实行全国统考，根据德、智、体全面衡量，从高分到低分择优录取，全县报考高校的为3956人、录取率为3%，中专的为6949人、录取率为2.8%。1981年，因学制过渡，全县无应届高中毕业生。进入20世纪90年代后，经过加大教育的改革力度，全县中学的教育质量得到提高，初中、高中的升学率均有所上升。

高考，是我们人生中最重大的一场考试，承载着无数学子的梦想与汗水。尤其是到了现在，每当高考来临，有高考生的家庭都会进入紧急“备战”状态，学生们废寝忘食地埋头苦读，家长们总能变着花样地完成一切后勤工作。在考试当天，考场门口站的全是殷切期待的亲人，孩子们一出考场，就能收到一束开得热烈的向日葵，庆祝

江苏省江宁县革命委員会劳动局（通知）

宁革劳字（78）第004号

关于转发市劳动局、教育局《关于从参加高校统考的我市插队知青中招收部分职工的通知》的通知

各公社、农、林、场、圃革委会：

现将南京市革委会劳动局、教育局《关于从参加高校统考的我市插队知青中招收部分职工的通知》转发给你们。

根据六月廿四日市劳动局和教育局联合召开的会议，分给我县任务一百五十人，其中，本县吸收教师四十人，在本县插队知青七七年高考未取生中招收。要求在七月底完成任务。各公社、场圃革委会要加强领导，指定专人负责，认真做好这项工作。

江宁县革委会劳动局

一九七八年六月廿五日

南京市革命委员会劳动局
南京市革命委员会教育局 文件

宁革劳字〔78〕63号
宁革教字〔78〕30号

关于从参加高校统考的我市插队知青中招收部分职工的通知

各县、区劳动局（民劳科）：

根据省革委会苏劳调（78）5号、苏革教计（78）240号通知精神，决定从参加一九七七年高校统考的我市插队知青中，择优招收七百三十名职工，现将招收中的有关事项通知如下：

一、招收名额：市教育局五百名，省电子局一百五十五名，省科委五十名，省计委计算站二十五名。

二、招收对象：在参加一九七七年全省高校统考（即参加复考）的未取生中，选招政治思想好，身体健康（政审、体检按高校新生录取标准）、高中毕业或相当高中毕业文化程度的我市插队未婚知识青年。招工年龄，除教育系统外，其它系统不超过二十五周岁。

三、招收方法：由县、区高校招生办公室，根据考生考试的总分及语文、数学两科的成绩，从高分到低分按择优原则提出名单，劳动部门会同招工单位的主管部门审查批准和办理招工手续。

四、待遇：招收的新职工，教育系统按普通工发给（第一年为学徒第三年的生活费，满一年发给一级工工资，满二年定级），其它系统均实行学徒制度。

招收职工工作，要求在七月中旬前结束。此项工作时间紧，任务重，要加强领导，成立专门班子，做好工作。招收对象，一定要坚持条件，严禁"走后门"不正之风。招收的新职工，进单位半年内，若发现不符合条件的，应即退回原地。

南京市革委会劳动局
南京市革委会教育局
一九七八年六月二十三日

抄报、抄送：（略）

南京市革命委员会劳动局
南京市革命委员会教育局 文件

000 24

宁革劳字〔78〕63号
宁革教字〔78〕30号

关于从参加高校统考的我市插队知青中招收部分职工的通知

各县、区劳动局（民劳科）：

根据省革委会苏劳调（78）5号、苏革教计（78）240号通知精神，决定从参加一九七七年高校统考的我市插队知青中，择优招收七百三十名职工，现将招收中的有关事项通知如下：

一、招收名额：市教育局五百名；省电子局一百五十五名；省科委五十名；省计委计算站二十五名。（分配计划详见附表）

二、招收对象：在参加一九七七年全省高校统考（即参加复考）的未取生中，选招政治思想好，身体健康（政审、体检按高校新生录取标准）、高中毕业或相当高中毕业文化程度的我市插队未婚知识青年。招工年令，除教育系统外，其它系统不超过二十五周岁。

三、招收办法：由县、区高校招生办公室，根据考生考试的总分

1

及语文、数学两科的成绩，从高分到低分按择优原则提出名单。劳动部门会同招工单位的主管部门审查批准和办理招工手续。

四、待遇：招收的新职工，教育系统按普通工发给（第一年为学徒第三年的生活费，满一年发给一级工工资，满二年定级），其它系统均实行学徒制度。 25

招收职工工作，要求在七月中旬前结束。此项工作时间紧，任务重，要加强领导，成立专门班子，做好工作。招收对象，一定要坚持条件，严禁"走后门"不正之风。招收的新职工，进单位半年内，若发现不符合条件的，应即退回原地。

南京市革委会劳动局
南京市革委会教育局
一九七八年六月二十三日

抄报：市委办公厅、市委组织部、市计委、市文办，省劳动局、省教育局。

抄送：各县、区教育局（科）及有关招工单位，市人事、公安、粮食、财政局，人民银行、市知青办，镇江、扬州、淮阴、盐城地区劳动局、教育局。

▲关于从参加高校统考的我市插队知青中招收部分职工的通知

他们完成了人生中最重要的考试。

1977年，江宁恢复并改革高考制度，实行全国统考，从德、智、体三个方面进行全面衡量，从高分到低分择优录取。是年，全县报考高校、中专的插队知青、回乡知青、在职青年和应届高中毕业生等共有11638人（其中报考高校3956人）。经过统一考试，达到“政审、体检”分数线的共有555人。高校录取120人，占报考高校人数的3%。中专录取214人，占报考中专人数的2.8%。全县应届高中毕业生录取到高校的只有5人，录取到中专的也只有23人。对于江宁

▶插队知青文化考试分数册

▲1977年，江宁县中高考报名点（南京市档案馆）

来说，这是具有里程碑意义的年份。在经历了多年的停摆后，学生们又能参加高考了。这次高考，当真是一场酣畅淋漓的“知识盛宴”，无数学子怀揣着对知识的渴望和对未来的憧憬，在报名处大排长龙，期盼着考上理想的高校。

1981年，由于学制过渡，全县无应届高中毕业生。因此，报考高校和中专的1049人全是往届高中毕业生。并且，从这年开始，高校和中专的招生实行统一试卷考试，按本科、专科、中专的顺序分别划定录取分数线，经过文考后进入政审、体检分数线的考生268人，占报考数的25.5%。正式被高校和中专录取的共217人，录取率为

20.7%，其中，高校录取76人，中专录取141人。在那个年代，虽然学生们的学习条件仍然十分艰苦，也没有充足的复习资料，但是江宁的高考报名人数还是在逐年增加，每一位学子都希望通过高考实现自己的梦想，改变自己的命运。

进入20世纪90年代后，通过加大教育改革力度，全县中学的教育质量得到提高，初中、高中的升学率均有所上升。1994年，高中的入学率为51.5%，普通高中高考大专以上达线的有257人。随着改革开放的深入，高考制度也发生了诸多变化，不仅调整了考试科目，还放宽了招生政策。与此同时，江宁教育部门也努力提高教育质量，优化旧的教学方法，发扬学生的探索精神，不拘一格培养人才，提高"成材率"，把重心放在帮助学生实现个人发展上。虽然，高考竞争更加激烈了，但学生们并不只着眼于考试成绩，而是开始关注自己的兴趣与特长，选择适合自己的专业和学校。这种变化不仅促进了学生的个性发展，也为社会提供了更具实践能力的人才。

有人说，高考是真正意义上的"成人节"，经历了高考的学生们，才完成了"成人"的洗礼；也有人说，高考是一座"独木桥"，走过去的人发现了想象中的美丽，掉下去的人也知道了它的艰辛；还有人说，大学和高中的区别就像从一个港湾走出去，海更深，水也更蓝……通过高考，我们感受到的是一代代江宁人对知识的尊重和对梦想的执着追求！

夜校：点亮知识的星空

小 档

1979年10月20日，泥圹大队革命委员会发布《落实〈纪要〉，扫除文盲，办好政治夜校》，阐述建设夜校以来取得的一些经验教训，并指出未来的努力方向。1979年，全县扫除青少年和壮年文盲3.76万人。并举办各地文化政治夜校高小班53个、初中班9个、农技班22个，合计有学员5750人。

《平凡的世界》中，孙少平作为一位出身贫寒的农村青年，深知知识对于改变个人及家庭命运的重要性。他利用一切可能的机会学习，包括在劳动之余参加夜校，不断提升自己的文化素养和知识水平。小说中所提及的夜校，在当时的农村作为一种灵活多样的教育形式，打破了传统教育模式的束缚，为那些因工作、家庭等原因无法全日制学习的农村青年人提供了宝贵的学习机会，让他们得以在夜晚的灯光下继续追寻知识和梦想。

新中国成立后，江宁县社会教育蓬勃发展，形成了农民教育、职工教育、干部教育、老年教育与社区教育五位一体的教育体系。1950年，农民们纷纷参与冬学运动，利用农闲时间学习文化知识，农民业余学校也如雨后春笋般涌现。之后，江宁县又开始大力推广夜校教育与农校教育，让广大民众在夜晚和农闲时也能接受到教育，为国家的建设和发展贡献力量。

1969年至1970年的江宁县，随着政治夜校的兴起，一股学习的热潮在乡村蔚然成风。最初，政治夜校里坐满了村里的青壮年妇女。虽然学习进度时断时续，但她们的热情从未减退。随着时间的推移，越来越多的青壮年农民也参与其中。他们白天在田间劳作，晚上则带着一身的泥土味，匆匆赶来参加学习。夜校里，大家围坐在一起，共同讨论着政治理论，分享着各自的见解。虽然每个人的背景不同，但他们都怀揣着对知识的渴望和对未来的憧憬。在那个特殊的年代里，政治夜校成为乡村里一道独特的风景线，它见证了村民们对知识的追求和对美好生活的向往。

1978年，江宁县的29个公社（镇）掀起了扫盲的热潮，青少年和基层干部中的文盲基本被扫除，脱盲率高达93.10%。为了进一步提升农民的文化水平，全县创办了124所农民业余文化技术学校和17所农民业余初中，专注于传授农业科学技术。经过几年的不懈努力，到1983年，已有25个乡镇达到了国务院规定的非文盲率85%的脱盲标准。1984年11月，江宁县以无文盲率88.60%的优异成绩，通过了南京市人民政府的检查验收，成为南京市五县之要斗私，批修。
——毛泽东　014

毛主席语录

我们必须告诉群众，自己起来同自己的文盲、迷信和不卫生的习惯作斗争。

落实《纪要》，扫除文盲，
办好政治夜校

在毛主席无产阶级教育革命路线的指引下，在《纪要》光辉的照耀下，在大队支部的领导下，在公社教革组的指导下，我大队湖西（包括薛家村）政治夜校，从九月上旬创办以来，经过一个多月的实践，情况基本良好，取得一些经验教训，现将情况报告如下：

一、调查研究，层层宣传，
大造革命舆论

毛主席亲自批示的《全国教育工作会议纪要》，总结了教育战线上的大好形势，提出和解决了十个问题，并明确指出"要普及小学教育"和"要扫除文盲"。《纪要》是教育革命的纲领性文件，落实《纪要》是教育革命的[illegible]重要任务。因此，在《纪要》下达以后，大队支部立即闻风而动，除了立即

第 1 页

要斗私，批修。
——毛泽东　015

加强校管会的领导班子，抓好小学教育革命的同时，决定把"扫除文盲，办好政治夜校"提到议事日程上来。但是，这项工作如何去抓呢？最根本的一条，是根据毛主席的教导办事。毛主席教导我们："我们历来主张革命要依靠人民群众，大家动手，反对只依靠少数人发号施令。""这里是两条原则：一条是群众的实际上的需要，而不是我们脑子里头幻想出来的需要；一条是群众的自愿，由群众自己下决心，而不是由我们代替群众下决心。"根据毛主席的伟大教导，我们认为，要扫除文盲，办好政治夜校，必须要打人民战争，大搞群众运动。因此，首先必须狠抓宣传发动工作，大造革命舆论。

遵照毛主席"省、地、县委三级第一书记要管教育，不管教育的现象是不能容许的"伟大指示，首先，由大队支部书记冯家常同志，在大队群众会上传达了《纪要》精神，强调了扫除文盲和办好政治夜校的重大意义。同时大队支部又在生产队干部会上进行传达和贯彻，要求立即进行大力宣传，做到家喻户晓，人人明白。当晚，各队队长立即召开了社员会，传达《纪要》精神，宣传扫盲意义。大队副

第 2 页

要斗私，批修。
——毛泽东　016

主任王余圣同志又亲自召开以基干民兵为主的扫盲动员会议，学校教师配合大队，又在会上进一步宣传了《纪要》精神。通过层层、块块、条条宣传发动，群众明确了意义，对扫盲工作无不拍手欢迎。如文盲王美英，听了传达《纪要》以后，非常高兴，她激动地说："毛主席对我们贫下中农想得真周到。过去是刘少奇把我关在校门外的；今天我一定要为革命努力学好文化，政治夜校办得越早越好。"老贫农王孝龙听到这个消息后，连忙把自己的文盲儿子叫到跟前说："这在过去是万万想不到的。我们贫下中农在政治、经济上都翻了身，现在在文化上也要来个翻身，你一定要为毛主席争光，为贫下中农争气，学好文化为革命多出力。"

为了使宣传发动工作做得更加深入、扎实，和更有说服力，我们同时又进行了调查研究工作，运用典型材料教育群众，收到了更好的效果。我们通过调查，得来了这样一个触目惊心的数字：湖西、薛家两个村（六个生产队）共有青年144人，其中：文盲36人，半文盲28人，高小程度的59人，中学程度的21人。文盲和半文盲占青年总人数的44%。而在文盲和半文盲中女同志竟达86%！我们通过调查研究，又从阶级斗争的角度，发现另一个触目惊心的事实：在社教运动前，我大队的历史反革命分子、伪保长[illegible]

第 3 页

要斗私，批修。
——毛泽东　017

持反动立场的地富子女，窃据了大队会计、生产队会计、食堂会计等财政大权，疯狂地对贫下中农实行阶级报复。

我们根据毛主席的"没有文化的军队是愚蠢的军队，而愚蠢的军队是不能战胜敌人的"教导，深刻地认识到干革命不但要靠枪杆子，而且还要靠笔杆子，我们运用上述两个方面的典型材料，进一步进行宣传发动，更激发了青年文盲学习文化的迫切要求和积极性，如民兵排长王从信说"我们民兵是抓枪杆子的，现在也要抓笔杆子，只有抓好这两杆子，才能保证我们的国家永不变色。"

还应该指出的是，在抓好宣传发动和后来的组织工作中，我们做到"教育革命一盘棋，校内外相结合。"就是说把学校的教育革命和社会教育革命，有机地结合起来，湖西小学、泥塘小学的教师和上坊中学、县中的中学生，学了《纪要》以后，在公社教革组的指导下积极、主动、热情地配合大队抓好宣传发动工作和组织工作，为政治夜校的创办和巩固，出了不少力，特别是湖西小学的彭怀明、戚素英老师做了不少具体工作。广大师生参加这项工作，同时也促进了学校的教育革命。

二、健全组织，建立强有力的领导班子

由于通过上述的宣传发动，群众的积极性充分地发动起来了，

第 4 页

▲落实《纪要》，扫除文盲，办好政治夜校

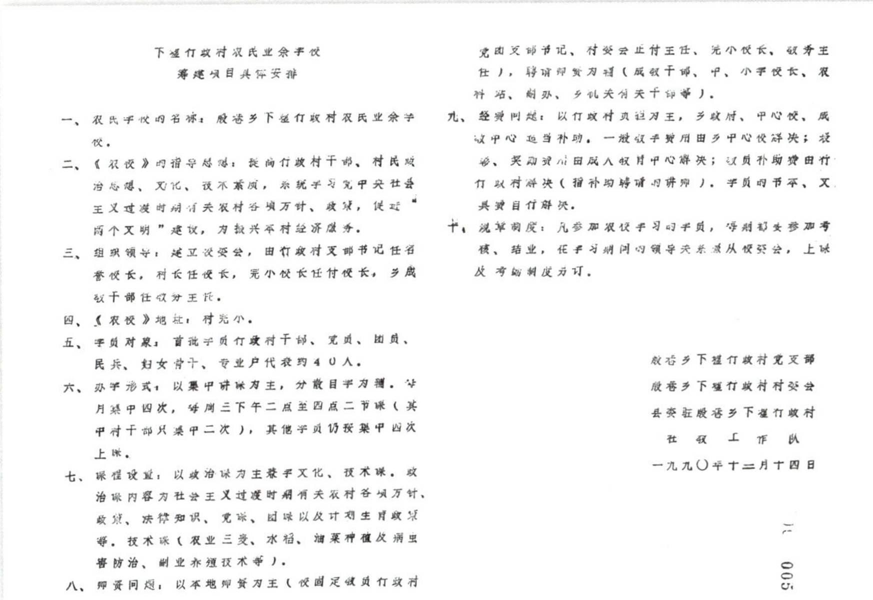

下堰行政村农民业余学校
筹建项目具体安排

一、农民学校的名称：殷巷乡下堰行政村农民业余学校。

二、《农校》的指导思想：提高行政村干部、村民政治思想、文化、技术素质，系统学习党中央社会主义过渡时期有关农村各项方针、政策，促进“两个文明”建设，为振兴本村经济服务。

三、组织领导：建立校委会，由行政村支部书记任名誉校长，村长任校长，完小校长任付校长，乡成教干部任教务主任。

四、《农校》地址：村完小。

五、学员对象：首批学员行政村干部、党员、团员、民兵、妇女骨干、专业户代表约40人。

六、办学形式：以集中讲课为主，分散自学为辅。每月集中四次，每周三下午二点至四点二节课（其中村干部只集中二次），其他学员仍按集中四次上课。

七、课程设置：以政治课为主兼学文化、技术课。政治课内容为社会主义过渡时期有关农村各项方针、政策、法律知识、党课、团课以及计划生育政策等。技术课（农业三麦、水稻、油菜种植及病虫害防治、副业养殖技术等）。

八、师资问题：以本地师资为主（校固定教员行政村党团支部书记、村委会正付主任、完小校长、教务主任），聘请师资为辅（成教干部、中、小学校长、农科站、副办、乡机关有关干部等）。

九、经费问题：以行政村负担为主，乡政府、中心校、成教中心适当补助。一般教学费用由乡中心校解决；表彰、奖励费用由成人教育中心解决；教员补助费由行政村解决（指补助聘请的讲师）。学员的书本、文具费自行解决。

十、规章制度：凡参加农校学习的学员，每期都要参加考核、结业，在学习期间的领导关系服从校委会，上课及考勤制度另订。

殷巷乡下堰行政村党支部
殷巷乡下堰行政村村委会
县委驻殷巷乡下堰行政村
社教工作队
一九九〇年十二月十四日

005

▲农民学校筹建计划

首，荣获了江苏省人民政府颁发的“基本扫除文盲合格证”。这一成就不仅彰显了江宁人民对知识的渴望，更为江宁的未来发展奠定了坚实的基础。

政治夜校，那盏曾照亮无数乡村夜晚的明灯，如今虽已悄然隐入历史的长河，但其背后所蕴含的求知渴望和对美好生活的无限憧憬，却如同夜空中最亮的星光，始终璀璨，永远照耀着江宁这片充满希望的土地。而“青年夜校”的崛起，正是对这份宝贵精神的完美传承与广泛发扬。它不仅为江宁的青年们提供了汲取知识的沃土，更为这片土地的高质量发展注入了青春的力量，让江宁的未来更加充满活力和希望。

四八庙会：逛庙会，不只是“凑热闹”

小 档

1979年2月17日，在《关于利用旧庙会为展销交流会的请示》中提出希望将各地旧庙会有计划、有组织地改造利用为展销交流会。自新中国成立之后，江宁传统庙会逐渐褪去宗教迷信色彩，开始为社会主义事业建设服务。到了20世纪80年代，受市场体制改革的影响，工业品开始下乡，城乡市场活跃，物资交流会上成交的商品由过去的低中档向中高档发展，成交额不断攀升。

传统庙会是由古代的宗庙制度演化而来的，曾活跃于中国的广大地区，是真正活着的民俗，很多学者将其称为“中国人自己的狂欢节”。在江宁，每年大大小小的庙会活动着实热闹，对于老一辈的江宁人来说，逛庙会可不只是凑个热闹，其背后还蕴含着特殊的意义和价值。

新中国成立之前，江宁县境内的庙会习惯称“香火会”，各地会期不尽相同，多数在上半年，庙会主要有三类活动：祭神、娱乐和商品交换。庙会期间，远近的“善男信女”会前来烧香礼拜，求神降福延寿，“香火会”之名由此而来；江湖艺人耍杂技、玩“洋片”、说唱曲艺，招引听（观）众；商人、小贩、手工业者利用会场人员集中赶场做买卖，贩卖生活用品、小农用具以及家畜牲口。新中国成立之后，江宁县人民政府开始用传统古庙会这种形式为城乡物资交流服务，教育群众在传统庙会中摒除迷信活动，活跃了城乡经济，有利于农民出售农副产品，也有利于集镇商业、手工业销售商品、产品。

1951年，江宁县工商科利用湖熟镇传统的“四八”（农历四月初八）庙会，组织了江宁县第一次物资交流大会，会场划分为骡马驴牛、苗禽苗猪、农具、山货等16个场地，参会客商1325户，成交额30749元。1952年秋，县人民政府先后在湖熟、秣陵、江宁、陶吴4个集镇组织物资交流会。1953年，全县将古庙会改为初级市场物资交流会，组织物资交流48次，成交额60万元。到了1960年，物资交流会形式有所发展，不仅集镇办，生产大队也办，有些地方还利用农民晚间休息时间举办夜市交流会。经估计，当时全县30%的社员到过交流会会场。

随着时代进步和经济形势的发展，全区各地的物资交流会以传统的庙会为契机，进行农副产品、小型农具和生活日用品的交易活动。20世纪80年代，国家逐步取消商品计划供应政策后，国营商业企业组织职工参与各地物资交流会出摊销售商品，促进了工业品下乡，活跃了城乡市场。1980年上半年，全县组织物资交流会34次，成交额

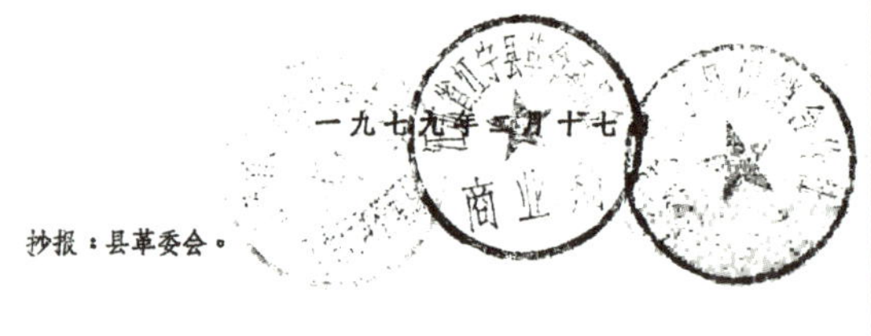

江宁县革命委员会工商局
江宁县革命委员会商业局
江苏省江宁县供销合作社

宁革工商〔79〕第02号
宁革商字〔79〕第25号
宁供字〔79〕第41号

☆

关于利用旧庙会为展销交流会的请示

县财贸党委：

为了进一步贯彻执行七八年十二月二十一日省局、社关于：“进一步解决工业品下乡，努力改变农村工业品供应面貌，大搞工业品展销或交流会”的通知精神，我们曾于春节前在土桥、湖熟、铜井三个集镇举行了工业品展销交流会，统销售二十八万二千元，受到了群众的欢迎。为继续认真执行省局、社通知精神，经研究拟将各地旧庙会有计划、有组织的改造利用为展销交流会，在工业品展销的同时，加强农业生产资料供应和农付土特产品收购。

以上请示当否，请批示。

一九七九年三月十七

抄报：县革委会。

▲关于利用旧庙会为展销交流会的请示

290多万元，据湖熟镇“四八”物资交流会的调查，缝纫机、自行车、手表等供不应求，成交的商品由过去的低中档向中高档发展。2000年，全县组织物资交流会47次，会场赶集人数近100万人次，出售商品800余种，登记摊位8400多个，成交额突破7000万元。

随着经济与科技的发展，今天民间传统庙会的经济功能已经日趋淡化，但它凝聚着乡土民情，其社会交往、文化习俗的功能更为突出。江宁曾有28个民间庙会……这些庙会流传时间之长，影响面之广，在民间习俗中首屈一指，形成了极具特色的“庙会文化”。如何在城市化进程中保卫精神家园、守护集体记忆，需要我们每个人深思，更要慎重。

调频FM88.5：悠长岁月的声音记忆

小　档

1989年5月9日，江宁县广播电视局发布《关于江宁县广播站改为江宁县广播电台》，认为县广播站已基本符合站改台条件。1992年6月5日，江宁县广播站正式改为江宁县人民广播电台。2007年，江宁人民广播电台推出集新闻、服务、娱乐、休闲于一体的全天十大版块直播节目。

当第一缕阳光照亮清晨，江宁人民广播电台中那些熟悉而动听的声音就已经传播到城市的每一个角落，为整个城市注入新的活力。“FM88.5，莫让音乐负韶光”，每次开车时，无论是在上班的路上，还是在下班的途中，你是否都会打开收音机，调频到FM88.5，与经典音乐一起度过美好的时光？这不仅是一个简单的日常习惯，更是对广播独有的情感寄托。

江宁广播事业的发展从收音站开始。1950年5月，江宁建立收音站，1956年3月，江宁在收音站基础上建立有线广播站。是年6月5日，有线广播站正式开播，站址在县城东山镇二马路（现万达广场附近）。初建时，电台播出内容以转播中央人民广播电台、首都报纸摘要和江苏人民广播电台的节目为主，除此之外，最让民众期待的莫过于那档江宁县自办的《江宁生活》节目了。当播音员开始用亲切而富有地方特色的口音，播报起江宁本地的新闻、天气、农事指导以及生活小贴士时，人们纷纷停下脚步，侧耳倾听，有的甚至拿出纸笔，认真地记录下对自己有用的信息。到了1965年，江宁开始自架广播专线。老百姓通过广播来了解天下大事，不仅能听到“外来之声”，还能知道“家长里短”。广播不再只是信息的传递，更成为联结江宁老百姓的情感纽带。

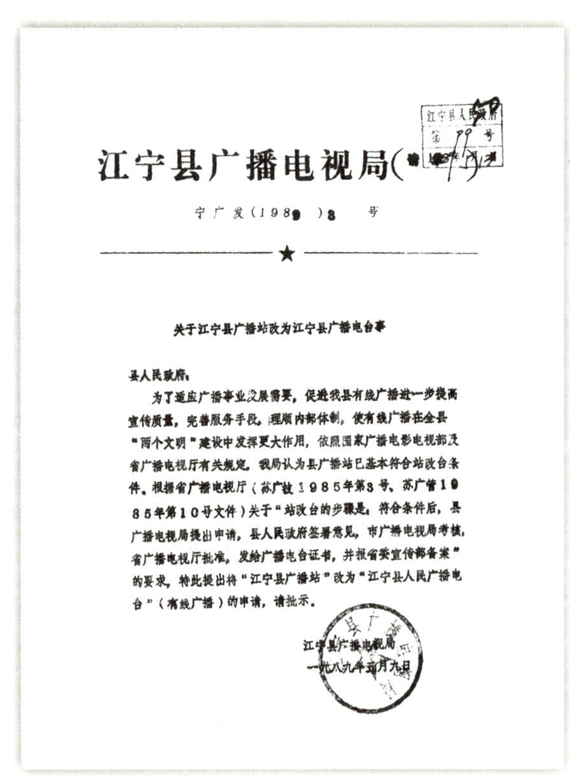
江宁县广播电视局（

宁广发（198 ）8 号

关于江宁县广播站改为江宁县广播电台事

县人民政府：

为了适应广播事业发展需要，促进我县有线广播进一步提高宣传质量，完善服务手段，理顺内部体制，使有线广播在全县“两个文明”建设中发挥更大作用，依照国家广播电影电视部及省广播电视厅有关规定，我局认为县广播站已基本符合站改台条件。根据省广播电视厅（苏广技1985年第3号、苏广管1985年第10号文件）关于“站改台的步骤是：符合条件后，县广播电视局提出申请，县人民政府签署意见，市广播电视局考核，省广播电视厅批准，发给广播电台证书，并报省委宣传部备案”的要求，特此提出将“江宁县广播站”改为“江宁县人民广播电台”（有线广播）的申请，请批示。

江宁县广播电视局

一九八九年五月九日

▲关于江宁县广播站改为江宁县广播电台事

1978年，结合整网改造大力推行专杆专线、专杆水泥杆化，二次大发展后，全县广播专线网络总长达4300多千米，小喇叭11.30万余只，普及率70%。1980年12月，江宁县广播事业局成立。1984年4月，广播事业局更名广播电视局。

1992年6月5日，江宁有线广播站改为江宁人民广播电台。1993年初，江宁调频广播台建成开播。江宁广播事业进入有线与无线同步发展的新阶段，形成一个以县广播电台为中心，以28个乡镇广播电视站为基础，拥有专杆专线和无线调频同步传输、混合覆盖、连接千家万户的新型广播网。至1990年底，农村有线网络基本形成。自此，江宁终于条条线路通，队队广播通，户户喇叭响。

1997年12月，江宁人民广播电台、江宁县电视台、江宁县有线电视台三台合并成立江宁县广播电视台，归县

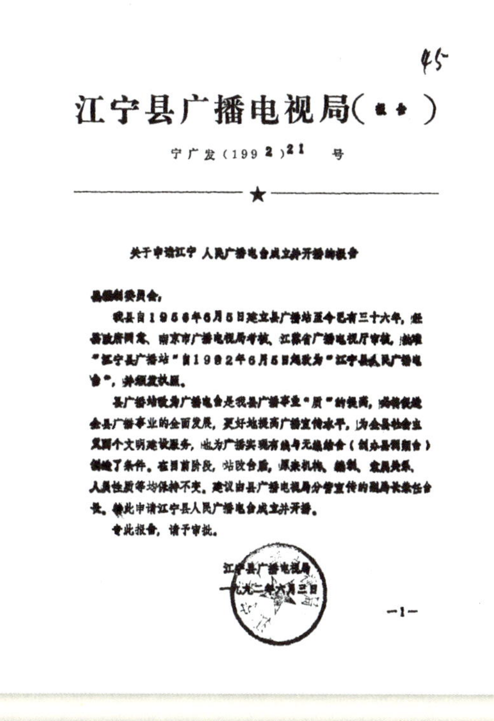

45

江宁县广播电视局（报告）

宁广发（1992）21 号

★

关于申请江宁人民广播电台成立并开播的报告

县编制委员会：

我县自1956年6月5日建立县广播站至今已有三十六年，经县政府同意、南京市广播电视局审核、江苏省广播电视厅审核，拟将“江宁县广播站”自1992年6月5日起改为“江宁县人民广播电台”，并颁发执照。

县广播站改为广播电台是我县广播事业“质”的提高，必将促进全县广播事业的全面发展，更好地提高广播宣传水平，为全县社会主义两个文明建设服务，也为广播实现有线与无线结合（创办县调频台）创造了条件。在目前阶段，站改台后，原来机构、编制、隶属关系、人员性质等均保持不变。建议由县广播电视局分管宣传的副局长兼任台长。特此申请江宁县人民广播电台成立并开播。

专此报告，请予审批。

江宁县广播电视局
一九九二年六月三日

—1—

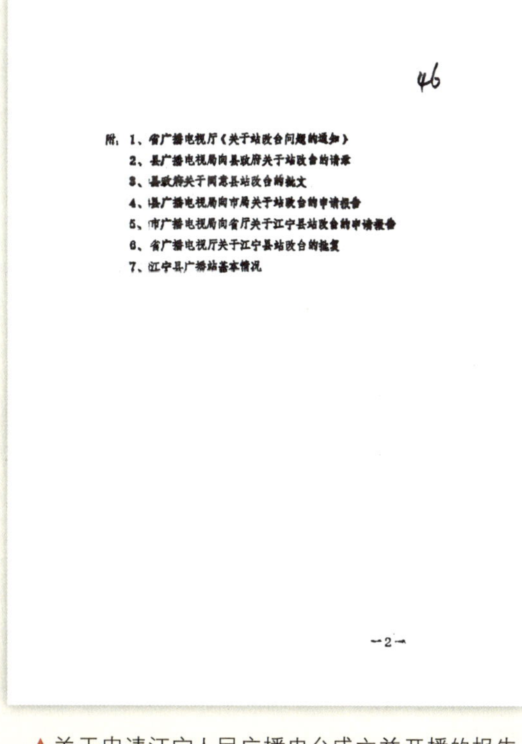

46

附：1、省广播电视厅《关于站改台问题的通知》
2、县广播电视局向县政府关于站改台的请示
3、县政府关于同意县站改台的批文
4、县广播电视局向市局关于站改台的申请报告
5、市广播电视局向省厅关于江宁县站改台的申请报告
6、省广播电视厅关于江宁县站改台的批复
7、江宁县广播站基本情况

—2—

▲关于申请江宁人民广播电台成立并开播的报告

▲原江宁广电局

广播电视局管理。2000年，电台全面改版，实行“大版块，大容量”，全天播音时间增至11小时20分钟，其中自办节目占70%以上。是年，建成南京市区、县第一个广播数字化音频工作站。2007年4月，广播电台继续创新、创优，广播节目全新改版，推出

▼现江宁融媒体中心

新闻、服务、娱乐、休闲等十大版块直播节目，全天播出16小时40分钟，其中自办节目播出14小时10分钟；是年6月5日，广播电台成功将广播节目输入数字电视平台，使数字电视用户在电视上可以同步收听广播节目。《伴您同行》《谈案说法》《娱乐新天地》《音乐时空》等节目也在这期间亮相。

转眼间，江宁广播已经陪伴江宁人度过了无数个春夏秋冬。它不仅见证了城市的发展，也记录了人们生活中的点点滴滴。无论岁月如何流逝，它都依然年轻而充满活力，像是一位永不老去的朋友，始终陪伴在我们的身边，用声音讲述江宁故事，传递着温暖与力量，让我们无论何时何地，都能感受到家的温暖。

▲江宁区广播电视台《文明江宁大家谈》走进淳化街道田园社区

守护江宁健康：一场与血吸虫病的较量

小 档

1958年11月25日，在《江宁县消灭血吸虫病的情况》中提出“大干20天，基本消灭血吸虫病”。1990年2月，县血吸虫防治站成立。1990年至2006年，全区先后有多个项目被省、市列入重点灭螺工程。2007年12月，经中国疾病预防控制中心和省血吸虫病研究所考核验收，认定江宁提前1年达到“血吸虫病疫情控制”标准。

自新中国成立以来，江宁的疾病防治工作经历了从无到有、从弱到强的巨大变迁。在从前，一场小病就可能让一个家庭陷入困境，大病更是让人谈之色变。那时候的江宁，疾病，就像是一块沉甸甸的石头，压在了每个人的心头。而现在，疾病防治工作越来越完善，从最初的简陋诊所到如今设施齐全的防疫站，江宁的疾病防治之路，走得既艰辛又充满希望。

血吸虫病，俗称“大肚子病”。血吸虫病的防治工作从1953年开始。1956年，江宁县成立防治血吸虫病领导小

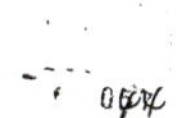

江宁县消灭血吸虫病的情况

全县有50万人口，在实现人民公社化之前，有24个乡，243个农业社，其中11个乡，43个农业社是血吸虫病流行地区、據調查：有螺面积8201，141平方米，病人4959人，感染率佔流行地区人口2・4%，严重地威胁了人民身体健康，影影响了工农业生产。

根據上述情况，中央和省委防治血吸虫病的指示，进行了具体研究，制定了計划，从县到乡到社建立了防治血吸虫病領导机构，防治工作立即在全县推开，特别是通过貫徹总路綫和全民整风运动以後，在生产全面大跃进的新形势带动下，群众性防治血吸虫病运动更有了新的起色，（仅上半年全县就发动了三次消灭血吸虫病和除四害讲卫生运动高潮，通过深入反复的宣傳教育，使广大群众深刻的認識到消灭血吸虫病的政治意义、經济意义，以及与发展生产改善生活的关係，並强调指出消灭血吸虫病的可能性与有利条件，增强了群众消灭血吸虫病的斗爭信心。7月分，在上半年防治工作取得成績和胜利的基礎上，县委召开了流行地区各乡、社党委負責人会議，专門部署血防工作，提出"大干20天，基本消灭血吸虫病"的战斗口号，会後組織全县公私医务人員及南京医學院支援我县的同志，共20多人投入了紧張的防治运动，防治工作在全县掀起了新的高潮。經过20天的苦战，取得了显著成績，共計消灭钉螺84770平方米，佔内地钉螺面积84%以上，出现了三个基本无螺乡（湖滩地区钉螺须机耕翻土消灭的，当时未搞，推至冬春季完成），檢驗大便49570人分，治疗病人4597人，佔病人总数92・8%，在此同时发动群众将198704个粪坑进行了小型集中，搭棚加盖，並新建廁所14575所。）

凡已治好的病人，健康水平、劳动效率都有了显著提高，他們正以充沛的精神，十足的干勁投入火热的社会主义建設。病人經过治疗後普遍反映：过去常常头昏、无力、腹脹、腹泻，干活沒有勁，而现在都好了，身

—1—

体比以前結实，干起活来和健康人一样。上坊乡桃園社社員娄玉兴患血吸虫病时一年只勉强做了180个工分，預分时口粮都秤不回来，病治好後4个月就做了150个工分，不仅秤回口粮，还拿了很多现錢，这不但支持了生产，同时也改善了个人生活。

我們在防治血吸虫病工作中有以下几个主要体会：

1.党委重視，政治掛帅：

从县委到乡委和社支部加强了对运动的領导，成立了各級防治机构，特别是通过召开各流行乡社負責人会議後，各級党委都更加重視这項工作。血防工作一向緩慢的上坊乡，运动也迅速展开，該乡党委付书記查仁炳同志在治疗突击运动中日以继夜深入各社、队了解情况，深入发动群众，提高群众認識，克服認为治不治无所謂，以及治疗影响生产，有危險等思想顾虑，从而使治疗工作順利开展。五、六天中就把全乡175名病人治完。

（2.紧密結合生产，解决具体問題：）

县委根據不同生产季节，結合生产，对防治工作作了統一安排，統一部署，解决血防与生产的矛盾，做到以生产带动血防，以血防服务於生产。主要办法：(1)在經常性的治疗工作中是採取三定一包三排队的办法，三定：定人、定批、定时；一包：包思想发动；三排队：排生产、經济、病情。根據生产上劳力的需要，有計划的安排治疗，为照顧部分病人生活困难，採取了治前做重活，治後做輕活，使病人治後得到安全照顧。(2)在大规模的突击治疗运动中，为了适应运动的发展需要，採取了短程疗法（四小时及二日疗法），並慎重选擇病例，这样病人治疗时間短，对工作影响不大，同时由於病例选擇慎重，保証了治疗安全，有些病人在治疗中还照常劳动。此外，我們还注意了具体問題的解决，如龙潭乡起初治疗工作打不开局面，後来乡党委了解群众不肯治病是由於怕治疗誤工分，乡党委便一面进行說服教育，一面从物質上予以照顧，这样解除了顧虑，积极治疗，八天中就将全乡208名病人医治完毕。

—2—

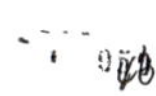

3.組織参观評比、相互促进：

在防治过程中，首先我在召开了血防先进地区新塔社及孟塘社三次現場会議，对推动全面运动的进展作用很大，湖熟乡代表在现场参观孟塘社时，看到这个社三天内灭光全社钉螺的惊人事迹後說："他們这样搞快，我們回去一定能做好"。同时突击运动中，凡是那个乡先完成任务的，我們即通过简报、报紙刊物推广，造成先进再先进，落後赶先进的气氛，使运动全面的发展。

4.破除迷信，解放思想，大胆革新技術：

防治血吸虫病不但要治病，而且要重質。过去医务人员迷信防治手册，墨守成规，不敢自己独創，工作效率很低，（如56、57两年及今年第一季度总共只治疗401个病人）；經过整风反右斗爭和总路綫学习後，發见了革命干勁，破除迷信，解放思想，大力推行了短程疗法，积累和創造了許多革新技術，提高工效的經驗，如扩大治疗对象自6足岁至60足岁，簡化病历、簡化护理与治疗常规等，三人一治疗组（二医生，一护士，化验由医生兼），每批可收治50—60人，营防乡一个治疗队（16人在三天内用四小时疗法治完病人934人，超过該治疗队前三个月治疗数字的总和。此外广大医务人员的艰苦工作作风也大大发扬，（他們在工作中經常是送門登户宣傳教育、检查反应，邀請上門受到病人热烈好评，推动了防治工作的顺利开展。）

总的来說，我县防治工作是获得了一定的成績，对解放劳动力，促进生产大跃进，起了积极的推动作用。但是当前治疗工作还存在不少問題：主要是粪便管理工作做得較差，还不能达到定期貯存杀灭虫卵的目的，个人防护工作未全面开展，各地对阳性者的化验还没有普遍达到二次以上，同时已經化验的人数佔流行乡、社人口数佔40%左右。

为坚决消灭血吸虫病的危害，我們打算以後再干40天，彻底消灭血吸虫病，同时消灭鉤虫、蛔虫、疟疾。凡是血吸虫病流行地区的人口，不管过去有否查过大便，或已否治疗，都全部送大便檢驗，檢驗阳性者普遍予以治

—3—

疗，对尚未消灭钉螺的地区，全面开展灭螺，务使达到每一平方市尺的地面，灭螺後钉螺密度在0.05只以下。同时結合爱国卫生运动，积极开展粪便、水源管理，加强个人防护工作，今年内根除血吸虫病的危害，以保障工农业生产大跃进。

1958年11月25日

▲江宁县消灭血吸虫病的情况（1958年11月25日）

组，力争在1958年7月底前治完血吸虫病。当时江宁县有50万人口，其中11个乡，43个农业社是血吸虫病的流行地区，感染率占流行地区人口的2.4%。每当雨季来临，河水上涨，钉螺这种血吸虫的唯一中间宿主便趁机繁殖，将血吸虫传播给人类和家畜。人们常常因为接触疫水而被感染，出现发热、腹泻、肝脾肿大等症状，严重者甚至危及生命。血吸虫病不仅损害了人们的身体健康，也影响了老百姓的正常生活和物质生产。

1958—1960年，全县掀起全面防治高潮，3年共灭螺708.55万平方米，治疗病人11550人。1965年，血防工作有较大发展，全年灭螺122.61万平方米。1969年后，血防工作进入全面防治阶段，每年春季进行大规模的查螺灭螺、查病治病，直到1987年，累计灭螺7381.15万平方米。据统计，1956—1987年，全县共动员查灭螺80余万人次，灭螺8332.13万平方米，挖出的土方足以堆砌成数座小山。令人欣慰的是，县里通过400多万次的粪检，成功查出了48104名血吸虫病患者，并为他们提供了及时有效的治疗，让43589名患者重获新生。这些数字背后，是江宁上上下下共同努力的结果。

1990年2月，县血吸虫防治站成立。1993年11月10日，《江苏省血吸虫病防治管理条例实施办法》经省人民政府批准发布施行。2000年，新济洲洲尾6个自然村及相对应的洲滩被确定为全国血吸虫病疫情监测点之一，进行血吸虫病疫情监测。这意味着，这里的每一点变化、每一次监测数据，都将为全国的血吸虫病防治工作提供宝贵的参考和借鉴。为了加强老百姓的防范意识，江宁通过反复的宣传教育，使老百姓深刻了解防治办法，投入大量的人力、物力、财力，才最终取得显著成效。1990—2006年，全区先后有多个项目被省、市列入重点灭螺工程。2007年12月，中国疾病预防控制中心和省血吸虫病研究所经考核验收，认定江宁提前1年达到“血吸虫病疫情控制”标准。政府主导、社会参与、全民行动，血吸虫病终于被我们遏制在可控范围内。

如今，走进江宁，看到的是整洁的卫生环境，学校的健康教育课让孩子们学会了如何预防疾病，如何保护自己。医院和防疫站成了老百姓心里的“定海神针”，有个小病小痛，再也不用像以前那样提心吊胆了。这一切，都是江宁疾病防治工作取得的实实在在的成果，是老百姓看得见、摸得着的幸福。江宁的疾病防治之路虽然还有很长的路要走，但只要我们手牵手、心连心，继续沿着这条正确的道路前行，就一定能够迎来一个更加健康、更加美好的明天。

抗旱：大旱之年无大灾

小 档

1978年7月12日，中共江宁县委员会发布《关于当前抗旱斗争的情况报告》，报告指出江宁县出现百年罕见特大干旱，旱期旷日持久，江宁县人民政府组织调动大量人力、物力在严峻的气候条件下取得了历史性的大丰收；2001年的江宁大旱，不仅仅号召了广大民众投入抗旱斗争中，同时还得到了社会面的关注与支援，保障了江宁的生活和生产秩序。

江宁作为全国的鱼米之乡，长三角地区的重要产粮地，自古以来却饱受旱灾困扰。相关史料记载，江宁自吴嘉禾五年（236年）就有关于旱灾的记录，至新中国成立前的1713年间，不完全统计的旱灾有335次。新中国成立后至21世纪初，江宁共发生旱灾13次，但江宁百姓没有被困难打倒，而是毅然决然地打响了这场旷日持久的保卫战。

1958年，江宁县汛期雨量稀少，至当年8月12日的102天中，仅降雨209.60毫米。秦淮河水位降到5.39米，全县干涸塘坝26480个、河沟293条，1.33万公顷水稻脱水、3.3

万公顷受旱，少数地区人畜饮水困难。灾害发生后，全县人民开展翻水抗旱斗争，出动人数最多时达35万人，水车2.10万部，抽水机76台。其中，横溪乡组织8092人抗旱，集中832部水车，翻过33座丘陵小山，跨过11条小河，途经26.50千米，顺利完成抗旱任务。汤山、麒麟两乡也从距离30千米的长江，提水灌溉，书写了不少的抗旱奇迹。至当年8月中旬结束，江宁人民终于战胜了百年不遇的大旱。在气候条件非常严峻的情况

▲中共江宁县委关于抗旱情况的简报

下，凭借着敢与天斗的勇气和众志成城的凝聚力，不仅全县的灾情得到了有效控制，粮食作物也取得了丰收。

1978年，江宁县汛期出现百年罕见特大干旱，春旱、夏旱、空梅、秋旱，一直持续到11月。1—9月，降雨量仅388.8毫米。全县92座水库和所有的塘坝几乎全部干涸。5.33万公顷水稻、666.67公顷棉花、5200公顷旱作物受旱。灾害发生后，全县每天投入抗旱劳力2万—3万人，最高达5万人。新建扩建机电站520座，大小翻水线63条，总长406千米。开挖土石方139万立方米，出动电机3460台、40016千瓦，柴油机3457台、38604千瓦，日夜开机翻水。全县共引提长江水4.91亿立方米。其中在秦淮河翻水3.65亿立方米，水稻按复种指数8万公顷计算，每666.67平方米翻水410立方米，全县共用经费1750万元，经过6个月终于战胜旱魔，并且夺得了历史性的大丰收。三麦总产量8500万千克，超历史最高产量10%，水稻总产量4.05亿千克，全年粮食总产量4.90亿千克。

1994年，江宁县遇到近60年来特大干旱。县委、县政府迅速行动，如同指挥一场无声的战役。他们紧急动员，组织起县级机关的200多名干部，奔赴抗旱最前线，与农民并肩作战。全县上下，十万大军齐上阵，汗水洒满干涸的土地。丘陵地带的十个乡镇，更是抗旱的重中之重。7月29日上午，时任麒麟镇镇长陈宏祥带领着由西流、晨光、青西等六个行政村的支部书记、农业副社长以及镇农口干部组成的18人队伍，踏上了从长城岗到九乡河的征途。这

075

中共江宁县委文件

江宁发（1978）第39号

（　　）

★

关于当前抗旱斗争的情况报告

市委并报省委：

现将我县当前抗旱斗争的情况报告如下：

（一）

今年以来，我县一直没有下过透雨。从一月至七月上旬，总降雨量只有二百三十八毫米，比解放以来雨量最小的一九六七年同期少一百九十三毫米，比历史上大旱的一九三四年同期还少五十八毫米。从四月份起，雨量更加偏少。四月份降雨量十七毫米，不足常年的五分之一。五月份雨量四十一毫米，不足常年的二分之一。由于付热带高压突跳，我县又出现空梅。六月份到七月上旬总雨量四十八毫米，只有常年同期的五分之一。整个四至七月份总雨量一百零七毫米，比去年同期少四百八十六毫米，比历史上大旱的一九三四年雨量还少二分之一。温度，除三月份比常年稍有偏低外，其余五个月都比常年偏高。四、五、六三个月比常年平均偏高一点二度。从六月二十六日起，我

· 1 ·

076

县受增强的付热带高压控制，温度骤升，湿度减少。最高温度一直在三十九度以上，并且持续十多天刮西南热风，水的蒸发量大大增加，一至六月份总蒸发量八百六十八毫米，超过历史上任何一年。加上去冬今春大搞农田基本建设，丘陵山区扩库增容，水库底水很少，蓄水量只有常年的百分之六十。许多地方为了夺取三麦高产，降低地下水位，内河沟塘的水放的枯，蓄水量只有常年的百分之二十三。因而全县旱情由轻到重，受旱面积由少到多，从局部旱发展到全面旱，从小旱变成了大旱。干旱的严重程度，是历史上从来有过的。

（二）

在严重的干旱面前，全县各级党组织坚决贯彻国务院抗旱紧急电话会议精神和省、市委的指示，带领广大干部群众，积极投入抗旱斗争，奋力夺取今年农业丰收。全县共开挖河道二十五条，整修渠道一百二十五条，完成五十一万土石方。三十多条主要翻水线路，出动了四千台套动力设备，八万五千多马力，日夜不停，突击翻水，共翻水五千多万方，把长江的水提到云台山、牛首山、青龙山和横山脚下。经过艰苦努力，使三十八万亩旱稻和三十万亩中晚稻、杂交稻及时抢栽下去，一万亩棉花和一万多亩旱谷基本上保了全苗。目前，绝大部分旱稻没有脱水，长势较好，丰收在望；中晚稻、杂交稻长势也是好的。

一、下定决心积极抗。我们对抗旱斗争的认识是在实践中不断统一的。开始，有的同志对旱情的严重程度和发展趋势估计不足，麻痹侥幸，

· 2 ·

077

盲目乐观。随着旱情的日趋发展，有的同志又消极畏难起来，对夺取抗旱斗争的全胜信心不足。针对这种情况，县委先后召开了公社党委书记会和三级干部会，大讲夺取抗旱斗争的全胜同实现总任务的关系，大讲大寨人抗灾的顽强精神，大讲全年总产超十亿的奋斗目标；在广大干部群众中开展“大旱面前怎么办”的热烈讨论，统一了思想，端正了认识，坚决表示丢掉幻想，积极战斗，老天一天不低头，抗旱一天不停手。旱情比较严重的上峰公社受旱面积大，抗旱难度大，全公社从四月底就开辟两条翻水线路，从我县土桥公社和句容石狮公社突击翻水。随着旱情的不断发展，公社党委及时引导干部群众克服等天下雨的怕花钱、怕花工、怕吃亏的“一等三怕”思想，千方百计抗旱夺粮。最近，他们又新开了三条翻水线路，引水翻山越岭，灌溉保苗。陶吴公社后石塘生产队水稻全部分布在山窝中，公社领导亲自走看线路，发动群众架设了十三道机子，最后一道机接了二百零八米长的水管，硬是把长江水翻到深山峡谷，保证了人畜吃水和部分水稻的灌溉用水。

二、群策群力全面抗。在抗旱斗争中，全县各级党组织，发动广大干部群众，献计献策，广辟水源，大打了一场抗旱保苗的人民战争。全县所有的机电设备、“三车六桶”和一切能用上的提水工具都全部动用起来，把河水、塘水、井水、泉水都利用起来。全县人民响亮地提出：“大河不干田不旱，长江有水坚决翻，旱魔不退劲不减，人定胜天夺高产！”棉田面积比较大的沿江地区五个公社，干部群众发扬大寨人“千里百担一亩苗”的革命精神，肩挑人抬，抗旱保苗。长江公社五千四百

· 3 ·

078

亩棉田，从播种到现在，一直都是发动群众挑水浇苗，最多的时候一天出动了六千多劳力，基本上争得了全苗、壮苗。淳化公社青龙大队分布在山岗上的一百五十亩旱稻严重脱水，无法灌浆。公社党委迅速组织了集镇企事业单位和社办厂的职工一千二百多人，从山下挑水到山上灌溉，使部分旱稻田及时灌上了水。

三、全县上下齐心抗。从秦淮河圩区到沿江地区，从机关到厂矿，树立了一盘棋的思想，全力以赴，支援抗旱，人人都在为支援抗旱斗争做贡献。地处秦淮河圩区的土桥公社，引导干部群众回顾他们遭受洪涝灾害时，山区人民送机、送料，抗灾抢种的情景，展开了“山区遭大旱，我们怎么办”的讨论。广大贫下中农和干部群众说，山区圩区都是人民公社的田，手心手背都是贫下中农的肉，山区遭了灾，我们要全力支援。为了把水及时送到上峰公社，全公社出动了一千五百多强壮劳力，挖了七千多土方，突击疏通了河道。同时，公社党委还组织了七名干部，在翻水线上专门负责送水。沿线的上舍大队旱情也比较严重，他们想到兄弟公社旱情更厉害，便自觉地不用翻水线上的水，而从别的渠道翻水灌溉。江宁公社是个半山半圩的公社，全社有一半面积受旱。他们看到邻近的陆郎公社旱情严重，主动地抽出一部分机泵设备送到陆郎公社。县、社厂矿企业，主动抽调技术力量，组成巡回小组，深入到抗旱工地，架设电线，安装设备，检修机具。商业、物资部门清仓查库，把可以用于抗旱的物资设备全部调运下去。交通运输部门优先安排，优先运输。计划、供应部门，积极做好调度工作，把抗旱的电、油供应放在第一位。

· 4 ·

▲关于当前抗旱斗争的情况报告

▶抗旱工作调度现场

不仅是一次简单的行走，更是一场关乎全镇抗旱命运的实地会议。沿途，是那条蜿蜒曲折、全长达10千米的全镇抗旱总渠。这条抗旱总渠两旁的杂草锋利如刃，在西流村的支部书记葛传富的双腿上留下了道道血痕。当会议终于结束时，葛传富的双腿已经布满了杂草划出的血痕。葛传富双腿上的那些血痕，成为他带领村民战胜困难、迎接丰收的最好见证。

风餐露宿苦征战，甘将热血化清泉。江宁百姓在党和政府的带领下奋力迎战严重干旱，谱写出一曲曲“抗天歌”。在烈日当空的大地上，江宁老百姓在防旱抗旱的关键之际，响应号召、积极主动，冲锋在前抗旱救灾，用脚步丈量土地、用汗水缓解旱情，锻造出了顽强拼搏、奋起自救、以必胜的信念与旱魔艰苦抗争的宝贵精神……

抗洪：永远冲不垮的“堤坝”

小 档

1969年7月17日，江宁县革命委员会防汛排涝指挥部发布《关于防汛抗洪情况简报》，提出要“下定决心，不怕牺牲，排除万难，去争取胜利”。建国50年来，江宁县共发生洪涝灾害14次，平均3年多一次。面对洪涝灾害频繁发生的自然环境，中共江宁县委、县人民政府发动人民群众坚持不懈地大搞水利建设，20世纪50—70年代加高加固江港圩堤，80—90年代大搞长江、秦淮河标准堤建设和块石护坡工程。凭借各类工程与广大江宁人民众志成城，如今，江宁一改易汛易涝的被动形势，正如人民群众所说的“大汛能防，大洪能抗”的局面已经形成。

江宁县位于秦淮河下游与长江交汇处，地处山水头、潮水尾，千百年来易汛易涝，对抗洪灾是江宁当政者以及广大人民群众与天斗、与地斗，保护人民生命财产安全，争取农副业生产丰收最重要的大事。几十年来，江宁人民齐心协力对抗大洪、智斗涝魔的光辉战绩在今天仍然

江宁县江堤抢修情况报告

江宁县人民政府

▲江宁县江堤抢修情况报告

让人为之振奋、肃然起敬。

1954年初夏，江宁县连绵阴雨，普降大到暴雨，其后长江中下游广大地区又接连被暴雨袭击，雨量特大，持续时间长。由于暴雨不断，内有山洪暴发，外有江水顶托，形势十分严峻。江宁县防汛抗洪斗争，在江宁县委、县人民政府的领导下，前后发动了近10万群众，奋力抢救人民生命财产，组织成立抢救小组，重点抢救秦淮、岔路两乡灾民，带领广大群众持续加固圩堤，兴修水闸，同时组织群众抢收、抢险、排除内涝，在脱险之后全面启动灾后堤防建设工作，基本扭转了全县防洪工程经不住大水冲刷的局面，为今后若干年江宁县赢得抗洪救灾斗争的胜利打下了坚实的基础。

1969年7月，江宁县在一个星期之内集中降暴雨580多毫米，全县大部分圩田堤埂、塘坝水库和许多地方群众的生命财产安全受到严重威胁。江宁社的乡干徐存来等人，冒着黑夜的风雨，分头深入各队喊人上圩防汛。他们和60多个社员在圩堤检查涵闸和险工地段时，充分发扬了共产党员吃苦在前的优良作风。徐存来和傅成良检查发现，雷公闸因放水没有关上，河水倒灌，虽然时间已是半夜过后2点钟了，他们还是奋不顾身地跳下水去关上闸板，堵死洪水倒灌，保护了圩内 500多亩水稻，这一夜，他们一共堵塞了19个低水涵子。在洪水稍退、保圩排灌斗争取得初步胜利的时候，江宁县党政领导及时提出“大灾之年夺丰收”的口号，发动“一保（保圩堤）双抢（抢排抢

江宁县革命委员会防汛排涝指挥部（简 报）

宁革防字（69）第一 号

最 高 指 示

下定决心，不怕牺牲，排除万难，去争取胜利。

关于防汛抗洪情况简报

七月上旬以来，我县境内连下大雨暴雨，降雨量达五百二十毫米，江、河水位猛涨，秦淮河水位猛增至十点四七公尺，比历史上水位最高的一九五四年还超过了零点四公尺。这种雨量之大，来势之猛，水位之高，是我县历史上没有过的。在洪峰袭击面前，全县三十多万军民高举"九大"团结、胜利的旗帜，发扬一不怕苦、二不怕死的大无畏革命精神，不畏强暴，主动迎战，在防汛抗洪的战斗中初战告捷。到七月十七日为止，全县沿秦淮河地区共倒小圩五十九个，淹没田地三万七千五百亩。但沿江沿河地区的大圩基本未动。广大军民决心迎战更大的洪峰，"下定决心，不怕牺牲，排除万难，去争取胜利。"

一、千军万马抓领导，善于组织指挥好。战斗一开始，县、社、大队层层设立了防汛排涝指挥部，由各级革委会负责同志亲自指挥。县革委会除留一名负责同志在家全盘指挥外，其余领导成员带领机关和"五七"干校共二百八十多名干部，奔赴防汛抗洪斗争第一线，亲自指挥战斗。各公社、大队都把指挥所设在险工地段指挥战斗。在防汛抗洪斗争

—1—

中，各级干部身先士卒，既当指挥员，又当战斗员，夜以继日，通宵达旦，同广大革命群众一道，奋战在抗洪抢险的战场上。龙都公社革委会领导亲自上阵指挥，统一领导，分线作战。他们根据需要，把劳力分别组成突击队、抢险队、巡逻队，按险工地段，分段负责。这既合理地使用劳力，不窝工浪工，紧张而有秩序地战斗，又提高了工作效率，不疲劳群众，始终保持昂扬的战斗态态。因而，在秦淮河水位高达十二公尺的情况下，大堤始终屹立未动。方山公社开始组织指挥不够有力，效果就不大好。后来，领导亲临第一线，从实践中总结经验，实行了"三定"（定人、定地段、定任务）责任制，因而，士气越战越高，战斗越战越紧，消灭了一个又一个险工，取得了一个又一个胜利。

二、千难万难靠群众，两个不怕能胜天。林副主席指示我们："什么是最大的战斗力？最大的战斗力是用毛泽东思想武装起来的人，是勇敢，不怕死。"在抗洪抢险战斗中，全县各级革委会遵照毛主席关 于"革命战争是群众的战争，只有动员群众才能进行战争，只有依靠群众才能进行战争"的教导，坚定不移地用毛泽东思想武装群众，不断用一不怕苦、二不怕死的革命精神激励斗志，战胜洪峰，夺得胜利。湖熟公社白米圩全圩共长四十多华里，内有水田二万四千亩，在洪水猛涨至接近堤顶的情况下，战斗在圩堤上四千多名贫下中农和革命干部一个个手捧红色宝书，坚定地表示："千难万难，有了毛泽东思想就不难；千险万险，有一不怕苦、二不怕死的革命精神就不险；洪水涨得再快，没有我们筑堤筑得快；堤身漏洞再大，没有我们抗洪抢险的决心大。"他们以"水涨堤高"的革命精神，奋战了五天五夜，将圩堤全部加高了一公尺，挡住了洪水，保证了全圩安全。铜山公社五圩被洪水冲了一个十多公尺长的决口，洪水咆哮着直往内圩倾泻。在这紧要关头，小彭大队党支部书记和民兵营长以"这个军队具有一往无前的精神，

—2—

它要压倒一切敌人，而决不被敌人所屈服"的英雄气概，不顾个人安危，带头跳入水中堵决。在他们的带动下，三百多名贫下中农也都纷纷跳入水中抢救，堵决缺少木桩，贫下中农主动拆掉三间瓦房和十六间草房，把房料献了出来。打桩危险，共产党员、民兵营长一马当先，榔头把脚打破了，鲜血直流，仍然坚持不下火线。经过八个多小时的激烈战斗，终于堵住了决口，使一万亩稻田免受损失。地处长江中间的铜井公社新济大队，广大贫下中农在这次抗洪斗争中，发扬了一不怕苦、二不怕死的革命精神，"宁为公字冲锋陷阵，不为私字贪生怕死。"十三日晚上七时，当暴雨倾盆、九级大风侵袭时，全大队三千贫下中农毅然跳入江里，手挽手地筑成了一道"浪打不垮，风吹不倒"的铜墙铁壁，他们站在水里与洪水顽强地搏斗了一天一夜，终于做到了"人在堤在"，圩堤"巍然不动。"事实充分说明：只要我们用毛泽东思想武装群众，发扬一不怕苦、二不怕死的革命精神，就能够在抗洪抢险的斗争中，所向无敌，无往而不胜，"惊涛骇浪脚下踩，千难万险只等闲"。

三、人民军队爱人民，军民团结战洪峰。在防汛抗洪斗争中，驻江宁地区的人民解放军给了我们极大的支持。当防汛抗洪斗争一打响，驻宁各部队都专门召开了党委会，作出支援地方防汛抗洪斗争的决定，提出"要人有人，要车有车，全力支援"的战斗口号。6431部队寇副政委亲自到县防汛排涝指挥部要求任务，6527和6335部队的首长亲自帮助驻地公社研究作战部署，指挥战斗。0776、7455、2966、6497、6410某部、6450部队和南京步校、154炮校、312靶场、县人武部的首长都十分关心我县防汛抗洪斗争，不断派人或打电话主动和我们联系，要求任务。广大指战员以无限忠于毛主席、无限热爱人民的深厚的阶级感情，以"关心党和群众比关心个人为重"的共产主义精神，积极投入抢险战斗，那里有困难那里上，那里有

—3—

危险那里冲，和广大贫下中农并肩战斗，浴血奋战，解除了一个又一个险情，谱写出一曲又一曲"拥军爱民"的新篇章。淳化公社黄龙埝和焦村两个大 水 库，因洪水冲击，库堤发生坍塌，形势十分危急。6335部队闻讯后，副团长鞠维海同志立即带领三百多名指战员奔赴险工地段，奋战抢救。经过八小时的艰苦战斗，终于解除了险情，保住了库身安全。地处秦淮河畔的东山公社翻身大队，圩堤发生塌坡，即有决堤之势。南京步校的广大指战员立即带着四十多根木材前往抢救。南京东方无线电厂的六百多名工人也纷纷赶来支援。工、农、兵团结一心，英勇奋战在险工地段，保住了堤坝安全。七月十六日，风雨交加，秦淮河水位猛涨。殷巷公社大马墩圩由于受到洪水袭击，突然堤身下塌，出现了二百多米长的塌坡，眼看有被洪水冲溃的危险。6431和6527部队广大指战员得知险情后，闻风而动，迎着倾盆大雨，踏着泥泞道路，奔赴抗洪第一线。在抢险过程中，6527部队副参谋长刘喜胜同志亲自指挥，参加战斗。在我县支左的6410部队某部刚从外地野营回来，听到这一情况后，营防都没有回，指战员们就奔向险工地段进行抢救。广大指战员，发扬了人民解放军英勇、顽强的战斗作风，那里危险就出现在那里，那里困难就在那里战斗，和洪水展开了英勇顽强的搏斗。奋战了一个昼夜，终于消灭了险情，转危为安。在防汛抗洪斗争中，丘陵山区的广大贫下中农发扬了共产主义精神，积极主动支援圩区防汛抗洪斗争。东善、汤山、上峰、六郎等公社胸怀全局，在本身遭受山洪袭击的情况下，还抽出一部分劳力、机器支援圩区公社防汛排涝。广大军民用实际行动，谱写出一不怕苦，二不怕死，团结抗洪的赞歌。

四、防汛抗洪越紧张，阶级斗争越不忘。毛主席教导我们："千万不要忘记阶级斗争。"在斗争中，各地都把防汛抗洪斗争的战场作为阶级斗争的战场，以阶级斗争为动力，以革命大批判带路，促进防汛抗

—4—

▲关于防汛抗洪情况简报

种）”的群众运动，争分夺秒，不失时机，把灾害的影响控制在了最低限度。

1991年，江宁发生百年一遇的特大洪水，周岗圩堤出现严重塌方，几乎面临决口危险。全县发动1万余名民兵参加抢险救灾，保护国家财产少受损失上千万元。时任民兵营营长的李昌保带领群众抗洪抢险，并带头跳入激流中打桩，不幸被水中木桩砸中双腿，被紧急送往南京市第一医院抢救。最终，他虽然保住性命，但身体部分功能丧失，终身不能站立。同年，他被评为国家级抗洪英雄。1998年，江宁县的洪水来势凶猛，流量大、水位高、持续时间长，洪峰起落反反复复。然而在这样大的洪水面前，江宁人民没有被吓倒，根据县委、县政府的领导指示，江宁在很短的时间里就组织起了万人大军，筑起了坚

▲全县抗洪表彰暨水利建设大会

固堡垒。巡查、打桩、抛石、排灌……全县人民齐心协力，长达92天惊心动魄的抗洪斗争最终宣告胜利，全县没有破一个圩，没有垮一个库，没有因为洪水死伤一个人，既保住了江河圩堤，也保住了沿岸城镇、农村人民生命财产的安全。

当洪水席卷大地，总有坚实的臂膀托起生命之舟；当泥石掩埋良田，总有勤劳的双手开垦新的希望。在一处处洪水退去的地方，盏盏灯火得以重新点亮；在一张张重焕笑颜的脸上，阵阵温暖得以重暖心间。面对滚滚洪水，江宁人民勇毅前行，生死以赴，意志如钢，坚不可摧！在这片饱受洪涝侵扰的土地上，江宁人不屈的抗洪精神是永远也冲不垮的“堤坝”。

物

煤气燃气：平凡生活中的“烟火”

小档

1998年6月8日，江宁县人民政府发布《关于同意组建江宁县煤气集团公司的批复》，同意新组建江宁县煤气集团公司，使公司早日完成县城燃气联网工程，为全县燃气事业发展作出更大贡献。1998年6月28日江宁县煤气（集团）公司的成立和1998年6月26日开工建设的“南京—江宁煤气联网工程”，标志着江宁县燃气事业进入一个新的发展时期。

民以食为天，有“锅气”，是对一顿饭最好的评价。从前，人们烧火做饭是合作项目，院子里堆的都是一叠一叠的稻草和木头，不仅需要主厨用心烹饪，还需要“副手”把控火势。后来，煤气罐出现，人们终于可以不用再在灶台边上盯着火，一个人也能烧得了饭。到现在，家家都用上了燃气，不用再担心突然没气。不仅是做饭，就连烧水、采暖等都有燃气的身影。

1978年，江宁县居民开始使用液化气，县兴建民用液化气站一座，气源来自南京。1983年，南京市煤气公司在

▲开展燃气安全检查

县城设液化气供应站，此后数年，年用气量平均百吨左右。1993年，江宁县液化石油气公司和县经济协作委员会劳动服务公司注册成立南祥实业总公司，主要经营罐装液化气销售，隶属江宁县经济协作委员会。从前煤气罐是需要更换的，谁都不知道煤气罐到底能用多久，经常饭烧到一半突然“罢工”，煤气变“没气”。甚至在做年夜饭时突然需要换煤气罐，楼层高不想自己搬的，还要额外付钱让工人帮忙搬上门更换。除此之外，煤气罐还有很高的安全隐患，夏季天气炎热，大家出门时都不放心煤气罐单独在家，怕它发生泄漏。

1986年9月，江宁县城利用化肥厂施肥放气，开始筹建管道煤气工程。1993年，为加强对燃气工作的管理，江

0058

江宁县人民政府（批复）

江宁政复(1998)27号

关于同意组建江宁县煤气集团公司的批复

县建设局、县经济协作办公室：

你们《关于联合组建南京江宁煤气集团公司的请示》收悉。经研究，同意新组建江宁县煤气集团公司。该公司由建设局所属江宁县煤气公司与经协办所属南京南祥实业总公司合并成立，行政隶属县建设局领导，为国有企业性质，经济上实行独立核算、自负盈亏，具有独立法人资格。合并组建江宁县煤气集团公司后，原南京南祥实业总公司与经协办脱钩，整建制划入县建设局。希望县建设局、经协办密切配合，抓紧运作，尽快办理集团公司成立的有关手续，使新组建的集团公司早日完成县城燃气联网工程，为全县燃气事业发展作出更大贡献。

此复。

— 1 —

（此页无正文）

主题词：煤气　机构　批复

抄送：县计经委、工商局、劳动局、体改委

— 2 —

▲关于同意组建江宁县煤气集团公司的批复

▲江宁县燃料公司煤基厂

南京市江宁区人民政府文件

江宁政发(2002)191号

关于成立区西气东输
工程建设领导小组的通知

各镇人民政府，区府各办局，区各直属单位：

为了更好地开展我区西气东输工程建设和天然气利用工作，根据市政府宁政发(2002)115号的要求，结合我区实际情况，经区政府研究，决定成立江宁区“西气东输”工程建设领导小组，小组成员名单如下：

组　长：王加法　　区委常委、常务副区长

副组长：曹永林　　副区长

成　员：严应骏　　区政府办公室副主任

周金文　　区发展计划与经济局副局长

冯德祥　　区建设局副局长

杨永清　　区建设局副局长

王宝国　　区财政局副局长

— 1 —

赵　毅　　区公安局副局长

俞　飞　　质监局江宁分局副局长

郎丰义　　区环保局副局长

段　俊　　区国土局副局长

王耀林　　区劳动局副局长

吴勤锋　　区国税局副局长

钟武斌　　区地税局副局长

领导小组下设办公室，办公室设在区建设局，冯德祥同志兼任办公室主任，曹朝阳、易志华同志任副主任。

南京市江宁区人民政府

二〇〇二年六月八日

主题词：工程　建设　机构　通知

抄送：区委各部门、人大办、政协办、法院、检察院

— 2 —

▲关于成立区西气东输工程建设领导小组的通知

宁县燃气管理办公室成立。1998年6月28日，江宁县煤气（集团）公司成立。新成立的县煤气（集团）公司由原江宁县煤气公司和南京南祥实业总公司组成。江宁县煤气（集团）公司的成立和1998年6月26日“南京—江宁煤气联网工程”的开工建设，标志着江宁县燃气事业进入一个新的发展时期。从此，江宁老百姓用上了南京直供管道人工煤气。管道煤气的出现，弥补了上一代煤气罐的部分缺陷，但是煤气泄漏的隐患还是让人惴惴不安。管道煤气运输使用胶管，胶管易老化开裂导致漏

气，因此还需要定期更换胶管，这也是个麻烦事。

随着国家“西气东输”工程的开展，用天然气取代人工煤气成为新型燃气已经势在必行。因此，江宁区政府于2002年6月8日成立区西气东输工程建设领导小组，区煤气（集团）公司成立天然气筹备办公室，开展有关工作。2005年10月7日，江宁经济技术开发区将军路计量站天然气置换成功，标志着江宁正式具备接收天然气的条件。2007年初，江宁顺利拿到省发改委对江宁“川气东送”利用工程的批复文件。天然气的出现，终于让用气变得更加高效安全。开窗、关火、关阀门，安全隐患发生的概率相较之前的煤气小了不少。与此同时，相比煤气，天然气更加环保，也更加经济实惠，省时省力，即开即用，用途多样，实实在在地提升了老百姓的生活质量。

从需要搬上搬下的煤气罐，到只要打开阀门就能烧水做饭的天然气，每一次能源的更迭，都凝聚着江宁人民的智慧与汗水。如今，每当夜幕降临，江宁的万家灯火中，无数家庭正享受着燃气带来的便捷与舒适。厨房里跳跃的蓝色火焰，不仅照亮了烹饪的每一个细节，更点燃了江宁人对美好生活的无限向往。

电话：让遥远触手可及

小　档

1977年1月6日，江宁县邮电局发布《关于新建自动电话机房和更新市话设备的报告》，以应对江宁县当时的迫切需求。1987年，淳化镇纵横制自动电话开通，次年东山镇市话实现更新；1990年，东山镇市话改为程控自动电话，开通至南京的光缆；1993年，移动通信基站建成；1994年，全县电话实现程控自动交换，光缆数字传输；1995年底，数据通信系统开通，进入数据公用网。

在浩瀚的人海与纷繁的世界中，有一种力量，它如同晨曦初露时分的第一缕阳光，穿透了夜的寂静，照亮了人们的心房。这便是沟通的力量，而电话，正是这股力量的极佳载体。电话，如同一条无形的纽带，紧紧连接着每一个渴望沟通的心灵。它不仅是金属与塑料的巧妙结合，更是情感与信息的快速通道，让遥远的距离变得触手可及，让我们在沟通中相互理解、相互支持、共同成长。

楼上楼下，电灯电话。在江宁结束了煤油灯的历史之后，人们开始盼望何时才能拥有一部电话。翻开江宁的邮电发展史，住宅电话的出现与普及是一个从无到有的过程。新中国成立以来，江宁邮电事业飞速发展，尤其是党的十一届三中全会以后，江宁大地掀起了改革的热潮。许多弄潮儿为了了解和掌握市场信息，率先使用便捷的住宅电话。随着改革开放步伐的不断加快，人民群众的生活水平也随之提高，私人拥有电话不再是梦想。根据这一现实情况，江宁县邮电局大胆改革，逐渐摸索出了一条适应江宁住宅电话发展的新路子。1990年，邮电局走访居民，开展市场调查，实行优惠服务，以每门500元的全国最低价满足工薪阶层对电话这一商品的需求，使县城一度风行安装住宅电话，申请安装率达到95%以上。

“信息就是效益”。在城里人对通信概念加强认

025

江宁县邮电局

关于新建自动电话机房和更新市话设备的报告

江宁县委并江苏省邮电管理局：

为了适应工、农业生产的发展，我局已于76年6月20日报告县委“申请拨款盖自动电话机房”，至今仍在研究之中。77年开始了，在以华主席为首的党中央领导下，打倒了“四人帮”，人民大解放，思想大解放，生产力大解放。在不远的将来，我国将实现农业、工业、国防和科学技术的现代化，这对邮电通信事业必将提出更高的要求，目前我县邮电通信落后状况必须迅速改变，理由是：一江宁县位处省委、市委大门口，通信服务设备必须迅速改变，方便上下级联系；二我县目前为开放县，来往参观的外宾较多，省、市、县外事、公安等部门电话联系频繁；三、76年我县初步建成了大寨县，为向高标准奋斗，通信工作应予加快建设；四我县属于省、市战备第二线，战备通信必须迅速、保密、畅通无阻；五77年是深揭狠批“四人帮”，大干社会主义的一年，工、农业生产将出现更大跃进局面，各行各业对通信联络要求更高，目前县内各用户要求按装电话，与日具增，但我局现有磁式交换机，机械性能差，容量又有限，用户的迫切要求，无法解决。据此，除了再次向县委和省、市邮电局领导作了口头请示汇报外，经我局研究，自动电话机房的新建和市话设备的更新，必须列入77年工作计划，进行筹建。

初步规划方案：在经费方面，遵照毛主席“论十大关系”发挥两个积极性的精神，特申请报告如下：

一、请县委按排自动电话主机房和附属生产用房（测控、载波、空调、充气、电力室等）的土建资金，我局研究计划建造三层楼房，连同部份地下室约800[illegible]余平方米，每平方米造价120元，需

026

要经费约拾[illegible]万元左右。请县委纳入77年基建计划，批拨土建经费拾贰万元。

二、请省邮电管理局按排终局2000门容量的准电子自动电话成套设备。初装1000门，80年前后发展为2000门。我局初步研究通话方式是：1、江宁县城一南京电信二分局架设50对电缆（10公里），江宁作为南京二分局的卫星局，江宁与南京各用户自动拨号交换；2、县内通话在市话自动拨号交换的基础上，逐步实现农话半自动拨号接转，首先开放县内五个片中心支局的农话半自动接转。根据以上设备要求和通话方式，除请省局确定设备生产、设计按装和必要的技术力量外，并按排相关资金，列入77年生产基建计划。

以上报告，请批复

江宁县邮电局

一九七七年元月六日

抄报：南京市邮局，电信局。

▲关于新建自动电话机房和更新市话设备的报告

识以后，农村人的思维也得到了相应的转变。自农话实行程控后，江宁农村电话市场充分显示出了强大的生命力。1977年，江宁县新建自动电话机房，更新市话设备。1994年5月，江宁县邮电局投资近30万元扶持汤山镇寺庄村农户安装住宅电话，短短两个月的时间，该村300多户中有70%完成安装，成为整个南京地区第一个“电话村”。此外，麒麟镇锁石村、铜山乡彭福村都建立了具有先进设备的总机房，农户电话普及率分别达到了85%和65%，广大农户纷纷将电话视为致富的“顺风耳”。

随着经济建设和社会事业的不断发展，江宁县的电信事业发展步伐也随之加快。住宅电话这个电信事业的联合体逐渐形成了一定的规模，整个产业也不断做大，衍生了一系列诸如光缆安装、户机安装等新兴的岗位。为了进一步扩大住宅电话的容量，江宁县邮电局于1994年后继续加大投资，在全县范围内扩容数千门程控交换机和移动电话、传真等通信设施。至此，电话进入了更多的寻常百姓家，为江宁的老百姓传输消息，传递思念。

弹指一挥间，揭开了神秘面纱的电话和手机，早已普及到了普通百姓家中。不仅如此，电脑、互联网已遍布城乡。人们端坐家中，就可以与万里之遥的亲朋“面对面”地聊天，充分享受网络时代的无限惬意。电话的变迁只是社会发展的一个缩影，“随风潜入夜”，江宁老百姓的生活因为电话变得更加富裕、更加便捷，也因为电话加深了彼此的牵绊与思念而保持着心中的热烈与温暖。

自来水：为有源头活水来

小　档

1985年5月18日，江宁县人民政府向南京市人民政府递交《关于由南京供给东山县城自来水的请示报告》；1986年，东山县城建好自来水管道，实现通水；1997年5月28日，江宁长江供水有限公司成立，明确了长江引水工程的业主责任制，同年，全县半数人口饮用上自来水；1998年，举全县之力，产能15万吨/日的双闸水源厂一期工程建成。

水，是人类的生命之源，我们曾经生活在没有石油、没有电力、没有煤炭的年代，却一天也没有生活在无水的世界。人类文明无不发祥于水丰草荣的江河流域，水的珍贵就在于人不可一日无水。今天江宁人使用的自来水，每一滴都经过严格的过滤、杀菌，通过管道流向千家万户，为生命提供滋养，为生活提供保障。

在新中国成立后的很长一段时间内，江宁人民一直过着“打孔钻井，吃水看天”的日子。别说庄稼的灌溉用水了，人们生活必需的水源都很难得到保障，挖井吃水、手

江苏省江宁县革委会計划委員会

（79）宁革计建字第 66 号

关于基本建设计划批准通知书

县自来水厂：

你们报来申请 主管道扩大 报告收悉。

经研究同意你们如下基建计划：主管道工程。

一、基建性质、规模、投资额：

新建 — 平方， 扩建 — 平方，

翻建 — 平方， 每平方 — 元。

二、基建用途：主管道

三、基建投资为 86000 元。

资金来源：县财政拨款

四、基建地址：

五、基建材料来源：

上述基建计划，一定要按照批准的面积，投资金额，设计施工图，不得超过和变动，如有变动，要经批准。希认真掌握勤俭办事的原则，材料注意节约代用，注意节省人力、物力财力。

整个工程投资八万元，78年已拨款……

一九 年 月 日

抄送：县建行 财政局、工业局、东山镇 计委物资组

地方国营江宁县自来水厂

单位 县自来水厂 主管道工程 预算表 日期 79 年 3 月 25 日

工程名称 工程地点 东山镇

项目	单位定额号	名称	规格	数量	单位	单价	合计	备注
		自应力水泥管	φ300	625	根	9000	562500	包括运费
		铸铁管	300	50	m	2654	132700	过马路用
		〃	200	16	〃	1560	24960	[illegible]
		〃	150	100	〃	1487	148700	[illegible]
		〃	100	250	〃	1123	280750	[illegible]
		镀锌管	50	60	〃	580	34800	〃
		〃	40	120	〃	456	54720	〃
		三通	300×300	2	只	12285	24570	
		〃	300×200	3	〃	11655	34965	
		〃	300×150	8	〃	9576	76608	
		〃	300×100	20	〃	9387	187740	
		〃	150×150	8	〃	4725	37800	
		弯头	300×22½°	4	〃	4788	19152	
		〃	300×45°	10	〃	3111	31110	
		〃	200×45°	6	〃	3748	22488	
		〃	150×45°	8	〃	2426	19408	
		〃	100×45°	20	〃	1386	27720	
		〃	100×22½°	20	〃	1260	25200	
		〃	100×90°	15	〃	1820	27300	
		平口	300	10	〃	4095	40950	
		〃	200	6	〃	3591	21546	
		〃	150	8	〃	2426	19408	
		〃	100	20	〃	1670	33400	
		平盘	300	10	〃	4095	40950	
		〃	200	6	〃	2571	15426	
		〃	150	8	〃	1827	14616	

P.1.

地方国营江宁县自来水厂

单位 县自来水厂 主管道工程 预算表 日期 79 年 3 月 26 日

工程名称 工程地点 东山镇

项目	单位定额号	名称	规格	数量	单位	单价	合计	备注
		平盘	φ100	20	只	1147	22940	
		闸阀	300	10	〃	33236	332360	
		〃	200	6	〃	17816	106896	
		〃	150	8	〃	13100	104800	
		〃	100	20	〃	7560	151200	
		螺栓	16×100	280	〃	30	8400	
		〃	16×75	500	〃	20	10000	
		大十字	300×200	2	〃	6175	12348	
		套管	300	6	〃	4410	26460	
		〃	200	8	〃	2898	[illegible]	
		〃	150	10	〃	2028	20280	
		〃	100	20	〃	1890	37800	
		三通	100	10	〃	2961	29610	
		铸铁阀门箱	大号	10	〃	1600	16000	
		橡胶板	5mm	50	kg	526	26300	
		消防栓	[illegible]	9	只	36000	324000	
		青铅	块	100	kg	210	21000	
		油麻绳		100	〃	241	24100	
		红砖		1000	块	4	4000	
		水泥	#500	20	T	5880	117600	
		〃		2	T	6000	12000	
		黄砂		70	T	900	6300	
		石子	1寸碎	60	T	454	27240	
		管沟土方	[illegible]	3090	m³	129	[illegible]	
		管沟回填石方	[illegible]	188	m³	279	[illegible]	
		水管二次搬运	φ300	625	根	400	250000	

P.2.

江宁县总工会

协议书

江宁县总工会、东山镇革委会、东山元件厂三家领导同志商定：将县总工人俱乐部出售给东山元件厂。俱乐部位于东山大马路通往县机械厂之东侧，共五间平瓦房，长12.8m，宽8m，共计102.4平方米。俱乐部设有天花板、水泥地坪、照明设备。包括地皮物业内折价人民币陆仟元正。

特订此协议。

江宁县总工会

江宁县东山镇革委会

江宁县东山元件厂

一九七八年七月廿五日

▲关于自来水厂征用土地批准通知书

提肩挑，麻烦不说，也不健康。遇到大涝大旱的“灾年”，用水变得更加奢侈。1979年，江宁开始建设自来水厂。1985年，江宁县人民政府向南京市人民政府请示，指出江宁县尤其是东山镇，地下水源贫乏，全镇人民生活用水全靠抽引秦淮河水实现供给，秦淮河上游各家工厂有害物质下泄，严重影响用水稳定及人民群众的身体健康，东山地区肝癌、消化道感染、血小板下降的病例逐年增多，广大民众迫切要求改善用水条件。

166

江宁县人民政府文件

江宁政发（1985）64号

★

关于由南京供给
东山县城自来水的请示报告

南京市人民政府：

东山镇是我县城所在地，该镇地下水源贫乏，目前全镇居民生活用水仅靠抽引秦淮河水供给。而秦淮河上游有溧水、句容两县的造纸厂、电镀厂，南京诸厂等厂的有害物质下泄；秦淮河西岸又有本县化肥厂、印染厂、钢铁厂、造纸厂的废水污染；特别是在农田用水高峰时，要从武定门把南京城内秦淮河的污水提取倒灌，以致我县境内数十里长的河水发臭，鱼虾死亡，严重影响了二十多万人民身体健康。近几年来，东山地区肝癌，消化道感染，血小板下降的病例逐年增多，因此，广大人民迫切要求改善生活用水条件。

根据上述情况，解决东山县城的吃水问题，主要出路和最佳

—1—

167

方案是接通南京自来水。张耀华市长多次指示要把南京自来水送到东山。东山地区目前人口三万人，生活、工业用水日需一万二千吨左右。到一九九〇年以后，用水量势必有大幅度增加。我们打算把生活与工业用水分开，南京主要解决生活用水，本县原有自来水作为工业用水，为此，请市政府在宁溧一级公路拓宽的同时，能将５００厘米输水管道埋设下去。如错过这个机会，就会给今后带来施工上的困难和经济上的浪费。

对埋设管道和中途增建加压站所需经费，我们意见是，从雨花台到南京大桥机械厂（史家里）所需经费请市解决，从南京大桥机械厂到东山县城所需经费一百多万元，可通过市支持一点，县财政投资一点，再从用水量大的生产单位集资一点等办法加以解决。如市财政有困难，后段所需经费，由县设法解决。

以上报告当否，请予批示。

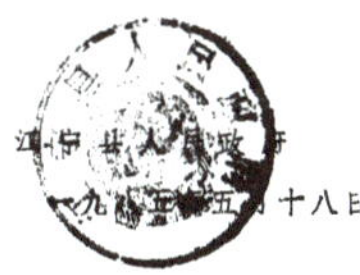

江宁县人民政府
一九八五年五月十八日

抄送：市城乡建委、规划局、市政公用局、市自来水厂、县城乡建设环境保护局、县财政局

—2—

▶关于由南京供给东山县城自来水的请示报告

在得到南京市人民政府的回复后，江宁县人民政府开始了造福百姓的供水行动，把生产用水与生活用水分开，有针对性地改善用水条件。首先，接通南京自来水管道，由南京送来的自来水解决百姓生活用水紧张的问题，而本县已有的自来水作为工业用水，保证经济生产。其次，在拓宽宁溧一级公路的基础上，铺设直径为500厘米的输水管道，从雨花台到南京大桥机械厂的工程经费由南京市人民政府资助，而从南京大桥机械厂至东山一段的经费则通过"市支持一点、县财政投资一点、用水量大的生产单位集资一点"的办法予以解决。当自来水从水龙头里冒出来的时候，十里八乡的江宁人露出了笑容。使用自来水不仅不用指望老天爷，而且更加安全卫生，在便利江宁百姓生活的同时也促进了卫生运动，保障了大家的身体健康。

但是，光有一乡一镇通上自来水可不行。随着1986年东山县城建好了自来水管道，江宁各村镇的自来水厂和管道建设也在稳步推进。1997年，依托20家自来水厂和98座村水站，全县一半的民众终于用上了自来水。不仅如此，同年5月成立的江宁长江供水有限公司在县政府的支持下，立志将长江水引入江宁，进一步解决江宁百姓的用水问题。创业难，守成更难。江宁的自来水事业步入了正轨，可仅仅解决了有无问题，面对旱涝灾害严重，地下水资源条件差等一系列问题，保证用水长期稳定、用水质量过关成了第一要务。供水公司在县政府的指导下组织

▲江宁区长江水村村通工程推进落实会议

人员走上大街小巷，走进工厂水厂，昼夜不停地抢修铺设水管、检查清水池。同时，针对部分工厂的污染排放问题，政府在督促整改的同时也为各水厂增设净化装置，在削峰补枯、抓住源头等理念的指导下，江宁人民的用水一年更比一年好。

自来水通上的那一刻，家家户户打开了水龙头，江宁人民的欢笑声、欢呼声，还有水龙头里流出来的“哗哗”声，如同交响乐一般，在江宁上空回旋、飘荡。水能“自来”，谈何容易，源源不断的自来水给每家每户送来了喜讯、带来了希望，为江宁人民的幸福生活注入了持久、强大的动力。

江宁开发区：从自办开始的“小特区”

小　档

1992年5月6日，江宁县人民政府发布《关于成立“江宁县经济开放总公司”的通知》，决定组建经济技术开发总公司，对外招商引资；1993年，江宁开发区被批准为省级开发区，实现定位跃升；1995年6月，江宁县委出台《关于鼓励发展第三产业的优惠政策》，第三产业如雨后春笋般拔地而起，且其规模与效益与日俱增；1996年到2000年，江宁开发区投入10.4287亿元，共吸引来自21个国家和地区的622个项目进区落户，投资总额超过22亿美元。

在老百姓的心中，对家乡的期许总是那么朴素而深切，他们渴望脚下的土地能够焕发出勃勃生机，期盼着家乡能够搭乘时代的快车，实现跨越式的发展。1992年的春天，当改革的春风再次吹遍大江南北，面对这一历史性的机遇，江宁县委、县政府紧紧抓住了改革开放的机会，果断决策，创建了“南京江宁经济技术开发区”。

20世纪90年代初，江宁积极改革开放，地方乡镇工业

▲南京江宁经济技术开发区开工典礼

蓬勃发展，但依然面临经济规模不大、发展速度不快、经济结构单一、人民生活水平普遍较低等发展问题。在“20世纪最后一班车我们不能再脱班”的共识下，江宁开始建设自己的开发区。第一次向市里打申请的时候被驳回了，但是江宁并没有放弃，而是又一次向市里请愿，并决定区里自筹资金建设江宁开发区，硬是在国家和地方没有投入一分钱的情况下，闯出了一条自费开发的新路子。江宁开发区在江苏省的开发区中率先实现股份制，成立了股份责任制有限公司，从县属企事业单位中募集法人股980万元作为第一笔启动资金，又让金融部门代为发行房地产债券2000万元。1992年5月6日，江宁县组建经济开发总公司，随后的一年间，江宁开发区招

江宁县人民政府文件

江宁政发(1992)57号

关于成立"江宁县经济开发总公司"的通知

各乡镇人民政府，县府各委办局，县各直属单位：

为了加快改革开放步伐，加强经济开发工作，改善投资环境，推动城郊型经济发展，县政府研究决定成立"江宁县经济开发总公司"。总公司属全民事业单位，实行企业化管理，具有法人地位，规格县局级。

抄送：县委各部门、人大办、政协办、法院、检察院

▲关于成立"江宁县经济开发总公司"的通知

商引资硕果累累：引入43个项目，外资达1.3亿美元。

1993年，江宁开发区被批准为省级开发区，实现了第一次定位跃升。自1992年启动建设以来，江宁开发区迅速崛起，在当时江苏省63个省级开发区中脱颖而出。在接下来的几年里，开发区共投入基础设施建设资金6.2亿元，完成了区域内18平方千米的开发框架，累计竣工建筑物总面积75万平方米。为了强化三产

▼江宁开发区

89

南京江宁经济技术开发区

〖概述〗 南京江宁经济技术开发区是全县发展开放型经济的试验地和对外开放的主要窗口。1997年2月2日开发区被国家科委批准为国家级高新技术产业开发区。原规划面积25平方公里，管理6个行政村。2000年1月，牛首山风景区及所管理的1个行政村划归开发区管理，并设立了牛首山办事处，2000年3月，县辖殷巷乡的集镇和8个行政村划归开发区统一管理，并设立了殷巷办事处，至此，开发区共管理1个集镇和15个行政村，总体规划面积70 平方公里。

管理体制。为进一步加快开发区建设步伐，县委、县政府研究决定，从1996年6月起，对开发区的管理体制进行强化完善。明确江宁开发区为副县级建制，实行工委、管委会和总公司三位一体的管理体制。中共江宁开发区工委是中共江宁县委的派出机构，下设办公室、农村工作局。开发区管委会是江宁县人民政府的派出机构，下设办公室(与工委办公室合署)、招商局、国土规划环保建设局、经济社会发展局、财税局(内设财政分局、国税分局、地税分局)、公安分局。工委、管委会下设机构的基准职级为副局级，其内设机构设置和工作职责由工委和管委会根据需要自行决定，并报县组织、人事部门备案，江宁经济技术开发总公司为全民事业单位，实行企业化管理，具有独立法人资格，在工委和管委会统一领导下开展工作。

园区建设。1996年～2000年，开发区加大基础设施建

-1-

90

设力度，在以往的基础上，全面完成了首期25平方公里的土地开发，初步呈现出园林式新区形象。五年中相继完成了将军路、经三南路、佛城西路、经四路、经五路、桩排南路、高湖路等道路的沥清路面铺设，总长19.9公里。完成了胜太西路、天元东路、天元西路等道路的水泥路面铺设，总长13.2公里。同时沿所建道路完成了给水、排水、排污管道的铺设和道路绿化工程。架设了高低压供电线路37公里，建成了白龙大桥等7座桥梁，开工建设了秦淮河大桥、牛首河大桥。挖掘土石方800万立方米。建成了长2.8公里的西部防洪沟。建成农民复建房22.4万平方米。投资2500万元，建成了新区小学；投资2000万元，完成了新区中学一期工程。建成了旗林广场等3个总面积为4万平方米的市民休闲广场，建成了湖心岛公园等3个总面积为3万平方米的城市公园，完成了凤凰坛广场、河定桥广场、天元路广场和经三南路广场的雕塑和建设。在宁溧路与胜太路交叉口和胜太路与利源北路交叉口安装了交通信号灯。至2000年底，全区各类建筑物累计总面积达230万平方米，其中生产用房90万平方米，附属用房45万平方米，商品房95万平方米。期内，共投入10.4287亿元，完成了相应的基础设施和配套设施工程，一座现代化的新城区已经初现雄姿。

招商引资。1996年以来，开发区始终以招商引资为中心，采取各种有效措施，加强宣传攻势，加大渗透力度，拓展招商层面。首先为巩固南京市场积极采取项目信息跟踪责任制的办法，全面加强与省市涉外部门、外国驻宁商社和在宁大中型企业、高等院校、科研单位的合作与联系。1996年 12月，开发区管委会与市机械、电子、纺织等13

-2-

91

个行业主管局签订了联合招商协议。1997年2月，又与省机械、电子、医药等11个厅局签订了联合招商协议。其次建立了一批境外招商点。由于欧美日等发达国家是开发区项目的主要来源地之一，1996年～2000年，开发区在这些国家新建立了53个代理招商点，其中中介公司17家，个人36人。三是创新内部管理机制。从1996年起，开发区管委会每年与项目部签订目标责任状，把招商实绩与个人的年终奖惩挂起钩来，极大地调动了招商人员的工作积极性。此外，还积极采用了以商引商、海内外热点地区招商、上网招商等各种招商方式。1996年～2000年，共计新引进项目494个，投资总额16.35亿美元，其中外资项目165个，投资总额10.89亿美元，合同外资金额 3.12亿美元。期内，新引进千万美元以上大项目43个，世界500强企业8家，到位外资3.61亿美元。到2000年底，已吸引来自美国、日本、瑞典、德国、英国、意大利、新加坡、韩国、台湾、香港等21个国家和地区的622个项目进区落户，投资总额超过22亿美元，到位外资5亿多美元，投资总额在千万美元以上的大项目59个，世界排名前500强企业有15家进区。

区域经济。随着一批大项目和高科技项目的竣工投产，形成了以科技为先导的五大支柱产业，即以爱立信、西门子为龙头的电子产业；以百事可乐、通用磨坊、旺旺为主体的食品产业；以东陶、拉法基为代表的新型建材产业；以南亚自动车、森田为主导的汽车及汽车零部件产业；以东大科技产业园及南航大江宁校区、河海大学江宁校区为龙头的新型教育科研产业。至此，开发区已步入收获期，成为江宁新的经济增长点。从1996年到2000年，投产运营企业达191家。技工贸总收入由25.6亿元增长到151.22 亿

-3-

92

元。工业产品销售收入由19.24亿元增长到131.56 亿元。三产经营收入由6.20亿元增长到19.60亿元。国内生产总值由5.25亿元增长到32.64亿元。出口创汇由5531 万美元增长到1.6亿美元。利税由2.85亿元上升到14.7亿元。三资企业涉外税收由0.234亿元上升到1.302亿元。财政收入由0.39亿元增长到3.17亿元。

〖举办进区企业产品展示会〗 1996年6月18日，在江宁开发区4周年庆典的日子里，举办了“'96进区企业产品展示会”。共展出区内00家企业的产品400多种，涉及电子、机械、轻纺、轻工、纺织、食品、化工等7 个工业门类，有不少产品，如东华电子公司生产的中高档汽车音响、爱立信公司生产的程控交换机等，不仅技术含量高、附加值高，而且具有国际先进水平。有些产品改变了我国长期依赖进口的局面，填补了国内空白。会上，旺旺公司、生力啤酒公司、新长虹公司等还组织了促销活动和免费品尝。展示会期间，共吸引各类参观者4万多人次。

〖南京爱立信公司等大项目投产〗 1996年～2000年开发区内有一批大项目陆续竣工投产，成为开发区的产业支柱。

南京爱立信公司。该公司由瑞典爱立信公司、熊猫电子股份有限公司、香港永兴企业公司与江苏省邮电管理局共同投资兴建。投资总额 4088 万美元，厂房建筑面积12400平方米。1996年3月11日正式投产。主要生产、销售爱立信GSM900/1800MHz数字移动通信系统和 AXE10程控电话交换系统。

南京东陶有限公司。该公司由日本东陶机器株式会社、三井物产株式会社与南京工业搪瓷厂三方共同投资兴建。

-4-

▲1996—2000年《江宁年鉴》初审稿　《南京江宁经济技术开发区》

项目的开发，实现第二、三产业的协调发展，县委、县政府于1995年6月出台了《关于鼓励发展第三产业的优惠政策》，在土地价格、付款期限、开工建设、税收等方面给予了一定的优惠。这一政策的出台，有力提升了客商投资三产项目的积极性，金融、房地产、商贸流通、饮食服务等第三产业如雨后春笋般拔地而起，且其规模与效益与日俱增。

1996年到2000年，江宁开发区共投入10.4287亿元，完成了相应的基础设施和配套设施工程，一座现代化的新城区已经初现雄姿。这一期间，开发区始终以招商引资为中心，采取各种有效措施，共吸引了来自21个国家

▲南京江宁经济技术开发区总工会成立暨第一次代表大会

和地区的622个项目进区落户，投资总额超过22亿美元。2002年，对江宁开发区而言是一个关键节点。这一年，江宁开发区成立十周年。十年间，江宁开发区共引进21个国家和地区的1000多个项目，累计投资总额超过30亿美元，其中千万美元以上的项目75个，世界排名前500强企业有15家。

遥想建设初期，江宁开发区人抱定“既来创业，就把全部时间和精力‘卖给’开发区，把青春献给开发区”的念头，坚持“三不”惯例——白天不开会，中午不回家，节假日不休息，每天工作12小时以上，形成了“团结、拼搏、求实、奉献”的开发区精神。三十载栉风沐雨，三十载砥砺前行。三十年间，江宁开发区已经成为南京经济发展的主阵地和对外开放的“金招牌”，历经三十载风雨的江宁开发区未来定会以“二次创业”的精神实现新一轮跨越式发展。

金宝市场：不到金宝，江宁白跑

小　档

1997年7月2日，江宁县人民政府办公室发布《关于金宝市场二期工程建设协调会议纪要》，提出要把金宝市场作为江宁县建设和发展大市场的突破口。金宝市场位于金箔路197号，是南京金箔集团下属八大公司之一，于1994年8月28日开业。该市场经营面积达20万平方米，总投资4000多万元，主要经营床上用品、办公用品、五金电器、家具、服装、百货、鞋帽、装饰材料、建筑材料、农副产品等，商品品种近万种，入驻摊位2500余个，金宝东山大市场、天印山农贸批发大市场、金宝装饰城、金宝河定桥蔬菜批发市场、金宝浦口大市场、金宝溧水大市场等均为其所属。金宝市场已经连续多年被江苏省、南京市授予“文明市场”称号。

“购物到金宝，江宁不白跑”曾是江宁家喻户晓的顺口溜。三十年来，金箔人用“匠心”理念经营着百姓生活诚信市场这块“金字招牌”，用传统与创新相融合的经营思路，立足百姓生活，为附近的居民做好服务，在老百姓家门口深深扎根，使得金宝市场逐渐成了江宁的又一地标。

20世纪90年代初，当时的江宁县人民政府把位于东山镇晓里村小农场约50亩的臭水泥塘沼泽地（也就是现在金宝市场所在地）划拨给了金箔集团。那时的江宁，各项事业都是芝麻开花——节节高，大家都看好房地产投资的项目。可当时金箔集团的当家人江宝全却并不这么想，他看得更高更远，一个大胆的构想在他的脑海里闪现——进军三产，创办市场。随着生活水平的提升，江宁老百姓的日常用品消费需求也不断水涨船高，投资创办市场，不仅能够带动就业，更能致富一方。1994年8月28日，一个占地1万多平方米、江宁县独一无二的室内综合型零售市场——金宝市场，正式开业了。

刚刚开业的金宝市场像其他新办的市场一样，也遭受了“下马威”。开业不到一年，1万多平方米的商铺，关的关，停的停，原先的商户走得只剩下不到百十户，甚至市面上还响起了“金宝金宝，早关早好”的传言。集团董事长江宝全立即着手调整金宝市场的定位，不搞高大上，不搞高精尖，就主打老百姓和工薪阶层消费这张牌，紧紧抓住老百姓的“吃穿住行”。再加上金宝市场采取了错位经营、南北招商和区域承包责任制、广泛投放传播广告标语、鼓励职工自营等一系列行之有效的措施，在短短不到一年的时间内，金宝市场迅速走出了低谷，到1996年底，市场出租率已达70%，1997年，市场出租率就达到了90%以上。

会 议 纪 要

第23期

江宁县人民政府办公室 一九九七年七月二日

关于金宝市场二期工程建设协调会议纪要

6月14日，王加法副县长在金箔集团主持召开了金宝市场二期工程建设协调会议，参加会议的有县计经委叶荣生、工商局张德华、城建局周宗贵、国税局李在生、地税局洪月江、公安局王长春、市容委易志平、县消防大队黄锦箭、县三产办李昌仁，金箔集团江宝全、杜静宁、金宁等。会议就金宝市场二期工程建设有关问题进行了讨论，并形成了一致意见，现纪要如下：

一、要把金宝市场作为我县建设和发展大市场的突破口。目前，我县第三产业发展存在的一个严重不足就是市场建设滞后，尚未形成有一定规模和知名度的大市场。与会同志一致认为金宝市场将是我县大市场建设的一个突破，具有较好的发展前途，应加以扶持和培育。

二、要继续给予金宝市场以实质性支持。金宝市场

1

二期工程拟总投资400多万元，建成后总占地面积扩大到近30000平方米。因建设投资较大，回收期较长，为此，会议同意：一是减免有关建设费用。具体有城建部门的城市规划建设各项费用、水增容费，市容委的空间广告费、占道经营费、垃圾处理有偿服务费，消防部门建筑设施费用，路政占地费用等。二是二期工程食品城，停车场，农副产品批发，门面房等项目建成后，给予两年税费减免优惠政策。三是对金宝市场一期税费进行统一扎口征收，并将给予适当优惠。具体实施办法由物价局牵头，汇同有关部门制订，尽快报县政府审批。

三、要为金宝市场二期工程建设提供优质服务。各有关单位要统一思想，从大局出发，积极做好服务工作，在各项手续办理上力求简便高效，特事特办，主动帮助协调解决好建设中的各种矛盾和困难。

四、金宝市场要加强自身建设，加快发展速度。按照建立规范有序市场的要求，严格执行国家有关规定，主动接受有关部门的管理要求，做到规范管理，依法经营。加快二期工程建设速度，同时做好宣传和招商工作，争取早日建成创效。

▲关于金宝市场二期工程建设协调会议纪要

老一辈的江宁人对金宝市场的盛况可能记忆犹新，每次上金宝，与其说是赶市场，不如说是赶人气，哪一天都是人挤人、人“赶”人的，更别说是逢年过节的时候。去金宝市场跑上一趟，要什么有什么，且件件便宜，货真价实，买回家同其他商场的产品一比较，便宜了一半。“不到金宝，江宁白跑”“金宝金宝，一站全销”“金宝市场真热闹，好似南京夫子庙”渐渐成了江宁老百姓口口相传的品牌标语，而且越叫越响，越叫越亮。江宁老百姓喜欢金宝市场，正是因为它和老百姓的生活走得近、靠得紧，能给老百姓带

来实实在在的实惠。

至今已有30年历史的金宝金箔路商业广场，各式各样的商品撑起了3代江宁人暮去朝来的悠悠岁月。走进市场，各类商品琳琅满目，质量上乘且物美价廉，只有你想不到，没有你买不到。如今的市场虽然购物环境、商品质量、消费体验越来越好，但从外在到内里依然保持着经营的初心，满是人间烟火，贴近百姓生活。它的名号并没有随着岁月的风尘而逐渐湮没，仍然挂在老百姓的嘴边，成为江宁人心头一团温暖的烟火。

▲金宝市场

江宁商业：从老牌商场到璀璨商业街

小 档

1985年1月22日，江宁县新兴市场成立于上元大街，1987年10月24日，更名为江宁县江宁商场，1988年2月，新落成的江宁商场正式营业。1995年，商场设服装、针织、鞋帽、百货、文化、副食、家电、五金、建材9个商品部63个柜台，年销售额10640万元，是南京市五县第一家亿元商场，列南京市首届零售贸易企业综合效益第10名。2000年11月8日，江宁县商业局发布《关于江宁商场企业改制的报告》，由于商场亏损严重，江宁县商业局被迫对江宁商场进行改制。2003年10月31日，商场停业。

商业街，是城市繁华的脉搏，是江宁市民生活的调色板。每当夜幕降临，华灯初上，商业街就仿佛被点亮了，霓虹闪烁，人流如织。走在宽敞的步行道上，两旁是琳琅满目的店铺，橱窗里展示着各式各样的商品，从时尚服饰到精致饰品，从美食小吃到家居用品，应有尽有。商业街不仅是购物的天堂，更是社交、休闲的好地方。

20世纪80年代初期，为更好地满足百姓的生活需要，江宁县逐渐加快了商场建设的步伐。1986年，在江宁县政府的指导下，东山文苑商场率先建成。1987年，江宁县政府投资41.2万元，建成占地面积9014平方米的禄口镇招商市场，是江宁县当时规模最大、投资最多的商场，同时还建成丹阳商场。1988年2月7日，省内较大的县级国营商场——江宁商场建成开业，商场造价300万元，总面积5897.63平方米，设有针纺织品、家用电器、文化用品、妇女儿童用品等28个专业柜组，经营品种约1.5万个。1989年，江宁县政府相继在汤山、龙都、

000059

江苏省江宁县商业局（报告）

宁商字（2000）62号

关于江宁商场企业改制的报告

县改制办：

根据县委县政府关于商业企业改制要求和宁政发（2000）94号“关于进一步支持工业改革发展的若干政策意见精神”，我局改制领导小组和江宁商场改制领导小组一起共同研究，初步形成江宁商场企业改制方案，现报告如下：

一、改制形式：针对该商场负债重（已欠银行贷款和利息2千多万元），富余人员多，亏损严重等实际情况，拟定该企业改制形式是建新租旧。建新即组建一个新的有限责任公司，将原商场的新兴商场、仓库实行经营者带资分流给新企业作为经营场地，资金来源主要由新企业经营者和职工筹集，募股以“经营者持大股，管理层控股，职工参股”的形式；租旧即新企业租用原商场的经营场地。

二、全员劳动关系与原企业割断，全部一次性买断工龄，总金额380万元。

因企业实施改革，导致用工单位主体已发生变化，原商场的职工劳动关系必须与企业割断，将根据《劳动法》有关规定，原企业与职工的劳动合同予以解除（终止），一次性买断工龄，一次性发给经济补偿金和生活补助费。职工个人应得的解除（终止）劳动合同经济补偿金自愿划归改制后新企业的其工龄续接原企业工作年限，不愿划归新企业的与商场签订解除劳动合同决定书。

三、职工经济补偿金和生产补助费主要来源：一是江宁商场城墟路分部的售房款。该分部的部分闲置营业用房经县领导协调已有偿转让县审计局，总额254万元，已付60万元，余194万元，如该欠款能一次兑付，其改制费用解决一大半，倘若不能兑付，商场改制将无法进行。二是请县政府帮助借款。三是商场第二轮租赁后的部分租赁费。

以上报告当否，请批示。

附：江宁商场关于企业改制的请示。

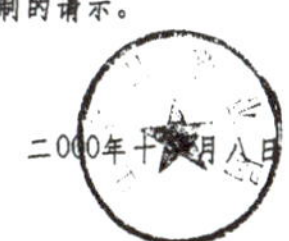

二000年十[illegible]月八日

▲关于江宁商场企业改制的报告

禄口、横溪等地建成了商场。

随着人民生活条件的逐步提升，商场已渐渐不能满足所有人的购物需求，于是商业街开始慢慢步入人们的视野中。2001年，第一条商业街——东山步行街建成并运营。步行街前身为东山“二马路”，是一条狭窄的旧商铺路。改造后，这条路集休闲娱乐、饮食、购物等功能于一体，同时被命名为南京市“旅游观光购物街”。随着城市化进程加快，结合旧城改造，江宁加快商业街区建设。在建设中重视商业街区特色定位品牌建设，最大限度增强商业竞争力，提升城市商业品位，并处理好商业街区建设与交通的关系。

到了2007年，江宁已经先后建成10条商业街区：金宝市场、东山步行街、竹山路电子文化一条街、胜太路商业一条街、中国女人街、同曦鸣城、南京义乌小商品城、温州商业街、黄金海岸广场和潭桥商业街。2007年3月，江宁经济技术开发区投资8000万元，对胜太路进行改造出新。6千米长干道双层沥青铺设，总面积6万平方米人行彩色地砖铺设，4.7万平方米沿街立面墙体美化改造。改造后路面宽敞畅通，街貌焕然一新，店面店铺崭新亮丽，墙壁地面整齐划一，夜晚霓虹灯流光溢彩，呈现出现代化商业街的繁华热闹。

昔日的江宁商场作为这片土地上的商业初啼，见证了江宁人民对品质生活的初步探索与渴望。而今，它已悄然融入更为宏大的商业版图之中，四周崛起的是一片片繁华的商业街区，它们如同雨后春笋般涌现，每一步扩建与升级，都是江宁人民对美好生活不懈追求与热烈向往的生动注脚。这些新兴的商业街区不仅极大地提升了江宁的城市商业品位，更如同万花筒般，为市民呈现了一个色彩斑斓、琳琅满目的世界。

江宁大学城："双向奔赴"的美好

小　档

1994年，江宁县修订江宁开发区规划时绘制"高教区"的蓝图。1996年3月，南京航空航天大学与江宁县人民政府签署了《共建南京航空航天大学江宁学院协议书》，江宁大学城的建设真正拉开序幕。2002年，江宁大学城正式成立。大学城的崛起，不仅给江宁带来了源源不断的人才，也大大提高了江宁开发区的品位，促进了"空巷经济"和第三产业的发展。

谈起江宁大学城，相信本地人都不陌生，江宁大学城地处方山，环境优美，名校荟萃，具有浓厚的人文气息，是众多学子的"摇篮"。家长们一聊起未来，多少都希望孩子能在大学城读个大学，离家近，交通便利，设施齐全，环境好。每当提起江宁大学城，老百姓脸上总是洋溢着自豪与喜悦的笑容，不仅是因为自己家在大学城读书的孩子，也因为大学城给周围市民的生活带来了实实在在的变化。江宁大学城是如何诞生？哪所高校率先入驻大学城的？这篇文章或许能给你答案。

1994年，江宁县政府高瞻远瞩，为了探索“科、教、研、产”一体化发展路子，在修订开发区规划时就绘制了“高校区”的宏伟蓝图，在经济技术开发区建大学城，这属全国首创，一场关于未来与希望的播种悄然开始。这片曾经古韵悠长、山水相依的土地，被赋予了新的使命——成为科教兴县、创新驱动的发源地。为了实施国家教委“211”工程，需要选择“第二校址”，江宁县领导抓住这一契机，数十次登门洽谈，宣传县开发区的投资环境和区位优势，引起在宁高校的兴趣。与此同时，省教委委托工程咨询中心组织专家论证，经过深入细致的调查研究，最终决定在江宁开发区建设大学城。

1996年3月，南京航空航天大学与江宁县人民政府签署了《共建南京航空航天大学江宁学院协议书》，积极探索高等学校和地方政府联合办学途径，进一步实施科教兴县战略，积极开拓所需人才培养的新渠道，主要培养四年制本科各类专业高级人才。双方协议规定，到2010年，该院将为我县定向培养电子、机械、英语、经济类等本科生1500名，成人高等教育毕业生500名。这一协议，不仅标志着江宁大学城建设的启航，更开启了高校与地方政府联合办学的新篇章。与此同时，金陵职大、河海大学、中国药科大学也紧步南航后尘，纷纷派员入“城”考察。1996年6月18日，南京航空航天大学与江宁县人民政府共同在县经济技术开发区破土动工，大学城的建设真正拉开了序幕。

0051

南京航空航天大学　　江宁县人民政府

共建南京航空航天大学江宁学院

协 议 书

一九九六年三月

0052

南京航空航天大学　　江宁县人民政府

共建南京航空航天大学江宁学院协议书

南京航空航天大学（简称南航）和江宁县人民政府（简称江宁县），根据《中国教育改革和发展纲要》关于深化高等教育改革的精神和江宁县围绕南京禄口国际机场发展空港经济的需要，积极探索高等学校和地方政府联合办学的途径，进一步实施科教兴县的战略，积极开拓所需人才培养的新渠道，经协商，双方就联合共建南航江宁学院（简称江宁学院）达成如下协议：

一、江宁学院的性质、体制

南航江宁学院为南航和江宁县联合共建、共同领导的南航大二级学院，学院建在江宁经济技术开发区环境优美的教科文区。挂牌“南京航空航天大学江宁学院”。

学院成立董事会，实行董事会领导下的院长负责制。董事会确定学院建设和发展中的重大问题。

二、办学规模和培养目标、专业设置

主要培养四年制本科各类专业高级人才。九五期末在校人数达2000～3000人，最大规模5000～6000人。

15年内，由南航为江宁县定向培养电子、机械、英语、经济等类本科生1500名左右，成人高等教育学员500名左右。培养费按有关规定执行。每年的培养人数和专业，将根据江宁县经济、

0053

社会发展的需要，由江宁县提出，双方协商确定。

三、经费

江宁县为新建学院征地500亩（每亩地价3.5万元），可视学院建设进程分期到位，第一期用地200亩，作为江宁县共建投入。学院教学、科研实验、行政等设施建设，主要由南航投入。产权归投入方所有。

学院的建设服从开发区建设的总体规划，开发区教科文区制定规划要为学院长远发展留有余地。

后勤服务实行社会化，由江宁开发区服务公司承担，所需投资经费主要由服务公司解决，南航可预垫部分经费。

四、招生、教学及其管理工作

招生工作由南航统一进行，江宁县教育主管部门参与招生工作。

教学计划由南航负责，日常教学及其管理工作由学院教务部门安排。

江宁县提供部分实习基地。

五、组织机构

学院董事会由双方领导人为主组成，设董事长一名，由南航校长（或书记）担任；副董事长由江宁县领导担任；董事会成员若干名，人员由双方协商组成。

学院设院长一名、副院长若干名；院长经董事会商议由南航委派；副院长人选经董事会讨论后任命。

0054

学院党组织隶属南航党委，专职干部由南航委派。

六、成人高等教育是江宁学院高级人才培养重要组成部分。学院成人高等教育纳入南航继续教育学院统一管理。

七、南航充分发挥在教育和科技方面的优势，积极主动为江宁县建设提供服务。

八、本协议未尽事宜，由双方协商解决。根据本协议原则精神，由双方协商拟定若干实施细则，经董事会审定后实施。

本协议经省教委批准后生效。协议书文本一式六份，双方各两份，报省教委一份，存公证处一份。

南京航空航天大学

代表签字：朱剑英

江宁县人民政府

代表签字：庞顺根

一九九六年三月　　日

▲共建南京航空航天大学江宁学院协议书

▲南京（江宁）大学城签字仪式

2002年，江宁大学城正式建立，并在各方努力下逐渐壮大。从最初的南京航空航天大学，到后来的东南大学、河海大学、中国药科大学等17所名校相继入驻，这里已成为名副其实的"名校荟萃之地"。大学城的崛起，不仅为江宁带来了宝贵的人才资源，更以其独特的文化魅力，促进了周边经济的全面发展。为进一步融入城市发展，机场高速、将军路、宁溧路等多条主干道

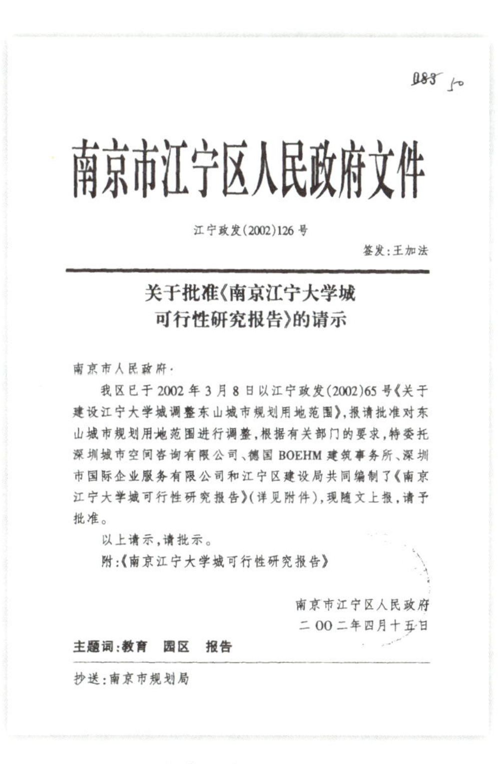

南京市江宁区人民政府文件

江宁政发(2002)126号

签发：王加法

关于批准《南京江宁大学城可行性研究报告》的请示

南京市人民政府：

我区已于2002年3月8日以江宁政发(2002)65号《关于建设江宁大学城调整东山城市规划用地范围》，报请批准对东山城市规划用地范围进行调整，根据有关部门的要求，特委托深圳城市空间咨询有限公司、德国BOEHM建筑事务所、深圳市国际企业服务有限公司和江宁区建设局共同编制了《南京江宁大学城可行性研究报告》（详见附件），现随文上报，请予批准。

以上请示，请批示。

附：《南京江宁大学城可行性研究报告》

南京市江宁区人民政府

二〇〇二年四月十五日

主题词：教育　园区　报告

抄送：南京市规划局

▲关于批准《南京江宁大学城可行性研究报告》的请示

▲江宁大学城风貌

直通城区，10余条公交路线直通各校门口，宁杭高速穿城而过，不仅给来自全国各地的学子提供便利，还让市民们过上了方便舒适的生活。

校因地兴，地因校强，以地树人，以人旺地，江宁大学城与驻区高校“双向奔赴”的美好局面在这里不断上演。大学城不但为莘莘学子保驾护航，还让江宁老百姓的生活更加丰富多彩，为江宁注入了新鲜活力，增添了无穷后劲。因此，当问及家长自家小孩在哪儿上大学时，总能听见他们自豪地说：“江宁大学城！”

江宁图书馆：七十载始终为你打开一扇门

小　档

在《面向农村，开门办馆、为政治为生产服务》中写道，江宁图书馆于1953年5月1日创馆，馆名为江苏省江宁图书馆；1957年更名为江宁县图书馆；1986年初，搬入图书馆大楼至今。从20世纪90年代每年购入1000余册书到2017年投入900万元的购书经费；从人工操作到完全智能化；从自己“要”经费到主动“给”；从“等”读者上门到图书馆“走”出去，江宁图书馆发生了很大的变化。

书香浸润童年，阅读点亮人生。人们都说，上帝关上了一扇窗，就会打开一扇门，而阅读就是通向知识的门。图书馆是收集、整理、收藏图书资料以供人阅览、参考的机构，具有保存人类文化遗产、开发信息资源、参与社会教育等职能。一座图书馆蕴藏着城市的梦想，耕耘着文明的沃土，同时也承载着历史的文脉。江宁图书馆自建成之后初心不改，七十光阴，守护书香，它的存续和发展见证并储存了大量有关江宁人学习及工作的时代记忆。

5

江宁县图书馆工作情况介绍

一、本县位于南京东南，距南京9公里。地势有山有平原。人口48万，全县共有19个人民公社。耕地面积120万亩。矿产丰富，有铁矿、铜矿、煤矿等，农作物盛产稻麦。几年来，在党的正确领导和广大干部的积极努力下，各项工作都取得了辉煌成就。特别是总路线宣传以后，广大干部干劲冲天，工农业生产飞跃发展。今年粮食总产量达　　斤，比去年增长　。在中央提出抓钢铁以后，本县钢铁生产也是飞快发展。真是"高炉与森林比密，铁水与秦淮河争长。"随着工农业生产的突飞猛进，文教事业也有了迅速发展。全县已有大学2所，中等专技2所，普通中学14所，农业中学87所，小学638所，基本上普及了中小学教育。今年8月又实现了无盲县。全县有文化馆20个，文化站（俱乐部）1318个，电影队8个，有线广播15个，公社图书馆七个，工厂企业图书室34个，学校图书室37个，以上图书馆室基本上都能围绕生产和中心工作开展多种多样的图书活动。

本馆建于1953年4月，馆址在距此20多公里的秣陵关。建馆时仅购买了4千多册通俗读物，后逐月逐年累计至现在藏书已达七万五千八百多册，其中精装书3800多册，普通书3万多册，通俗书1万8千多册，连环画2万2千多册。全馆现有工作人员5人。

二、图书为读者服务，做了哪些工作。

1.把书送给工人、农民：满足工人需要把书送给机械厂、印刷厂、化肥厂，使图书在工人中间流通，使图书更大限度地为工人群众服务，并帮助解决300些生产上的问题。如，化肥厂原来只借些连环画，后了解他们要搞土化肥的就主动借给他们一些有关化肥方面的书籍，他们看了以后说："这书真好，解决了我们在土化肥制造中的一些困难，增加了这方面知识"等。

农业在全县来看还是主要的，所以如何满足农民需要是开展图书工作重要的关键性问题。全县原有图书室148个，由于没有很好抓住辅导，有很多已失去了联系，但是大跃进也给图书工作的开展带来了很多有利条件，现有图书室除失去联系的以外，尚有132个。在馆附近根据农民需要，建立了15个借书小组，使图书围绕生产广泛地在农村流通，达到"图书钻出头，农民看了直点头。"

2.扩大图书流通，为更多读者服务：

与本镇服务性行业都建立了借书关系，把书送到招待所、旅馆、理发店、医院、浴室、车站，使更多的读者都能看到图书馆的图书。一致反映都很好，如医院内图书管理员反映说："图书帮助我与病员之间的关系改变了，有些病员对我说，你们真好，不但为我们治病，还帮助我们消除病时的寂寞与增加知识"。理发店的服务员反映说"图书帮助我们开展了六满意运动，顾客看到了以后，可以安下心来看书，不再争吵了。"

3.钢铁元帅升帐，图书工作跟上：

大搞钢铁以来，我们认识到图书工作必须尽一切努力来更好地为钢铁元帅服务。我馆先后与秣陵钢铁基地（现已停）、东山人民公社炼铁厂、江宁炼铁厂、江宁县矿山开采指挥部等厂矿建立了借书关系。当东山人民公社炼铁厂初建时，土法炼铁不出铁，我们就主动找了八本土法冶炼方面的书籍送给他们去看，后来反映说"这些书对我们启示很大。江宁炼铁厂借了书回去以后，在工人中广泛深入地开展了工作，当工人们看了青年英雄的故事以后，鼓足了干劲，决心向英雄学习，在炼铁炉旁争英雄，有些通俗的炼铁知识被选为同学徒训练的参考资料。总之，我们在为钢铁元帅服务工作上真正达到了"那里建厂，图书工作就在那里紧紧跟上"。

4.发展个别外借读者，满足读者需要：

为了帮助读者找到心爱的图书，我馆广泛地发展个别外借读者。现有外借读者1702名，其中有工人也有农民，还有干部、学生、居民等。读者的发展工作我们是先申请后领证，但备有证明的是随登随领证。有些临时到此工作，可以凭身份证明借阅图书。对离馆较远的读者还可以通过邮寄借到图书。另外在借书时间上也给以一定的照顾，如有些同志下去搞中心工作不可能回来，有时一回来又有其它中心，所以借书的时间往往超过几个月，但我们根据情况后，仍旧可以借书给他。不在开放时间内，有特殊情况者我们也便利他们进行借书。由此来看，借书处是做到多方面便利读者，为读者服务。

5.要扩大图书流通，必须结合中心开展图书宣传工作：

从建馆到现在都能利用图书紧紧地围绕生产与中心开展深入广泛的宣传活动。例如在互助合作运动中，我们向农民推荐了"怎样办农业生产合作社""农业生产合作社会计手册"等书帮助农民解决了怎走组织起来的道路问题。又如为了防止农村阶级分化，使农民从十字路口走到社会主义这方面来，我们讲了李准作的"不能走那条路"农民听了以后对阶级分化的危害性体会很深。结合义务兵役制的宣传，在农村图书室讲了"光荣妈妈""走上光荣岗位"使青年人认识到应该怎样入伍服兵役及部队生活情况，都愉快一切顾虑，快快乐乐的去服役。另外为社主任讲"水稻栽培技术"，使群众对增加生产提高了信心等等，使图书工作直接为促进互助合作运动，促进生产的进展起了一定的作用。

在正风反右斗争阶段，我们展出了反右漫画，并推荐了毛主席、邓小平等关于正风文件，帮助大家进一步认清右派分子的丑恶面貌，对右派开展无情的斗争。为配合农业生产大跃进，我们在借书处、阅览室，利用黑板报、大字报等形式推荐了农业书籍，受到了机关干部及农业社干部的热烈欢迎，纷纷要求借这方面书籍。"农业技术问答"一书，馆藏15册，借阅一空，并有不少读者预约该书。推荐了"红日""林海雪原""深沉""百炼成钢"等文学作品也深受欢迎。宣传总路线时，把这方面小演唱本陈列於阅览室，并在借书处向读者作口头宣传，即有很多读者抄写回去进行演唱，也有很多读者到借书处借阅。结合机关学习我馆编印了"打破法权思想"剪报材料及批判"南斯拉夫反动纲领"的索引。11月7日是苏联10月社会主义革命节，我们把有关苏联方面的资料陈列于借书处，即有很多读者借回去阅读。只要这些宣传活动是结合中心，结合生产的定会受到读者欢迎。

在紧张的复收复种中，我馆向工人同志讲了"中国工人斗争运动史"要求工人同志通过讲座，发扬工人阶级优良传统，积极支援农业，投入复收复种中去。

6.走出馆门，面向全县，开展辅导：

在为政治服务为生产服务的工作上不但馆本身进行了一系列工作，同时也辅导农村图书室开展了这项工作。我馆先后开办了五次图书管理员训练班，以此为动力，更广泛的在农村开展了图书工作。在建室过程中与区县委、文化馆、站等有关单位进行协作，如我馆与县委共同制定了"关于对农村图书室优秀管理员奖励办法"与文化馆、站在建俱乐部的同时也把图书室建起来。目前对原有的和新建的农村图书馆、室是采取重点辅导，树出样板，推动全面的办法。我们先后帮助陶吴、汤山、湖熟、大胜、长江、秣陵等公社建立了七个图书馆。图书管理员都是公社物色的，大都是初中文化程度，热爱图书愿意为大家服务。对图书管理员业务辅导我们是采取个别辅导与集中培训相结合的办法。馆内同志到那里即辅导到那里，有条件的就把那一片的图书管理员召集起来集中训练。对原有图书室也是这样。如馆内同志到原和平乡新桥社图书室去时，即召开了读者会议，座谈了本社内如何开展图书活动以及讲了"大家应该怎样读书"以后，读者都很高兴。目前全县图书馆、室的活动情况良好，有些图书工作开展得比较深入广泛，如陶吴、汤山公社图书馆都与各生产大队发生了借书关系，有些已基本上达到社有图书馆，队有图书室，生产队有图书组的图书网，并积极帮助读者解决问题。如陶吴公社图书馆帮助该领干部饶干斋同志学习了"大搞抽水车引机的经验"改进了原来支、力点的相差（不在同一直线上）和长短等，提高了工效。所以说要使图书工作开展良好，必须进行深入的辅导。

三、几点体会：

▲江宁县图书馆工作情况介绍

江宁县图书馆建馆于1953年5月1日，馆址位于秣陵镇。建馆时馆内仅购入了4000多册通俗读物，至1956年前后，藏书已达75800多册，其中线装书3800多册，普通书30000多册，通俗书18000多册，连环画22000多册。在这一时期，江宁县响应中央号召，大搞生产，全县上下干劲十足，图书馆的工作也围绕服务生产展开。图书馆主动把书送到机械厂、印刷厂、化肥厂，使图书在工人间流通；在馆舍附近根据农民需要，建立借书小组，达到“图书到田头，农民看了直点头”的效果。除此之外，为进一步扩大图书流通的范围，江宁县图书馆还与钢铁基地以及包括招待所、旅馆、理发店、浴室等在内的服务性行业建立了借书关系，紧紧围绕服务生产不断扩大自身的服务范围。

江宁县图书馆在各级党政部门关怀、支持下，于1986年3月重建了一座图书馆大楼，面积2775平方米，连同宿舍等其他用房总面积3400多平方米，其规模居全国县级图书馆之首。馆内藏书达30万册，设有成人外借处、自学室、普通图书阅览室、期刊阅览室、参考阅览室和少儿借阅室。在这一阶段，江宁县图书馆以三个“一流”（一流的馆舍必须有一流的管理和一流的服务质量）为宗旨，不断扩大服务领域、改革服务方式，延长开放时间，简化借阅手续，主动“送书下乡”，建立图书流通站、书刊借阅点；努力开发信息资源，编印期刊有针对性地为江宁县的经济建设提供了信息资讯；联网成片，与工会、学校、乡镇图书馆紧密联系、馆际互通，实现图书服务以点带面、以面

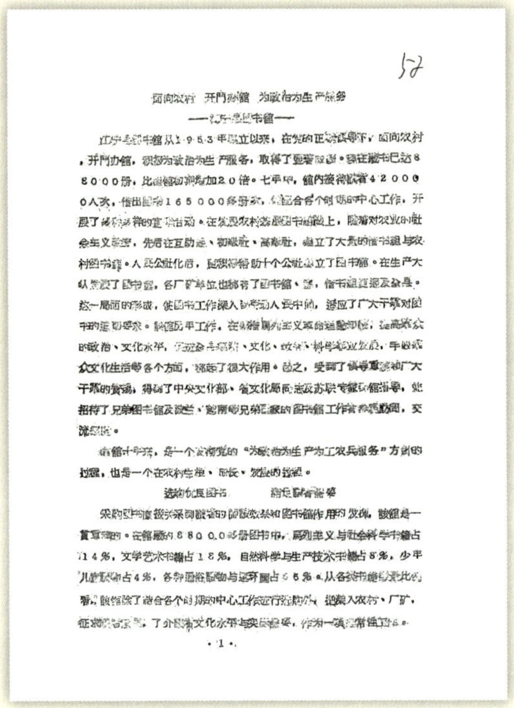

面向农村　开门办馆　为政治为生产服务

——江宁县图书馆——

江宁县图书馆从1953年成立以来，在党的正确领导下，面向农村，开门办馆，积极为政治为生产服务，取得了显著成绩。现在藏书已达88000册，比建馆初期增加20倍。七年中，馆内接待读者420000人次，借出图书165000多册次，配合各个时期的中心工作，开展了多种多样的宣传活动。在发展农村基层图书组织上，随着对农业的社会主义改造，先后在互助组、初级社、高级社，建立了大量的借书组与农村图书室。人民公社化后，又积极帮助十个公社建立了图书馆。在生产大队建立了图书室，各厂矿单位也都有了图书馆、室，借书组遍及各地。这一局面的形成，使图书工作深入到劳动人民中间，适应了广大干群对图书的迫切要求。该馆几年工作，在贯彻共产主义革命的宣传教育中，提高群众的政治、文化水平，促进各项生产、文化、教育、科学事业发展，丰富群众文化生活等各个方面，都起了很大作用。总之，受到了领导重视和广大干群的赞扬，得到了中央文化部、省文化局同志及苏联专家来馆指导，并招待了兄弟图书馆及读者、越南等兄弟国家的图书馆工作者来馆参观访问，交流经验。

本馆十年来，是一个贯彻党的"为政治为生产为工农兵服务"方针的过程，也是一个在农村生根、成长、发展的过程。

选购优良图书　满足读者需要

采购图书直接关系到读者的阅读效果和图书馆作用的发挥，该馆是一贯重视的。在馆藏的88000多册图书中，马列主义与社会科学书籍占14%，文学艺术书籍占18%，自然科学与生产技术书籍占8%，少年儿童读物占4%，各种通俗读物与连环画占56%。从各类书籍的比例看，该馆除了配合各个时期的中心工作进行选购外，还深入农村、厂矿，征求读者意见，了解读者文化水平与实际需要，作为一项经常性工作。

·1·

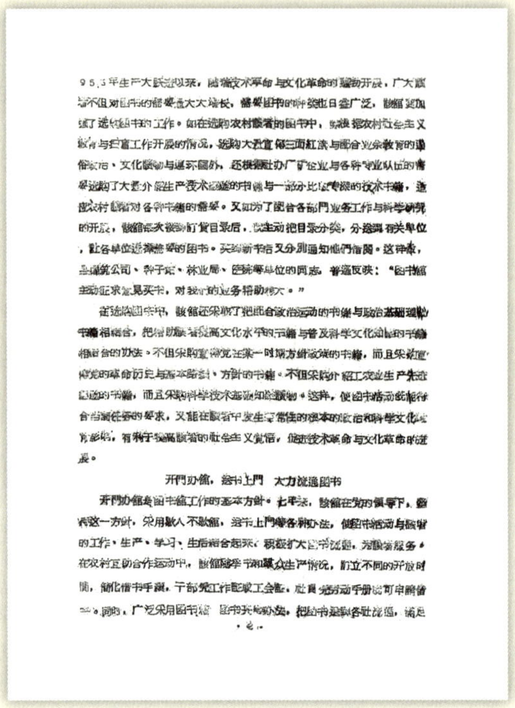

958年生产大跃进以来，随着技术革命与文化革命的蓬勃开展，广大读者不但对图书的需要量大大增长，需要图书的种类也日益广泛，该馆更加强了选购图书的工作。如在选购农村读者的图书中，就根据农村社会主义教育与宣传工作开展的情况，选购大量宣传三面红旗与配合业余教育的通俗读物、文化课本与连环图外，还根据社办厂矿企业与各种专业队伍的需要选购了大量介绍生产技术经验的书籍与一部分比较专深的技术书籍，适应农村读者对各种书籍的需要。又如为了配合各部门业务工作与科学研究的开展，该馆每次接到订货目录后，就主动把目录分类，分送到有关单位，让各单位选择需要的图书。买到新书后又分别通知他们借阅。这样做，县建筑公司、种子站、林业局、医院等单位的同志，普遍反映："图书馆主动征求意见买书，对我们的业务帮助很大。"

在选购图书中，该馆还采取了把配合政治运动的书籍与政治基础理论书籍相结合，把帮助读者提高文化水平的书籍与普及科学文化知识的书籍相结合的办法。不但采购宣传党在某一时期方针政策的书籍，而且采购宣传党的革命历史与基本路线、方针的书籍。不但采购介绍工农业生产先进经验的书籍，而且采购科学技术基础知识读物。这样，使图书活动既能符合当前任务的要求，又能在读者中发生经常性的根本的政治和科学文化教育影响，有利于提高读者的社会主义觉悟，促进技术革命与文化革命的进展。

开门办馆，送书上门　大力流通图书

开门办馆是图书馆工作的基本方针。七年来，该馆在党的领导下，贯彻这一方针，采用歇人不歇馆，送书上门等各种办法，使图书活动与读者的工作、生产、学习、生活结合起来，积极扩大图书流通，为读者服务。在农村互助合作运动中，该馆随季节和群众生产情况，订立不同的开放时间，简化借书手续，干部凭工作证或工会证，社员凭劳动手册就可申请借书。同时，广泛采用图书箱、图书站等办法，把图书送到各社流通，满足

·2·

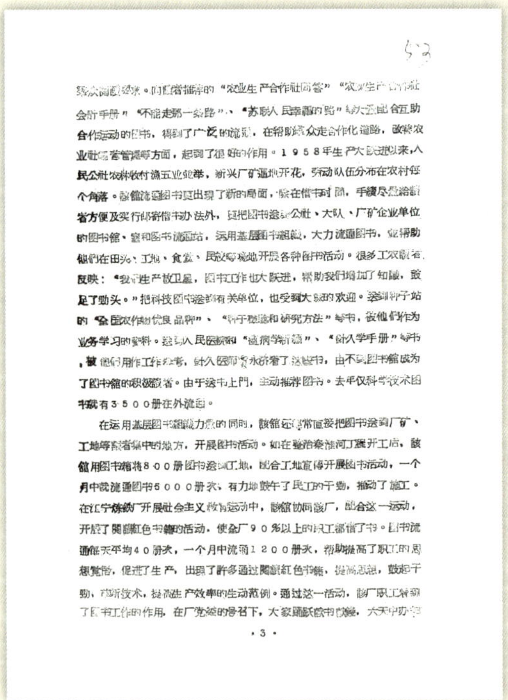

群众阅读需求。同时推荐的"农业生产合作社问答""农业生产合作社会计手册""不能走那一条路"、"苏联人民幸福的路"等大量配合互助合作运动的图书，得到了广泛的流通，在帮助群众走合作化道路，改善农业社经营管理等方面，起到了很好的作用。1958年生产大跃进以来，人民公社农林牧付渔五业并举，新兴厂矿遍地开花，劳动队伍分布在农村每个角落。该馆流通图书又出现了新的局面，除在借书时间、手续尽量给读者方便及实行邮寄借书办法外，还把图书送到公社、大队、厂矿企业单位的图书馆、室和图书流通站，运用基层图书组织，大力流通图书，并帮助他们在田头、工地、食堂、民校等场地开展各种图书活动。很多工农读者反映："我们生产放卫星，图书工作也大跃进，帮助我们增加了知识，鼓足了劲头。"把科技图书送到有关单位，也受到大家的欢迎。送到种子站的"全国农作物优良品种"、"种子检验和研究方法"等书，被他们作为业务学习的资料。送到人民医院的"温病学新编"、"针灸学手册"等书，被他们用作工作参考，针灸医师常常借阅了这些书，由不到图书馆成为了图书馆的积极读者。由于送书上门，主动推荐图书。去年仅科学技术图书就有3500册在外流通。

在运用基层图书组织力量的同时，该馆还经常直接把图书送到厂矿、工地等读者集中的地方，开展图书活动。如在整治秦淮河工程开工后，该馆用图书箱将800册图书送到工地，配合工地宣传开展图书活动，一个月中就流通图书5000册次，有力地鼓舞了民工的干劲，推动了施工。在江宁炼铁厂开展社会主义教育运动中，该馆协同该厂，配合这一运动，开展了阅读红色书籍的活动，使全厂90%以上的职工都借了书。图书流通每天平均40册次，一个月中流通1200册次，帮助提高了职工的思想觉悟，促进了生产，出现了许多通过阅读红色书籍，提高思想，鼓起干劲，革新技术，提高生产效率的生动范例。通过这一活动，该厂职工体会到了图书工作的作用，在厂党委的号召下，大家踊跃献书捐款，六天中办起

·3·

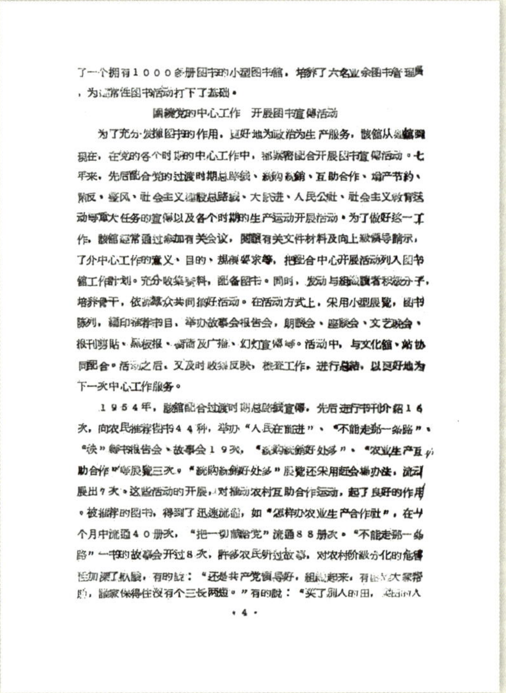

了一个拥有1000多册图书的小型图书馆，培养了六名业余图书管理员，为经常性图书活动打下了基础。

围绕党的中心工作　开展图书宣传活动

为了充分发挥图书的作用，更好地为政治为生产服务，该馆从建馆到现在，在党的各个时期的中心工作中，都紧密配合开展图书宣传活动。七年来，先后配合党的过渡时期总路线、统购统销、互助合作、增产节约、肃反、整风、社会主义建设总路线、大跃进、人民公社、社会主义教育运动等重大任务的宣传以及各个时期的生产运动开展活动。为了做好这一工作，该馆经常通过参加有关会议，阅读有关文件材料及向上级领导请示，了解中心工作的意义、目的、规模要求等，把配合中心开展活动列入图书馆工作计划。充分收集资料，配备图书。同时，发动与组织读者积极分子，培养骨干，依靠群众共同搞好活动。在活动方式上，采用小型展览，图书陈列，编印推荐书目，举办故事会报告会，朗读会、座谈会、文艺晚会、报刊剪贴、黑板报、评论及广播、幻灯宣传等。活动中，与文化馆、站协同配合。活动之后，又及时收集反映，检查工作，进行总结，以更好地为下一次中心工作服务。

1954年，该馆配合过渡时期总路线宣传，先后进行书刊介绍16次，向农民推荐图书44种，举办"人民在前进"、"不能走那一条路"、"铁"等书报告会、故事会19次，"统购统销好处多"、"农业生产互助合作"等展览三次。"统购统销好处多"展览还采用赶会场办法，流动展出7次。这些活动的开展，对推动农村互助合作运动，起了良好的作用。被推荐的图书，得到了迅速流通，如"怎样办农业生产合作社"，在4个月中流通40册次，"把一切献给党"流通88册次。"不能走那一条路"一书的故事会开过8次，许多农民听过故事，对农村阶级分化的危害性加深了认识，有的说："还是共产党领导好，组织起来，有困难大家帮助，谁家保得住没有个三长两短。"有的说："买了别人的田，[illegible]人

·4·

▲面向农村、开门办馆、为政治为生产服务

促点。

2001年以来，区政府先后下拨专项经费用于图书馆设施环境的改造，图书馆读书环境有了极大的改观，文化资源的采购和引进逐年增加，服务日益完善，自动化的建设也具有了一定的规模。图书馆服务工作仍旧坚持为城乡经济建设服务，有针对性地开发馆藏文献资料，热情接待来馆查阅资料的单位和个人，进一步加大为村镇、街道、社区服务的力度，经常举办各种社会宣传和阅读辅导活动，如“江宁之春”群众文化节、“读书状元”评选、“咏江宁”诗歌散文朗诵表演竞赛等。在促进自身工作不断规范化、科学化的同时，江宁图书馆用丰富的资源、优质的服务切实将自身打造成了江宁的又一特色名片。

70年风雨同行，从铅与火、光与电到数与网，从纸质借阅卡到实体借阅证，再到虚拟电子证，江宁人的阅读方式日益便捷高效；从馆舍阅读到服务触角延伸，阅读的光芒如同漫天星光；从垂髫少年到白发花甲，江宁图书馆始终为人们打开通向知识的大门，陪伴一代代人书海泛舟，筑梦前行。

湖熟板鸭：千千万万只鸭子“走出”江宁

小　档

1982年，江宁县计划委员会发布《关于建立“南京湖熟板鸭厂”的批复》，同意建立“南京湖熟板鸭厂”。湖熟板鸭历史悠久，颇负盛名。20世纪80—90年代，湖熟镇办企业筹建扩建至10多个湖熟板鸭一条龙生产厂家，出现一批养鸭专业户；21世纪以来，湖熟鸭产品加工企业最多时达25家，每年出栏180万只鸭子，加工达800多万只；2007年，湖熟板鸭以南京板鸭、盐水鸭制作工艺被江苏省列入首批江苏省非物质文化遗产名录。

提到南京的美食，相信大家一定会想到“鸭子”，正如那些玩笑话——“无鸭不成席”“三天不吃鸭，走路脚打滑”“在南京，没有一只鸭子能游过长江”……可见南京人对这一美食的喜爱。但您知道吗？“板鸭香四方，湖熟是故乡。江宁玉鸭绝清香，海碗盛来金箔光。”湖熟板鸭是江宁负有盛名的传统美食，有着深厚的历史渊源，曾经确实是有千千万万只鸭子“走出”了江宁。

湖熟板鸭，始创明朝，名盛清初。全国闻名的“南京

湖　熟　板　鸭

板鸭，是湖熟久负盛名的特产。据上元江宁两县乡土志记载：“湖熟板鸭以十旬肥美可食，杀而去其毛，生鬻诸市，谓之水晶鸭；举叉火炙，皮红不焦，谓之烧鸭；涂酱于肤，煮使味透，谓之酱鸭；而皆不及盐水鸭之为上品，淡而脂肥而不浓，冬至则盐渍日久，呼为板鸭，远方人喜购之，以为馈献市肆”。“操是役者，半系回回人”。

上溯湖熟板鸭历史，传说不一①。

湖熟古时是湖荡地区（后来围湖成田②，成为现在的白米、周岗、东阳等圩田），有丰富的鱼、虾、螺、贝等自然活饲料，有利于家鸭的饲养。当地群众，很早就有在冬腊月腌制咸肉、咸鸭等过冬的习俗。明朝以来，有回民迁居湖熟，他们仿汉人习俗，也腌制咸鸭。但他们在腌制过程中，不断改进，提高腌制技术，逐步形成了具有皮白肉嫩，油而不腻、香酥可口等独特风味的“白油板鸭”。这种板鸭，先是畅销南京（例如南京过去有几家著名的板鸭店，象仓巷的韩复兴、东牌楼的老宝兴和中华门外的马祥兴等，不少货源都来自湖熟）。并在南京生产、开店销售，外地人纷纷购买，称之为“南京板鸭”。继而远销大江南北，并成官宦、富户人情应酬的馈赠礼品，称为“官礼板鸭”③。清代，南京板鸭列为贡品，由地方官进贡皇室，故又名“贡鸭”。1910年，在南京召开的南洋劝业会上，南京板鸭荣获一等奖，从此，更加蜚声海外。

随着板鸭生产的兴起和发展，湖熟本地饲养的家鸭，不能满足需要，鸭源不足，则从皖北运漕、涉泽及苏北等地购进生鸭。板鸭店把购来的鸭子，按大小、雌雄分为三级，选择一级肥大的喂养半个月左右，宰杀腌制（农历七月初开始，这时是盐水鸭，随制随卖），二、三级的中、小鸭，则在秦淮河沿岸，租用新收割的稻田，建立鸭棚，专请老师傅继续放养，每棚鸭子多的达千余只，边养边拣肥大的宰杀。湖熟早年曾有几家驰名的“油坊”板鸭店，如春华楼，何聚园、岳阳楼、马宏兴、马宏源等，他们每

1.

家都有鸭棚，多的达十二、三棚，放鸭范围，远达句容、溧水县境。这时稻田里不但有收割时遗漏的稻穗稻粒，还有蚱蜢、蚯蚓等活食，所以经过放养的鸭子，可以长得特肥。秋种开始后，再把剩余的鸭子收回圈养，喂以稻谷，小雪开始宰杀，腌制板鸭。据老师傅说，喂稻的鸭子制成的板鸭，即使在天气回暖时溶化流油，也还能保持皮肉的白嫩，所以称做“白油板鸭”。而喂糠的鸭子，则会干瘪变色。

湖熟板鸭的宰杀，技术精湛。刀口很小。杀鸭师傅在脱掉大毛拔尽小毛，经过水浸后，在鸭腋下开一个寸余长的小口子，从中掏出内脏，外表看来，体形完整。腌制技术是做好板鸭的关键。湖熟板鸭用的是经过熬制的陈年老卤，掌握盐度，配以各种香料，下卤一、二天即起卤上钩晾干，直到取下时，板鸭腔脐不弯，即所谓“直脖”，这就是标准的湖熟板鸭。不但营养丰富，而且色、香、味俱佳。

蒸煮板鸭的方法比较讲究。煮制前先用温水洗净表面皮层，在温水里浸泡三个小时以上，以减咸度，使鸭肉回软。煮制时，用回香一粒，葱一根，姜三片从翅膀下开口处塞入肚内，用一根长约六公分空心管插入鸭肛门半截，使汤汁在煮时能内外对流。将锅内水烧开，后将鸭放入锅内，使水浸过鸭体，并将水从开口处充分灌入肚内，停火保温，盖严锅盖，在水温85℃左右中焖40分钟，并将肚汤更换一次，把鸭翻身。这时再将水烧至95℃（即小沸），停火再焖10—20分钟即起锅。煮熟的鸭子须待完全冷却后方可切成薄片，以免流失油卤，影响口味。如将生板鸭切下一块，再切成薄片放在饭锅内蒸熟，这样吃味口也很好。

板鸭是冬令滋补和宴会的佳肴。从春天开始，湖熟就有鲜嫩的油鸡、盐水鸭应市，端午节前后，更有皮红不焦、色、香、味、形俱佳的烧鹅、烧鸭出售，是端午节的“五红”之一；秋天，湖熟上市的有传统的桂花鸭，这时，用新荷叶包裹的桂花鸭肉，更加清香味美。此外，鸭子的副产品鸭肫干，也是一种佳肴，很早就有人大批收购制作，远销到港澳。鸭子的胰脏经过烹调，名叫“美人肝”，是一道珍贵的名菜。就连鸭翅脚，也是下酒

2.

佳品

解放初，湖熟板鸭生产仍兴旺发达，年加工22万多只，远销广州、汉口、港澳等地。全镇还有春华楼、何聚园等八家板鸭店。后来，由于极左路线的干扰，板鸭生产逐渐下降，年产量只有几千只。党的十一届三中全会以后，根据城乡广大群众的迫切要求，一九八一年由镇投资90万元，兴建了可年产50万只的湖熟板鸭厂。有冷藏、脱毛、晾晒等设备场地，当年产量就达15万只。同时，湖熟食品站，清真寺卤菜店、焦迹小吃部，各饭店及个体户都加工生产，全镇板鸭生产共达30万只。先后在本县东山、摄山一镇及句容等地开设了门市部。市、县两级领导，对恢复和发展这一历史悠久的名特产，大力支持。一九八四年，在南京建邺区新华路开设了一特板鸭店，日销售量400只左右，最多时达1000只，还不能满足市场需要。又在南京华东工学院、丁山宾馆、双门楼宾馆、晨光机械厂设了四个批发点，并与江苏饭店、江苏酒家、南京人民商场等大、中企业保持了业务关系。还通过外贸部门签订了50吨鹅、鸭出口合同，打入港澳市场。八四年一年，共生产了40多万只板鸭和盐水鸭销售市场，上仍供不应求。除此以外，还应本省及邻省产鸭地区的要求，八四年下半年，派出技术人员到淮安、泗云、大丰、溧水及安徽嘉山、宣城等县，发展放场饲养，就地宰杀，就地加工的板鸭生产基地，扩大板鸭生产，产量达23万只。

随着板鸭生产的飞跃发展，为了解决鸭源不足的问题，镇人民政府对饲养鹅鸭的重点户，专业户，采取一系列的鼓励措施，如收购确定保护价许上不许下；对养鸭户给予贷款，供应饲料；对售鹅鸭多的户，给予补助（每只补助2—3角）等。已在本镇发展了三百个专业户。另外还在本县各乡镇以及安徽、浙江、山东、河南等省订购肥鸭。

与此同时，还实行板鸭生产的综合利用④。全镇六个板鸭加工厂、店和数十个农民联合体、个体户，根据不同节令，生产板鸭、盐水鸭、烤鹅、烤鸭，桂花鸭、琵琶鸭、水晶鸭等系列产品，新速鸭肠、鸭四件、鸭心肝

3

等也分别加工成美味食品。

湖熟板鸭，不仅是湖熟居民招待宾客、馈赠亲友必不可少的佳品，外地来宾及在外地工作回家探亲的湖熟人，临行时也必定要买一、二只湖熟板鸭，作为珍品带回。

注：①一种传说：五、六百年以前，湖熟是一片白浪滔天的大湖，芦苇长得很深，北方有一户回民，兄弟二人逃荒到此落脚，见湖上有很多野鸭，靠打野鸭为生。接着又养家鸭来卖，先是卖活鸭，后来又把鸭子杀掉，吹干晾透，整放扎扎，再用盐水煮，滚水烫，制成板鸭。这种板鸭，一刀切开，骨缝肉红，香味扑鼻，食之可口，上市时人们争相购买。后来很快传到金陵，城里人都下乡来买，兄弟二人就讲板开店，做板鸭生意。另一种传说：据《玄武湖志》引跋吴均《齐春秋》载，板鸭始于六朝，当时两军对垒，作战激烈，尤略厨及饭熟食，合炊米煮鸭，用荷叶裹之，以为军粮，称“荷叶裹鸭”，即为最早的板鸭。

②传说明朝有个管农田水利的官员叫陈明瑞，在这里围湖成田。后人为了纪念他，在湖熟水北建有程公祠，现该祠已毁。

③还有南京烤鸭也源出南京湖熟板鸭的说法。清明朝初年，朱洪武定都南京，喜食板鸭。后来御厨师对蒸煮板鸭的方法作了改进，用炭火烤熟，味更鲜美，吃法也随之改进。朱棣迁都北京，烤鸭也带去作为御用食品，后传到宫外，遂成为中外闻名的“北京烤鸭”。

④1985年湖熟镇按照“贸工农”一条龙的要求，除组织板鸭饲养、加工、销售系列化生产经营外，还以提高经济效益为中心，充分利用鹅鸭资源发展深度加工，向系列化方向发展。正在兴建年加工能力达[illegible]羽级服装的羽绒加工厂和羽绒服装厂，85年底将建成投产。还计划分期兴办混合饲养加工厂，羽毛球厂、生化制药厂、罐头食品包装厂等。

江宁县《湖熟镇志》办公室
一九八五年十月廿日

▲《湖熟板鸭》

江苏省江宁县计划委员会（批复）

（82）宁计字第12号

★

关于建立“南京湖熟板鸭厂”的批复

湖熟公社管委会：

据南京市宁工字（1981）413号文件精神，同意建立“南京湖熟板鸭厂”，刻制公章一枚，向工商管理部门领取营业执照。

望你们抓紧建厂，加强管理，组织好原料加工，恢复南京板鸭传统产品的生产，支援出口，繁荣市场。

江宁县计划委员会
一九八二年三月一日

抄报：市计委

抄送：县政府办公室、农办、工办、财办、社队局、公安局、财政局、工商局、农行、湖熟营业所

▲关于建立“南京湖熟板鸭厂”的批复

板鸭”就起源于江宁湖熟地区。该地在数百年制鸭的过程中，不断提高腌制技术，逐步做出了具有皮白肉嫩、油而不腻、香酥可口等独特风味的“白油板鸭”，因而蜚声全国。中华人民共和国成立以后，湖熟板鸭的发展规模进一步扩大。新中国成立初期，湖熟镇有8家板鸭店，板鸭生产比较发达，年加工量达20余万只，还远销汉口、广州、港澳等地。党的十一届三中全会以后，为恢复各地名优特产品，湖熟镇于1979年建起了板鸭厂，全年生产能力可达100万只，并使板鸭成功走出国门、打入东南亚和日本市场，成为世界级驰名品牌。1981年8月11

日，《人民日报》海外版在第三版“地方名特产”栏目中向海外人民介绍了江苏七大名特产，而第一个介绍的便是南京板鸭。文章写道：“南京板鸭起源于江宁县的湖熟镇。早在明清时期就驰名中外。在清代，南京板鸭被列为朝廷贡品，故又名‘贡鸭’。当年乾隆皇帝吃了南京板鸭，连声夸奖，称它为‘南国色香味俱佳’。宣统年间，南京板鸭曾被选送到南洋劝业会展览，获金质奖。南京板鸭的特点是肉质细嫩，回味返甜，食之肥而不腻。故南京板鸭被列为菜肴珍品。”

087

湖熟板鸭产加销一条龙简况

湖熟镇以生产制作风味独特的白油板鸭而闻名，近十年来由板鸭生产带动全镇经济发展，使湖熟镇名列江苏百家名镇之行列。

在湖熟镇政府的统一领导下，目前已形成种鸭、炕孵、饲养、饲料加工、收购、板鸭生产、罐头生产、生化羽绒、羽绒服装、羽毛球等一系列的生产体系，以板鸭生产为龙头，使贸工农三业都出现了蓬勃生机。

1992年8月，湖熟镇成立了以板鸭厂为核心的“南京湖熟板鸭集团公司”，1993年公司总产值已超亿元，利税超百万元，公司注册资金3000万元（其中固定资产2000万元），共有干部职工2000多人，下属企业27个，其中主要企业经营情况如下：

1、板鸭厂　1993年产值1800万元，利税70万元，在南京、北京、苏州、武汉都设有销售点，在县境内就有十个销售点，除内销外，还出口日本、美国、俄罗斯等国，每年仅在南京销售的板鸭、盐水鸭就有600万只（包括联营厂）。

2、南京第三羽绒服装厂　年加工羽绒1000T、生产

—1—

088

羽绒服20万件，年产值1500万元，利税50万元。

3、羽毛球厂　年生产羽毛球30万打，年产值600万元，利税30万元。

4、综合饲料加工厂　年生产各种饲料1500T，加工大米20万T，年产值1200万元，利税60万元。

5、友谊包装厂　年产值300万元，利税20万元。

6、种鸭场　年生产苗鸭20万只、生产肉鸭10万余只，产值500万元、利税30万元。

在板鸭集团公司的带动下，全镇兴起板鸭生产热，许多国营、集体单位也组织了板鸭生产加工业务、板鸭厂还和外地组织横向联营，使板鸭生产这项事业在其它省份也开展起来。

在板鸭生产的带动下，也使湖熟地区养鸭业逐步发展起来，1993年湖熟镇肉鸭饲养量已达到22.17万只，其中年饲养量超万只的专业户就有3户、5000只以上的就有17户，并带动附近乡镇发展了养鸭业，据统计1993年江宁县秦淮河沿岸的11个乡镇肉鸭饲养量已超过100万只。

—2—

▲湖熟板鸭产加销一条龙简况

湖熟板鸭之所以能历经百年而不衰，除了其腌制技术的不断传承与精进，同时也离不开上下游企业的发展与支持。特别是在改革开放以后，江宁先后成立了禄口水产协会和湖熟养鸭协会，主要负责研究养鱼、养鸭技术，推广先进经验，开展技术培训和咨询及提供市场信息，为湖熟板鸭行业的发展提供了协调产、供、销等方面的服务。湖熟粮管所也主动为专业户提供帮助，以高效高质的鸭饲料生产提升了整个行业的经济效益。此外，为进一步延长产业链条，发挥集聚效应，江宁还成立了县羽绒厂，利用板鸭厂的鸭毛加工生产羽绒服、羽绒被、羽绒枕等系列产品，切实摆活了湖熟板鸭生产一条龙的“尾巴”。

无论是身处本地还是他乡，收到一只印有湖熟戳记的板鸭，或者每逢节日宴桌上端上这一名产佳肴时，相信你一定会睹物生情，一股浓浓的乡情油然而生。一个人的脚步无论走得有多远，那来自家乡的味道熟悉而悠长，就像一条纽带，一头锁定了千里之外的游子，另一头则牵绊着记忆深处的故乡，因为这是独属于江宁的生活记忆。

江宁金箔：流光一瞬，华表千年

小 档

在《再现金箔光辉的人》中提到的南京金箔工艺始于东晋，至今已经有一千六百多年的历史。新中国成立后，南京金箔得到迅猛发展，远销世界各国。2006年5月20日，南京金箔锻制技艺经中华人民共和国国务院批准列入第一批国家级非物质文化遗产名录。江宁金箔厂建立于1955年，1993年改制为南京金箔集团，是中国最大的真金箔生产基地，世界五大真金箔生产中心之一，中国烟草配套材料重点生产基地。

非遗作为“活化石”，是历史发展的见证，它记录了独属于我们中华民族的精神气质与美好愿景。以技艺为联结，让美穿越千年，我们方能通过今天的一针一线、一敲一打、一字一句、一笔一画，了解历史的大概样貌与其相应的时代对话。江宁就有这么一项非遗技艺，可谓匠心独具、巧夺天工。

金箔，有着薄如蝉翼、厚薄均匀、经久不变色的特性和纯正黄金的质感，被称为“中华一绝”。北京故宫、南京总统府、莫斯科克里姆林宫、泰国皇宫等世界著名建筑，均有它的“点睛”装饰。在公元前1122年至前211年的周代，金就已经被用作青铜的镶嵌物，镀金镀银器已经开始流行。到中国六朝时期（公元3世纪初至6世纪末），佛教盛行，“佛要金装”，江宁的营防、花园乡一带，也因此逐渐成了“金箔之乡”。江宁作为我国金箔生产的重要发源地，已有近2000年的历史。过去，在营防、花园乡，几乎家家都有小作坊，许多人家祖祖辈辈以打箔为生。在明清时期，这里就为宫廷提供金箔。相传东晋葛仙翁（葛洪）是金箔锻制的始祖，打金箔户一直流传着“仙家造金箔”的传说。2006年，南京金箔锻制技艺被录入首批国家级非物质文化遗产名录，江宁区更被国务院授权、中国黄金协会授牌正式命名为“中国金箔城”。

江宁金箔锻制技艺传承了中国古代传统的冶炼、打制等多种技艺，主要归纳为十二道工序，分别为黄金配比、化金条、拍叶、做捻子、落金开子、沾捻子、打开子、装家生、炕炕、打了戏、出具、切箔。传统方式中的“打了戏”是金箔锻制技艺中难度最大、最辛苦的一道工序，也是技术含量要求最高的一道工序。一整块厚厚的金疙瘩经过匠人们上下手数万次锤打，才变成薄如蝉翼、软似绸缎的金箔，九百多张金箔叠在一起的厚度仅约一毫米，用“薄如蝉翼”都不足以形容。在制作过程中，即使盛夏酷暑也得门窗紧闭，走路呼吸都得微细均匀，因为只要有一丝微风或一口大气，金箔就会被带得凌空而起。

江宁金箔厂作为本地最大的金箔生产厂商，成立于

再现金箔光辉的人

——　记省劳模、南京金箔集团总裁江宝全

人人都知道南京是六朝古都，但是许多人并不一定知道比古都还早的江宁金箔，人人都知道南京栖霞山有一个古寺，但是许多人并不一定知道古寺佛像的金身是江宁金箔贴裹，人人都知道北京故宫是我们文明古国的象征，但是许多人并不一定知道其中金銮宝殿是江宁金箔为其增辉添色。

1983年底，江宁金箔厂来了一个人，他带来了一只大喇叭，将江宁金箔叫喊得家喻户晓，全国名扬。他带来了一些法宝，使昔日的手工作坊变成闻名于海内外的企业集团。他，就是南京金箔（集团）公司总裁、江苏省劳模江宝全—— 一个使金箔光辉再现的人。

他受命于危难之际，接管了一个负债180多万元的小厂，却夸下海口：“不创金牌的厂长我不干！”

巍峨的紫金山麓，秀丽的扬子江畔，1955年，一家并不引人注目的小厂 —— 江宁金箔锦线生产合作社于花园乡宣告成立，旨在挖掘、光大传统工艺。然事与愿违，其前景并不象所在地地名那般美丽。这个曾伴中国佛教文化闪耀了几千年光辉的“皇家产品”，不仅没有给创造它的人带来辉煌，其自身的光芒也日渐暗淡。

人为的和自然的灾难使其每况愈下。

文革期间，金箔成了“四旧”，一片“砸烂孔家店”、

.·· 049

“破旧立新”的口号叫得家业无存，金箔无光。

1983年，一场罕见的洪水吞没了该厂。金箔濒临绝地。

人祸天灾，使金箔厂在1955年至1983年的28年间，十多任厂长苦心经营，终是回天无力。

不能让金箔古艺在我们这一代绝迹。上级果断决定迁址县城重建。

绝处求生，谁来担此大梁？使命虽光荣，但这样一个固定资产只有38万元，年工业总产值仅175万元，而欠债却达197万元的烂摊子，许多人只能望而却步。此时，原县化肥厂党委委员、政工科长江宝全临危受命。主管领导深知该厂积重难返，虽相当重视，却不存奢望，仅仅指望江宝全能养活400名职工，两年还还债务，就算是好领导了，“死马当作活马医吧！”而江宝全却拍着胸脯说：“这算什么好领导，不创金牌的厂长我不干！”大有“力拔山兮气盖世，壮士一去兮不复还”的味道。

1987年，南京在全国称第一的产品寥若晨星，江宁金箔独领风骚；1992年，南京产值亿元企业仅四十余家，江宁金箔厂竟金榜题名；1995年，金箔集团凭实绩被评为国家工艺美术行业大型企业。

理想和幻想，设想和瞎想的主要区别就在于其实现度。目标悬得再高，还得看结果。江宝全这支开了弓不回头的“箭”铁了心要“穿透”这块高悬的目标。

第一步，休养生息。正象一个久病的患者不能大动大补，江宝全走马上任后没有烧“三把火”，其实当时的金箔厂也确已无物可“烧”了，光赖以生产生存的乌金纸—— 打箔

- 2 -

的关键工具 —— 仅剩下了几十付；打箔工人年龄老化，青黄难接；在广泛的群众调查和虚心向老领导、老艺人学习基础上，他决定放弃抓产量，图产值的虚名，而是砸下三块结结实实的基石，为今后的发展奠基铺路。

一、借资10多万元，培养乌金纸600多付。

二、借资40多万元，培养特种金箔艺人120多名。

三、改进工艺流程，制订工艺标准，广泛采用《金箔工艺流程及质量检测标准》建立跟踪操作卡，以确保质量过硬。

伴随着贷款奠基、摸清家底、制定新的工艺生产制度的艰难过程，他付出的代价是刻骨铭心的。但一份耕耘一份收获，金箔厂当年竟奇迹般地出现了生机。

然而积重难返的根源还要采取第二步，大动干戈。不“斗争”就不能进步。一年的休养生息使现有生产走上正规，江宝全开始“放火”，《一九八五年全面改革意见》使金箔厂以崭新的姿态出现，一举成为江宁县改革开放的排头兵。

一、化整为零，分而治之。成立十个车间两个公司两个队，初步实施“总厂管宏观发展，分厂抓现有生产”的战略。确立总厂与分厂之间、分厂与分厂之间，人财物、责权利的“五大关系”。

二、推行联产计酬的计件工资制和联利计奖的奖惩办法。

三、实行干部能上能下，职工论才是用，关系严格控制的用人制度。

四、实施单独核算，自负盈亏，统一帐号，内部本票结算。

这几把火，烧得金箔厂热气腾腾。

还有第三步，完善发展，稳步提高。1987年正式成立江

- 3 -

宁金箔总厂，金箔厂终于步入稳步发展，不断走向壮大的良性轨道，其中“五统一、五分开”的体制成为后来者效仿的一种模式。而后，1992年年初推出的《进一步改革开放十五条措施》再次使金箔厂名噪石城，金箔厂从而被誉为改革开放的“实验田”。改革的步子越迈越大，措施越来越多，办法越来越完善。“岗位法规”、“鱼塘理论”、“抢喜糖理论”、“球场淘汰制”等等，形成了奇妙的“金箔现象”，频频被社会各界人士采访追踪，称道推崇。

功到自然成。1987年，江宁金箔荣获南京市唯一的一块国家质量最高荣誉奖金质奖；1990年、1993年李鹏、荣毅仁亲临金箔厂视察题词；1995年金箔生产引进具有国际水平打箔技术，产品进入欧美市场；1996年金箔集团上交税利1200万元，成为江宁县利税上交第一名，产值突破4亿元；十多年来，每年均以40%的速度递增，固定资产从38万元猛增到1亿元，职工人数从400人上升到3000人，产品从3个开发到30多个，规模从2个车间发展到内外100多个分厂……一连串的数字无不写照着金箔厂励精图治的足印和战绩，也体现着江宝全这个带头人的聪明智慧。

他不愿做“太平官”，勇于闯禁区。他说：“有争议的人才可能是不平凡的人，有争议的事业才可能是伟大的事业。”

金箔厂出名了，江宝全出名了。有说江宝全因金箔厂而出名，也有说金箔厂因江宝全而出名，这正如先有鸡蛋还是先有鸡，是个缠绕不清的问题。而江宝全以大胆而出名则是众口一辞的。“人怕出名猪怕壮，树大招风惹是非”，江宝全不怕。“有争议的人才可能是不平凡的人，有争议的事业

▲《再现金箔光辉的人——记省劳模、南京金箔集团总裁江宝全》

1955年。改革开放后，金箔厂积极顺应时代潮流，于1993年改制为南京金箔集团，生产的“金陵牌”金箔产品产量占全国金箔总产量70%以上，并销往日本、美国、意大利、西班牙等30多个国家和地区。“金陵牌”金箔1987年荣获国家金质奖，厂长江宝全更是立志要干到金牌厂长。在做大做强金陵金箔的基础上，金箔集团不断开发出各种金箔深加工产品——“宝玉”牌金箔贴金工艺品、金箔饰品、金箔书、金箔画等系列产品，古有“对镜贴花黄”，现在金箔更是广泛地用于化妆品；古有金丹神药，现在金箔也大量地用于中成药的制作；将昔日只能为皇宫佛寺专用的金箔真正带到寻常百姓家。

▲打金箔

流光一瞬，华表千年。金箔，因信仰而生，经千锤百炼，以自身之绚烂，镀他人之金身。在匠人的巧手下，真金也可以变得轻盈如纸，柔软如水，造型百变。只因匠人们坚信，传承的不仅是技术，更是文化记忆；创新的不仅是工艺，更是时代精神。

方山大鼓：敲出幸福生活最强音

小 档

1999年，《方山鼓舞》获得“喜迎澳门回归”江苏省广场舞蹈民间鼓乐大赛二等奖。方山大鼓因为开始流行于南京市江宁县方山乡一带而得名，又因以模拟麻雀蹦跳为主要动作，故又名“麻雀蹦”。相传明末时由河南移民带来，太平天国时期是“麻雀蹦”发展的鼎盛期。《天朝田亩制度》使农民有了土地，大家每年秋收后跳“麻雀蹦”以庆丰收。而舞蹈中所摆的阵势，也与太平军作战时的某些阵法相似。大锣大鼓在舞蹈中既是道具，又是伴奏乐器。2007年，方山大鼓被列入江苏省第一批非物质文化遗产名录和南京市第一批非物质文化遗产名录，对于研究民间传统文化、保护非物质文化遗产有着非常重要的价值。

几百年来，一种模仿麻雀蹦跳、边鼓边舞的民间鼓舞——方山大鼓一直在江宁方山脚下的陶家庄世代相传。鼓声生生不息，响彻八方，敲出了江宁人民渴望美好、追求幸福的时代最强音。

方山大鼓相传是清末年间江宁方山陶家庄的贫穷农民为表达太平军给他们带来安定生活的喜悦心情，参照秋收后麻雀在稻场上欢蹦啄食的情态编制的舞蹈。新中国成立前，每年三月初一，陶家庄派出16人的队伍：锣、鼓各8面，相间排列，敲敲打打到方山大庙祈福，祈求新的一年风调雨顺、五谷丰登。初二、初三还在村里敲打两天。周围的村庄在陶家庄之后，轮番祈福，村村献舞，一直要持续到三月十九。演出过程中，鼓声紧张、连续、调和，节奏有长有短，有快有慢，演员们熟练地挥舞鼓槌，鼓声铿锵有力，整个舞蹈充分表现了农民的朴实健壮，使人看了感到舒畅愉快，振奋心胸。然而，战火连绵，方山大鼓濒于失传。

在江宁获得解放后，县文化部门几经挖掘整理，使这一门几乎失传的民间艺术恢复起来了，农民在反霸、土改庆翻身的时候，又兴奋地舞起了“麻雀蹦”。这一民间艺术也得到了党的重视和提倡，曾多次参加省、市的文艺表演。同时，江宁县文化局以及部分南京市舞蹈专家还对方山大鼓的舞蹈进行了优化和改进，进一步增加了舞蹈的规模和动感，使其更加欢快也更加形象。改进后的方山大鼓舞蹈共有29人表演，有大鼓、铜锣各12面，及一顶华盖和4杆标旗。演员表演时，可以不断变化出梯形、菱形、三角形等多种队形，锣鼓齐鸣，变化多端。经过改进的方山大鼓曾多次被邀请到无锡、镇江、上海等地参加群众文艺会演，不少专业文工团还慕名前来江宁学习。

江 苏 省 文 化 厅

苏文社（1999）第 64 号

★

关于“喜迎澳门回归”江苏省广场舞蹈民间鼓乐大赛评奖结果的通知

各市文化局：

由省文化厅主办的“喜迎澳门回归”江苏省广场舞蹈民间鼓乐大赛于 11 月 27 日在南京隆重举行。来自全省 12 个市的 16 支表演队一千多人参加了演出，一展我省广场舞蹈民间鼓乐的风采。参赛的 16 个节目，在继承传统的基础上，充分挖掘地域文化，抓住特色大做文章，并运用各种艺术手段，大胆创新，使群众喜闻乐见的民间表演艺术焕发出新的光彩，展现了江苏大地璀璨的传统文化和古老精美的民间艺术。这些节目以不同的形式和风格，抒发了华夏儿女对澳门回归祖国的喜悦之情。经评委会认真评选，共评出特别奖一个，一等奖三个，二等奖 6 个，三等奖 6 个。

广场舞蹈民间鼓乐这种艺术形式，是群众文化特有的一种为广大群众所喜闻乐见的艺术。希望各地继续认真抓好这项活动，并在编创表演上不断有所发展，使这支传统的艺术奇葩开放得更加艳丽夺目。

附件：“喜迎澳门回归”江苏省广场舞蹈民间鼓乐大赛获奖名单

1999 年 11 月 30 日

抄报：省委办公厅、宣传部，省政府办公厅

抄送：省、市群艺馆

“喜迎澳门回归”江苏省广场舞蹈民间鼓乐大赛获奖名单

特别奖：

广场舞蹈《海安花鼓》　南通市代表队

一等奖：

广场舞蹈《钟山龙腾》（南京市）栖霞区文化馆

广场舞蹈《澳门回归啦》（徐州市）沛县文体局、沛县文化馆、沛县孟坑少林武馆、沛县杜彪武术馆

民间鼓乐《莲花朵朵九九开》（无锡市）南长区谈渡女子锣鼓队、无锡侨谊幼儿园、武警 8721 部队

二等奖：

广场舞蹈《方山鼓舞》（南京市）江宁县方山乡鼓队

广场舞蹈《少儿欢乐腰鼓》（盐城市）盐都县尚庄小学

民间鼓乐《十番锣鼓·元宵》（无锡市）宜兴市满堂红锣鼓队

广场舞蹈《盾牌舞》（无锡市）宜兴市荆溪小学

民间鼓乐《天岗锣鼓·喜庆》（宿迁市）泗洪县天岗湖乡

民间鼓乐《千禧锣鼓》（连云港市）赣榆县文化局
赣榆县殷庄乡政府

三等奖：

广场舞蹈《滚莲湘》（泰州市）江苏双登电源有限公司
姜堰市教师进修学校

广场舞蹈《狮子舞》（苏州市）太仓市新湖镇舞狮队

广场舞蹈《中国龙》（镇江市）句容市文体局

广场舞蹈《天国童子》（常州市）溧阳市西平小学

广场舞蹈《龙腾狮吼》（无锡市）中国人民解放军 83434 部队
江阴市教师进修学校
江阴市辅延小学

广场舞蹈《跑马灯》（扬州市）宝应县黄塍乡

▲关于“喜迎澳门回归”江苏省广场舞蹈民间鼓乐大赛评奖结果的通知

20世纪80年代，江宁文化馆开始着手方山大鼓的保护、传承工作，邀请专家从服装、动作、姿态上对方山大鼓进行一些改变，通过观摩太平军的服装，再结合麻雀的一些特征，定下了现在的服装样式。到了90年代，在多方协调和努力下，方山大鼓队逐渐成为文化馆的一支民间文艺表演队伍，经过改进的方山大鼓也成为各种大型庆典的喜庆鼓。1996年，江宁龙都小学的一名老教师还组织了一支娃娃鼓队。这支娃娃鼓队在当年获得了南京市中华之声鼓乐大赛一等奖、南京市群众文化演出二等奖、江苏省群众文化会演二等奖。

方山大鼓久盛未衰，因为它源于生活，又深深扎根在民间，这种模仿麻雀蹦跳、边鼓边舞的民间鼓舞一直在江宁世代相传。从方山大鼓的盛与衰、荣与辱的变化中，我们看到的是一种冲击贫困、战胜艰难、不断进取的精神，那“嘭、嘭、嘭”的豪迈鼓音，正是江宁民众不可遏抑的心音，愿这激昂的鼓声永不停歇，越敲越响。

▼方山大鼓

南唐二陵：沉睡千年的地下宫殿

小　档

1984年，南京市编制委员会发布《关于建立南唐二陵文物保管所的批复》，同意建立南唐二陵文物保管所。南唐二陵，位于祖堂山南麓，为五代南唐烈祖李昪及其妻宋氏的“钦陵”和世宗李璟及其妻钟氏的“顺陵”，是五代十国时期规模最大的帝王陵墓。钦陵规模较为宏大，陵墓上部有一圆形土墩，长约21.5米，宽10.5米，高5.3米。墓道长19米，墓室分前、中、后三个主室和十个侧室。顺陵全长21.9米，宽10.1米，高5.4米，也分前、中、后三个主室和八个侧室，全部为砖结构，其建筑形制与钦陵大致相仿，但规模略小。经过发掘，南唐二陵共出土遗物近600件，其中以刻字填金的玉质“哀册”最为珍贵，它记录了封建帝后的祭文，也是判定墓主身份的主要依据。1988年1月13日，南唐二陵被中华人民共和国国务院公布为第三批全国重点文物保护单位。

六朝金粉地，金陵帝王州。南京这座承载六朝兴衰

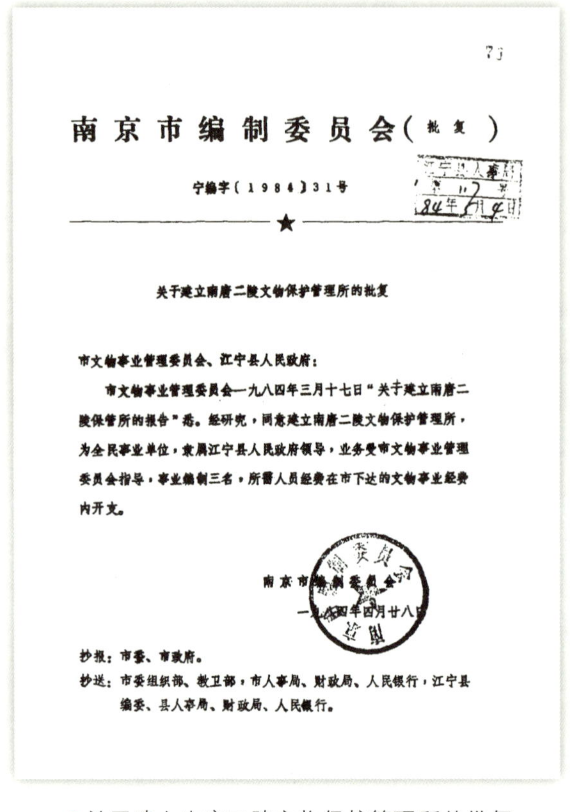

南京市编制委员会（批复）

宁编字〔1984〕31号

关于建立南唐二陵文物保护管理所的批复

市文物事业管理委员会、江宁县人民政府：

市文物事业管理委员会一九八四年三月十七日“关于建立南唐二陵保管所的报告”悉。经研究，同意建立南唐二陵文物保护管理所，为全民事业单位，隶属江宁县人民政府领导，业务受市文物事业管理委员会指导，事业编制三名，所需人员经费在市下达的文物事业经费内开支。

南京市编制委员会

一九八四年四月廿八日

抄报：市委、市政府。

抄送：市委组织部、教卫部，市人事局、财政局、人民银行，江宁县编委、县人事局、财政局、人民银行。

▲关于建立南唐二陵文物保护管理所的批复

的古都，有太多历史、太多故事。提起南京的陵墓，人们自然会想到明孝陵、中山陵。其实，还有一座陵墓，它的热度虽没有前两个高，但地位不容小觑，它就是被称为“江南地下宫殿”的南唐二陵，位于祖堂山南麓，是长江中下游地区已发掘的最大最古老的帝王陵寝。到1984年，南唐二陵文管所建立。

南唐二陵指的是钦陵和顺陵，在此长眠的墓主分别为南唐先主李昪和中主李璟。时光倒退70多年，1950年春，南京的古玩市场上忽然出现了一批造型精美的古代陶俑，据调查，这些陶俑均来自祖堂山的一座巨大古墓。考古队员前往祖堂山，对墓葬进行发掘，墓葬的规模超乎了所有人的想象。考古队员根据墓葬规模以及墓室中散落的玉册，判断陵墓主人正是南唐的开国君主——李昪。李昪陵因建于南唐国势强盛时，故规模较大，是一座名副其实的地下宫殿。前室空间极大，不仅墓室数量多，每个墓室内的装饰也极尽奢华。有关学者在这里发现了国内现存最早的附属在柱枋部分的彩画遗迹，它在建筑史和艺术史上都具有很高的价值。

中室和后室之间有辅道，后室的进口处有石门一重，门楣上横列大型的双龙攫珠的石刻浮雕，下方的左右两侧各置一尊足踩祥云、披甲持剑的石刻浮雕武士像，原像均敷金涂彩。后室的室顶为巨大青石条砌成的叠涩顶，上面绘有彩色的天象图，包括日月星辰。后室地面的青石板上又雕刻着蜿蜒曲折的江河形状，象征着地理图。这种上具天文，下具地理的陵墓内部装饰，是秦始皇陵以来帝王陵寝的装饰传统。时任浙江大学考古研究所所长林留

▲20世纪80年代南唐二陵照片

根表示，这显示了墓主一代帝王的身份，因为非帝王陵墓使用这样的规制是一种僭越。

在李昪陵的发掘结束之后，考古队员在李昪陵旁边又发现了一座规模庞大的陵墓。根据墓葬后室出土哀册上的文字记载，考古队员判断，这座墓葬是南唐中主李璟和他的皇后钟氏的合葬墓。由于早期曾遭多次盗掘，南唐二陵在考古发掘时，哀册已遭损坏，位置和次序也被打乱。哀册亦称“哀策”，是古代册书文体之一，即将哀悼死者的祭文刻或书于玉石木竹之上。行葬礼时，由太史令读后埋于陵中，是举行“遣奠”时所读的最后一篇祭文。经过研究人员的努力复原与解读，南唐二陵出土的哀册不仅帮助考古队员确定了墓葬年代和墓主身份，还帮他们破解了李昪陵的名称和李璟之名两大历史之谜。

回溯历史的长河，隔着千余年的时光，回望南唐，雕栏玉砌应犹在，只是朱颜改。数千年来，多少帝王在人间辗转，荣华富贵转眼成空，唯有传承下来的历史文化不朽，历经山海变迁。

汤山猿人："国宝"发掘记

小　档

1993年4月7日，在《关于为南京汤山葫芦洞古猿人头盖骨发掘人员集体请功并予嘉奖的请示》中提到南京市江宁县汤山镇雷公山上的奥陶纪灰岩溶洞（32° 03′ N，110° 03′ E）内，出土了一具距今约35万年的古人类头骨化石，它长约16厘米，宽13厘米，眉脊硕大粗壮，向两侧突出，左眼眶完整清晰，骨壁比现代人厚得多，与著名的北京猿人相比，有不少相似之处，这一发现立即引起国内外新闻、学术界的轰动。

1993年3月13日，我国科学家首次在江宁县汤山镇的一个石灰岩溶洞里发现一件保存完整的早期人类头骨化石。这是继北京人、蓝田人、元谋人之后，我国古人类研究的又一重大发现，具有十分重要的意义。

1991年，江宁县汤山镇居民在汤山东北角山坡上采石时发现一个溶洞。洞内五彩斑斓的钟乳、奥妙无穷的石块令人目不暇接。然而，发现溶洞的居民没有带回半截钟乳，在他们心中有一句朴素的话语："镇里有指示，发

008

江宁县人民政府文件

江宁政发(1993)61号

签发：庞顺根

关于为南京汤山葫芦洞古猿人头盖骨发掘人员集体请功并予嘉奖的请示

南京市人民政府：

一九九三年三月十三日，江宁县汤山镇葫芦洞清淤人员根据洞内大量动物化石和有人类生活过的痕迹，在有意识清淤寻找过程中，终于发现了古猿人头盖骨、牙齿和骨骼，经有关专家初步认定，此为“距今12.7至40万年之间，完整性好于北京猿人头盖骨”。这一发现，在国内文化界、科学界、新闻界引起巨大轰动，对了解人类发展史和南京地区的历史变迁具有极为重大的考古价值。同时，它的发现增加了南京东郊的旅游景点，进一步丰富了汤山地区的景点内涵，为全县、全市第三产业的发

1

009

展，为南京实现国际化大都市的战略目标提供了十分有利而重要的条件。

鉴于这一发现意义非同寻常，价值十分重大，我们特此为古猿人头盖骨发掘人员集体请功，并请求市政府给予20万元人民币的嘉奖。

以上请示当否，请批示。

附：发掘人员名单

江宁县人民政府

一九九三年四月七日

2

◀关于为南京汤山葫芦洞古猿人头盖骨发掘人员集体请功并予嘉奖的请示

现溶洞要保护好。”情况很快传到村委会，村支书表示要“顾全大局，立即汇报”，当晚镇党委书记电话指示派出所和联防队对溶洞严加看管，镇长亲自下洞核实情况后向县政府、文管会汇报。因为此洞两大厅联袂而生，状似一只巨大的葫芦，便被称作葫芦洞。被邀请来的专家在溶洞内采集到丰富的动物化石，经初步鉴定，这些动物化石有熊、豺、獾等15种。根据洞内动物骨骼零碎有磨制的痕迹，又以食草类动物化石为主的现象，专家提出洞中曾有猿

人居住，可能有猿人遗骸的推断。

为了便于专家进洞考察，汤山镇政府于1992年元月打开洞门，架设铁梯，并提供资金、人员支持。为了找到猿人的遗骸，汤山旅游公司对清洞民工的计酬不搞“承包制”，实行“点工”，即要求他们一点一点地清土，不漏掉每一块骨头。该公司经理曾两次召集民工，宣布悬赏1万元，寻找猿人头盖骨和牙齿。古人云“重赏之下必有勇夫”，这样的“重赏”无疑是激发找“宝”人责任心的最好动力。1993年3月8日，人们从边开放边清理的葫芦洞深处发现一个密封的小溶洞。洞内除了珠光宝气的钟乳、石花，特别惹人注意的是洞顶一大片好似被长期烟熏火燎后留下的“黑糊状”痕迹。据最先入洞的民工反映，进洞时，曾闻到一股浓浓的烟火味……这个奇妙的小溶洞的发现，为几天后顺利找到猿人头骨打开了凯旋之门。

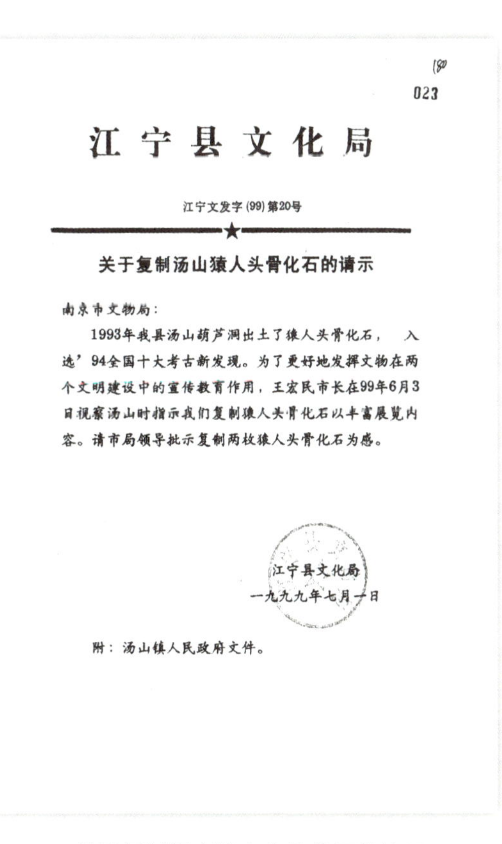

180

023

江宁县文化局

江宁文发字(99)第20号

关于复制汤山猿人头骨化石的请示

南京市文物局：

1993年我县汤山葫芦洞出土了猿人头骨化石，入选’94全国十大考古新发现。为了更好地发挥文物在两个文明建设中的宣传教育作用，王宏民市长在99年6月3日视察汤山时指示我们复制猿人头骨化石以丰富展览内容。请市局领导批示复制两枚猿人头骨化石为感。

江宁县文化局

一九九九年七月一日

附：汤山镇人民政府文件。

▲关于复制汤山猿人头骨化石的请示

一天上午，刚

来到溶洞的民工一镐凿出个骷髅来，便随口说了句“哟，一个骷髅骨”。“骷髅”，一旁掘土的工程队长敏感地应声叫道，“当心，这可能有价值。”一个比较完整的头骨和紧挨着头骨边的几根肢骨被小心翼翼地捧到洞内的安全地带。1993年3月19日，南京古生物研究所的专家来到汤山，他们见到“头骨”时，都激动不已，一致认为很可能是猿人头骨。3月24日，课题组专家根据现场观察和照片分析，确认在汤山“洞中洞”里发现的“头骨”是猿人头骨化石，并根据伴生的动物群化石的年代，初步认定头骨距今12.7万年至50万年。当日，南京古生物研究所随即向南京市人民政府递交了紧急报告，阐明了保护这一猿人头骨的重要性和紧迫性。市政府有关部门领导和专家迅速接收了“国宝”。

“南京猿人”的出土，是我国在旧石器时代考古史方面的又一次重大发现，就其本身而言，无疑是不可多得的文物瑰宝，同时又给古人类学史的研究提供了重要的实物资料。这一发现，证实了长江流域是中华民族的发祥地之一，更印证了江南文明源于江宁汤山。在勘探发掘和保护遗迹的过程中，江宁人民用自己的自觉与热心为“国宝”保驾护航，为江宁又增添了一张重量级的文化名片。

孙中山铜像：来自南京佛光艺术制像厂的贡献

小　档

1995年4月，江宁县计划经济委员会发布《关于成立“南京佛光艺术制像厂”的批复》，同意建立南京佛光艺术制像厂。南京佛光塑造工程有限责任公司与江宁县殷巷乡工业公司，本着自愿平等、互惠互利、互相信任的原则，经过友好协商，充分发挥各自优势，决定组建联营企业——南京佛光艺术制像厂。新厂为集体与有限责任公司联营性质，经济上独立核算，自负盈亏，具有法人资格，执行乡镇企业财务制度，行政归殷巷乡工业公司管理，新厂的地点设在江宁县殷巷乡。经营范围为制作名人铜像、佛像、工艺品铸造、机械加工等。

凡是去过南京新街口的人，都会看到广场中央矗立着一尊孙中山先生铜像，那刚劲挺拔的身躯，坚定不移的神情，深邃有神的目光，即将出行、奔走革命的步态……再现了孙中山先生终结中国两千多年封建帝制，开创民主共和体制，在南京就任中华民国临时大总统时的领袖风采。谈到新街口的孙中山铜像，不得不提的就是位于江宁县殷巷乡的佛光艺术制像厂。

1984年，根据江宁县政府的部署，计划在全县范围内以优势行业、名牌产品为龙头，以规模骨干企业为核心，以资产为纽带，用多种方式组建企业，扩大规模经济。江宁县各乡镇工业企业纷纷响应，开始打破条块分割的旧框框、老体制，以城市为依托，利用自身的优势，开展广联多引：与大专院校、科研单位联合，引进人才和技术；与城市大企业联营，引进新项目、新工艺；与资源丰富地区联营，引进各种原材料；与港澳商联合，引进资金和信息；与有关地区、有关部门联合，引得生意和财源。（即“五联五引”）同时，南京市政府为了搞活经济、促进经济发展、增强产品在市场的竞争力，也鼓励城市企业到乡镇兴办联合企业。

在政策的推动下，1995年3月，南京佛光塑造工程有限责任公司和江宁县殷巷乡工业公司经过友好协商，决定组建联营企业，即南京佛光艺术制像厂。此时，恰逢南京市政府在对新街口广场中心进行治理，计划塑造一座全新的孙中山铜像。南京佛光艺术制像厂主动请缨，联合江苏省化工施工公司及南京市第二建筑工程公司无偿捐赠施工。铜像经由全国著名雕塑家组成的雕塑委员会的集体设计，在全国招标、四轮选拔而产生的一流雕塑家的艰辛创作下，经过两年半时间筹办，上千位市民和近百名专家学者直接参与，大家踊跃献计献策，积极捐钱捐物，最终完成了铜像的制作。

1996年7月9日，“雕评委”在南京佛光艺术制像厂完成了铜像的审核验收工作。铜像为立姿，取孙中山在南京就任中华民国临时大总统时的风姿，着西装领带，外套一件大衣，手持文明棍，目光深邃，平视远方，似“奔走革命，即将出行状”，于步态之中，表现了伟人的风范。这尊具有南京独一无二特色、堪称一流精品的铜像，高5.75米，重6.2吨，加上基台基座总高度为11.12米，意与孙中山先生的诞辰11月12日吻合。同年11月12日，孙中山先生诞辰130周年之际，江

1

江宁县计划经济委员会文件

(1995)宁计经字第102号

关于成立“南京佛光艺术制像厂”的批复

江宁县殷巷工业公司：

你公司报告收悉，经研究，现批复如下：

一、同意你公司(甲方)与南京佛光塑造工程有限责任公司(乙方)联营成立“南京佛光艺术制像厂”。 性质为集体与有限责任公司联营性质，经济上独立核算、自负盈亏，具有法人资格，执行乡镇企业财务制度，行政归口殷巷乡工业公司管理。地点设在江宁县殷巷乡。

二、经营范围：制作名人铜像、佛像、工艺品铸造、机械加工等。

三、联营企业总投资为700万元，其中，甲方投资35 万元，以现有资产作价投入，占总投资5%；乙方投资665万元， 以人民币投入，占总投资95%。双方按投资比例分成利润和承担亏损。

四、有关联营企业的其它事宜按国家、地方有关政策规定和双方协议执行。

接文后，请到工商、税务、银行等部门办理有关登记、开户

2

手续，领取企业法人营业执照，刻制直径四点一厘米公章一枚。

江宁县计划经济委员会
一九九五年四月廿四日

抄送：县工商局、公安局、地方税务局、国家税务局、乡镇局、有关银行、殷巷乡工商所、税务所、营业所、南京佛光塑造工程有限责任公司

▲关于成立“南京佛光艺术制像厂”的批复

苏省暨南京市人民政府及各界人士在这里举行了隆重的孙中山铜像揭幕典礼。

南京佛光艺术制像厂是乡镇工业企业与城市大企业横向联营的结晶，是改革开放以来乡镇工业企业体制改革的成果，它承载着传承与创新的使命，以精湛的工艺铸造了南京新街口广场中央的孙中山铜像，展现了伟人风采。这座铜像不仅是南京的标志性雕塑，更是对孙中山先生伟大贡献的永恒纪念，见证了南京佛光艺术制像厂在铜像制作领域卓越贡献的同时，也是对南京城市文化和历史的重要传承。

江宁报：为人民办报，致敬时代

小　档

1955年12月1日，中共江宁县委员会决定出版《江宁报》，它于1956年3月1日正式创刊，1960年9月中断。1983年2月1日以《江宁致富报》重新试刊（共49期），1983年10月7日起重新复名为《江宁报》，并于1984年1月1日起正式复刊和发表发刊词。2001年1月1日起更名为《江宁日报》，2002年1月1日起更名为《南京日报·江宁版》，2004年1月1日起停刊，同年7月5日江宁日报社撤销。如今的《江宁新闻》（含数字报）只属于内部工作简报。

在网络媒体飞速发展的今天，你还会看报纸吗？本篇要聊的话题就与报纸有关。在网络走进千家万户的生活之前，无论是家国大事，还是街坊逸文，报纸可以说是家家户户不可或缺的重要信息来源，当年的《江宁报》也是这样陪着一代代江宁人走过峥嵘的岁月，感受时代的潮汐起落。

《江宁报》于1956年3月1日创刊，每期8开2版，每周

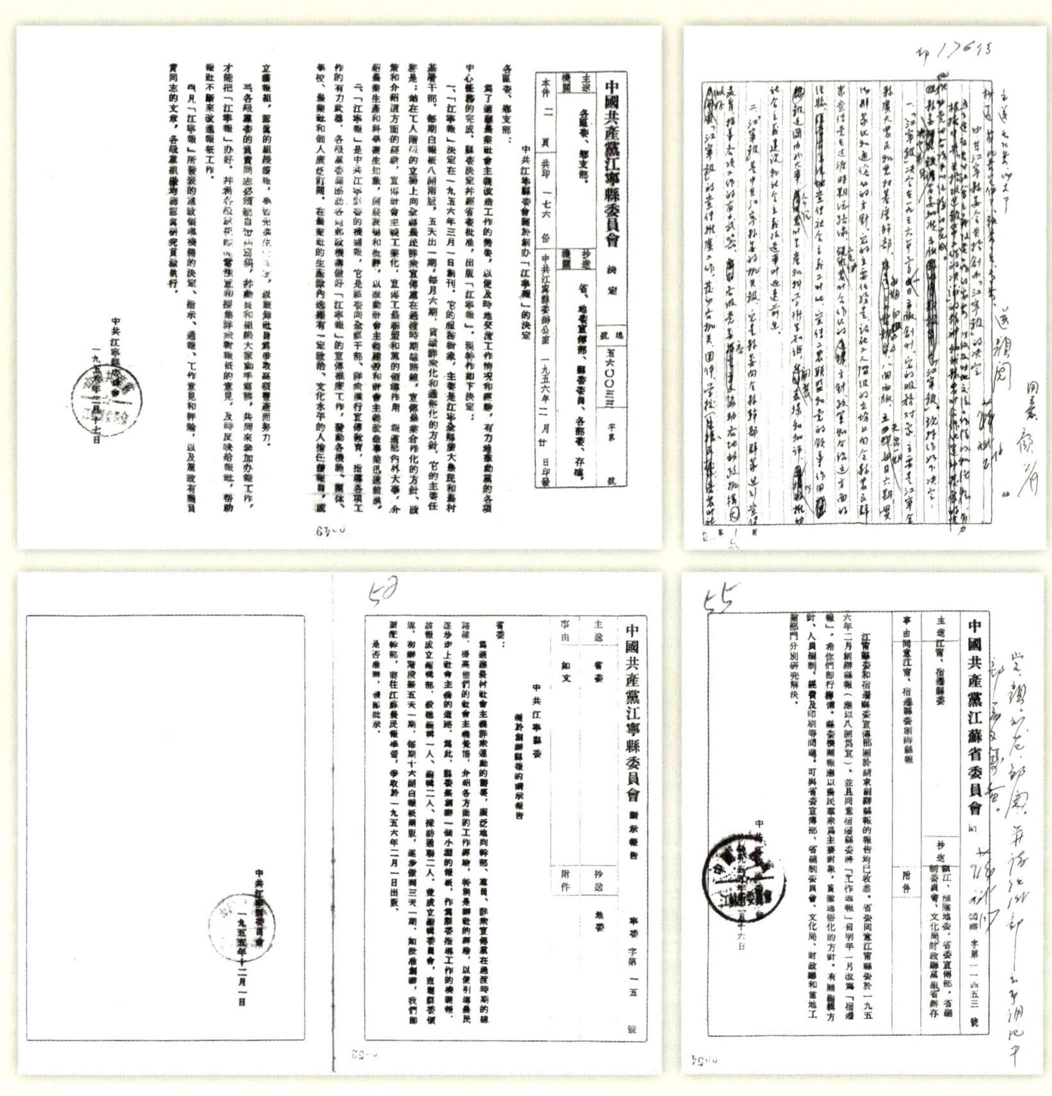

▲创办“江宁报”的决定

一期。创刊之初，它主要面向全县广大农民与农村基层干部，贯彻“群众化”“通俗化”的办报方针，站在工人阶级立场上向大众宣传党的路线方针，报道国内外大事，介绍农业生活和科学生产知识。全县人民无不因江宁终于有了自己的报纸而欢欣鼓舞，纷纷把“办好《江宁报》”作为

江宁报

徐州鉄工廠的職工開展同工种劳動競賽，增產双輪双鏵犁，支援農業合作化和春耕生產。（刘永德攝）

五日出一期	1956年3月1日 創刊号	地址
每張定價二分	今日二版	东山鎮

庆祝全县农业社会主义改造伟大胜利

全縣農業高額丰產社代表会議開幕

本縣農業高額丰產社代表会議已在2月28日開幕了。出席这次会議的有269个高級社主任，246个獲得1955年高額丰產的社的代表和各种生產能手，还有區鄉幹部及有關人員，共計777人。

会議在李縣長致開幕詞後，縣委書記宮志毅同志做了“全面開展高額丰產运動，为完成和超額完成1956年增產任务而奋鬥”的報告。

報告開头講了開展高額丰產运動的重大意义。他說：我們这次会議是在全縣農業合作化高潮的基礎上召開的。我們要把農民走合作化道路的積極性引向新的生產高潮，開展一个規模巨大的大面積高額丰產运動，使農業增產大大地躍進一步，更加有力地支援社会主义工業化，改善農民生活。

報告接着提出1956年的增產任务和具体措施說：1956年全縣要保証糧食總產量達到5億5千5百万斤，每畝平均年產糧食531.1斤，比去年每畝年產糧食426斤增產24.6%。为了達到上述指标，具体措施有：1.合理改变耕作制度，增加複种面積；2.大力兴修水利，減少旱涝災害；3.開闢肥源，增施肥料；4.推廣新式農具，提倡深耕密植，選用良种；5.及時播种，不違農時；6.防止病虫害。

（下轉第二版）

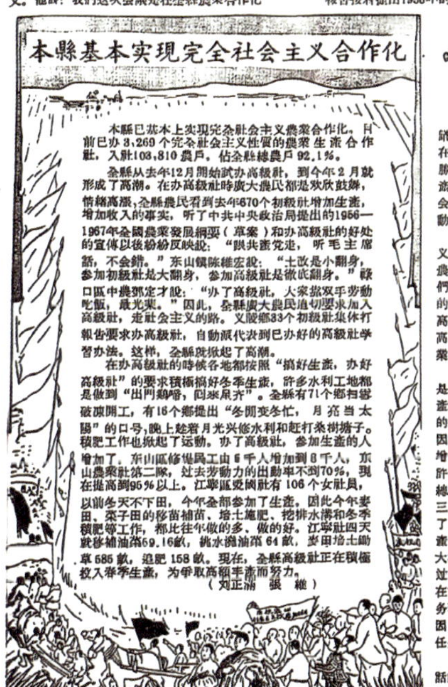

本縣基本实現完全社会主义合作化

本縣已基本上实現完全社会主义農業合作化。目前已办3,269个完全社会主义性質的農業生產合作社，入社103,810農戶，佔全縣總農戶92.1%。

全縣从去年12月開始試办高級社，到今年2月就形成了高潮。在办高級社時廣大農民都是欢欣鼓舞，情緒高漲，全縣農民看到去年670个初級社增加生產，增加收入的事实，听了中共中央政治局提出的1956—1967年全國農業發展綱要（草案）和办高級社的好处的宣傳以後紛紛反映說：“跟共產党走，听毛主席話，不会錯。”东山鎮陈維宏說：“土改是小翻身，參加初級社是大翻身，參加高級社是徹底翻身。”祿口區中農鄧定才說：“办了高級社，大家搞双手劳動吃飯，最光榮。”因此，全縣廣大農民迫切要求加入高級社，走社会主义的路。义陵鄉33个初級社集体打報告要求办高級社，自動派代表到已办好的高級社学習办法。这样，全縣就掀起了高潮。

在办高級社的時候各地都按照“搞好生產，办好高級社”的要求積極搞好冬季生產，許多水利工地都是做到“出門鶏啼，回來星齐”。全縣有71个鄉打皆破旗開工，有16个鄉提出“冬閒变冬忙，月亮当太陽”的口号，晚上趁着月光兴修水利和赶打桑樹塘子。積肥工作也掀起了运動。办了高級社，參加生產的人增加了。东山區修堤民工由6千人增加到8千人，东山農業社第二隊，过去劳動力的出勤率不到70%，現在提高到95%以上。江寧區爱國社有106个女社員，以前冬天不下田，今年全部參加了生產。因此今年麦田、菜子田的移苗補苗、培土施肥、挖排水溝和冬季積肥等工作，都比往年做的多、做的好。江寧社四天就移補油菜69.16畝，挑水澆油菜64畝，麦田培土鋤草685畝，追肥158畝。現在，全縣高級社正在積極投入春季生產，为爭取高額丰產而努力。

（刘正湍 張維）

社論 努力争取大面積高額丰產

全縣的農業高額丰產社代表会議在2月28日召開了。这个会議是在全縣農業社会主义改造獲得重大勝利的基礎上，根據江苏省高額丰產代表会議的精神召開的。这个会議，对於今年全縣的高額丰產运動，意义是很重大的。

全縣已基本上实現完全社会主义農業合作化。全縣已有92.1%的農戶參加了高級社。今天，擺在我們面前的任务，就是在農業合作化的基礎上，在全縣開展大面積農業高額丰產运動，使農業增產大大提高一步，更有力地支援社会主义工業化和改善全縣人民的生活。

1956年，全縣的農業增產任务是5億5千5百万斤，比1955年增產24.6%。这是一个艰巨而又光荣的任务，我們是完全能够完成的，因为：第一，我縣的自然条件好，增產潛力大，第二，全縣已出現了許多高額丰產典型，这次会上初步總結了和交流了丰產的經驗；第三，全縣已經高級合作化了。实現了高級合作化，就進一步解放了生產力，參加劳動的人不但比过去大大增加了，做的活也比过去多，比过去好，过去做不起來的事情，現在能够做起來了，过去完不成的任务現在以同样時間还能大大超过。因此，高級合作化是我們能够完成任务的最主要条件。

目前，“驚蟄”快要到來，俗話說得好：“驚蟄春分雷雨响，家家戶戶春耕忙”，春耕播种迫近了，目前已經是完成增產任务的關鍵時期了，各个農業社应該赶快行動起來，訂好春耕播种計劃，積極做好当前春季生產工作：①爭取夏熟丰收，加强麦子和油菜的田間管理，做好鋤草、施肥、除虫、排水工作。②積極做好春耕播种的準备工作：1.大力開展春季積肥运動；2.認真做好選种、換种工作，準备好足够和適用的种子；3.進一步兴修水利，做好防旱防涝工作。

同時，必須圍繞春季生產，整頓農業社，应抓緊做好以下幾个工作：①建立生產秩序，主要要編好生產隊，分好耕作區，製訂小段生產計劃、貫徹定額包工；②根據自願互利政策，处理耕牛、農具等經济問題；③搞好財务工作，一方面要結清舊賬，另一方面要建立新賬；④加强政治思想工作，教育社員樹立“以社为家”的思想，以提高社員積極性和責任心。

縣委召開的这次会議是十分重要的，十分及時的。从会議開始，我們全縣的農業社和全体社員，要立即行動起來，投入全縣的轟轟烈烈的高額丰產競賽运動中去，为勝利完成和超額完成今年的增產任务而努力奋鬥。我們相信，在今年的高額丰產运動中，將要有許許多多的模範人物和模範事例出現。我們相信，在党的正確領導下，依靠合作社，動員全体社員同心協力，一定能够战勝一切困难，取得今年大面積高額丰產的勝利。

▲1956年3月1日的《江宁报》

自己义不容辞的光荣责任，联系订阅、读报交流、撰稿投稿……满腔热情通过一段段温暖的文字汇聚在报纸上。

在全县如火如荼地开展社会主义建设的时期，《江宁报》不仅是宣传、解读党和政府政策方针的窗口，更是反映百姓生活的舞台。在报纸上，我们除了能够看到在那个曾经的历史年代里，勤劳智慧的江宁人结合生产生活创作的民谣、快板等优秀文艺作品，还可以在他们关于时事发展的思考和评论中，窥见他们对真理的渴望。可以说，一份看似普普通通的报纸，承载的是江宁人对自我实现和幸福生活的美好向往。

改革开放后，随着物质生活水平的提升，人们的思想观念也得到了进一步解放，1984年1月1日正式复刊后的《江宁报》在百姓不断丰富的精神需求中积极反思、主动调整，采用加大文学作品篇幅、活跃生活广告、开辟特色专栏和副刊等多种方式，改良报纸版面。自2001年起，《江宁报》改为《江宁日报》，刊期也改为星期一至星期六每日一期，版面种类和信息量都更加丰富，可读性、时效性进一步增强，更加成为百姓生活的有力帮手。直至2004年1月1日因政策性因素正式停刊，整整20年里，《江宁报》紧跟“天下大事”，回应群众“呼声”，始终备受江宁百姓的喜爱与认可。

一份小小的地方报，承载着的不仅是那时那刻的人与事，更是此地此家的烟火气。记得作家路遥曾说“人民生活的大树万古长青，我们栖息于它的枝头，就会情不自禁地为此而歌唱”。从《江宁报》到《江宁日报》，再到如今作为内部工作简报的《江宁新闻》数字报，变化的是技术媒介，不变的是为人民办报的宗旨，以及向时代致敬的担当。

江宁电视台：光影记忆，共享视界

小　档

1989年8月3日，南京市无线电管理委员会发布《关于同意江宁县电视转播台正式开播的批复》，江宁电视事业正式起步，汤山、湖熟、陆郎、横溪4座50瓦电视差转台及江宁县电视转播台陆续建成开播。1990年8月开始，全县发展有线电视网络，电视事业进入无线与有线、转播与自办节目同步发展时期。1993年，江宁电视台正式建成开播。1994年，江宁有线电视台建成。2006年开始，全区大规模进行电视模拟化向数字化转换工作。

随着各类电子设备、视频软件的普及与流行，电视节目不断突破着原有的载体与形式。无论是手机、平板电脑，还是电脑，我们仿佛随时随地都能“看电视”，令人眼花缭乱的各类节目甚至让人不知从何看起。但对于老一辈的江宁人来说，江宁电视台的建成开播也许有着不同于现在的特别意义。

20世纪80年代初，由于江苏电视台、南京电视台发射功率弱、覆盖半径小，导致距南京市较远地区的电视收视效果差。因此，江宁县境内一些大型厂矿、企业陆续建立电视差转台。电视差转台是利用外差法改变接收到的电视信号的载频并经放大再转发出去的装置，可使电视覆盖面增大。在山顶设差转台，可使山背后的居民收到电视节目。设备简单，能几次差转，起到中继接力的作用。1982年1月，南京云台山硫铁矿在横溪云台山建成江宁县境内第一座电视差转台，发射功率10瓦，用8频道差转江苏电视台第一套节目，覆盖半径2500米，但这一时期差转的节目数量与覆盖范围十分有限。

1988年9月10日，江宁县开始建设电视转播台，于1989年2月1日建成开播，台址设在东山镇土山顶端。当时建设电视转播台的资金来源本着“社会事业大家办，

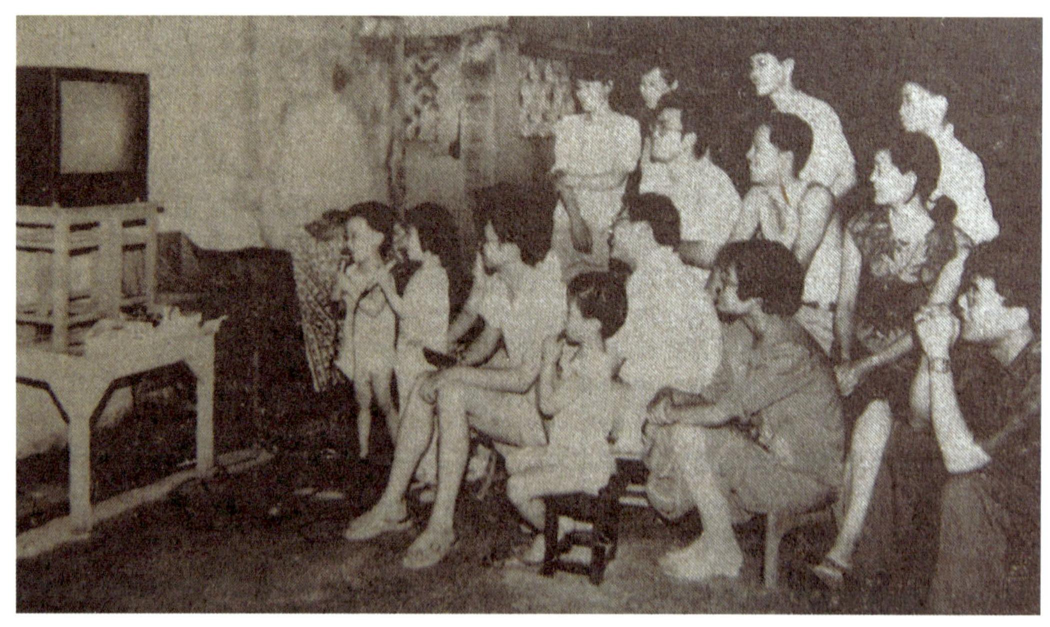

▲江宁老百姓共看电视

县里出一点，各家集一点”的原则，在县政府的协调下，县财政拨款20万元，近40家机关、厂矿、企事业单位集资近13万元，保证了工程的顺利启动和完工。转播台拥有2部发射机及配套天线、20米发射铁塔1座、转播机房1座及附属设施，用于转播中央电视台第二套节目以及江苏电视台第二套节目，基本实现了江宁地区全覆盖。

1992年底，江宁县广播电视局在原江宁电视台转播台的基础上开始筹建江宁电视台，到了1993年5月14日，江宁电视台正式建成，并在1997年与县广播电台、县有线电视台合并成立江宁县广播电视台，

0002

南京市无线电管理委员会文件

宁无字(89)33号

关于同意江宁县电视转播台正式开播的批复

江宁县人民政府：

江宁政发[1989]32号文悉。经请示省无线电管理委员会，同意你县在县城土山东坡(地理座标：118E4825.31N5725)建设的电视转播台正式开播。35频道，设置CSD-1-IV/V-1A型发射机一部，功率1KW，采用一付四层偶极子天线，相对高度18.5米，绝对高度77米；13频道，设置NSD-U50型发射机一部，功率50W，采用一付微带天线，相对高度20.5米，绝对高度78.5米。

南京市无线电管理委员会
1989年8月3日

抄报：省无线电管理委员会
抄送：市广播电视局，江宁县广播电视局

▲关于同意江宁县电视转播台正式开播的批复

0032

江宁县人民政府文件

江宁政发(1989)32号

关于江宁县电视转播台申请开播的报告

市无线电管理委员会：

根据省无线电管理委员会(1988)第65号文件：《关于江宁县政府在东山镇土山东坡建设一千瓦电视差转台定点的批复》精神，经过半年多的建设，现已竣工，各项设备均已安装调试完毕。其中1千瓦和50瓦分米波发射机分别以35Ch和13Ch发射，转播省电视台第二套节目和中央电视台第二套节目。目前，人员编制，基本经费均已落实，特申请办理江宁县电视转播台开播执照和使用证书手续。请予审核批准。

江宁县人民政府
一九八九年五月二十二日

▲关于江宁县电视转播台申请开播的报告

由县广播电视局统一领导，对节目设置进行了调整和创新。节目种类变得更加多样，既有热点新闻、社会教育，也有影视文艺、公益服务，如《江宁新闻》《江宁风貌》《秦淮百花园》《购物广场》《信息之窗》等，这些特色节目的制作与播出为广大江宁民众掌握生活资讯、丰富精神世界提供了更加丰富的观看选择。

也许如今各式各样的网络节目已经成为年青一代打发时间的首选，但那份借着小小的窗口了解国家大事、领略风土人情、共享逸闻趣事的期待与好奇再也不比当年。时光在不断流转，对“趣味”的定义也因时因人而异，这样的变迁既诉说着江宁人民物质、精神生活取得了巨大的进步，又展现了一代人与一代人生活记忆之间的迥然，有人怀念那份旧时光的温柔，也有人怀抱着对未来的期待，然而历史的车轮从未停歇，我们在回忆的同时又在创造新的记忆，周而复始，生生不息。

江宁医院：杏林芬芳传医道

小　档

1949年5月，江宁县人民政府接管卫生院，定名为江宁县人民医院，工作人员18人。1950年7月，更名为江宁县人民政府卫生院。1956年6月，更名为江宁县人民医院，全年门诊量37108人次。1972年，医院搬迁至新医路12号小里村新址。1973年，江宁县革委会计划委员会通过了县人民医院续建、迁建的请示报告。1994年，省卫生厅批准医院为“二级甲等医院”。2001年，医院更名为江宁区人民医院。2002年12月，医院更名为南京市江宁医院。

自1949年新中国成立以来，江宁县人民医院（现南京市江宁医院）作为江宁医疗卫生事业的重要支柱，经历了一次又一次的变革。这些变革，不仅记录了江宁县人民医院自身的成长，也见证了江宁医疗卫生水平的显著提高。老百姓从生了病只能靠自己熬着或者找村里的诊所，到能够随时去专门的医院找专业的医生对症下药，逐渐成熟的江宁卫生健康事业发展，成了人们追求美好生活的底气。

▲江宁县人民医院（1）

1949年5月，江宁县人民政府接管县卫生院，接收原有工作人员18人，其中医师2人，有2架显微镜等设备和一些药品，是年5月5日开始接诊，并改称江宁县人民医院。接管初期属军管阶段，组织工作由县政府直接负责。1952年8月，县政府成立县卫生科，县卫生院改由卫生科领导。1950年7月，江宁县人民医院改称江宁县人民政府卫生院。那时的江宁县卫生院还是一间看上去很小的诊所，条件艰苦，设备简陋，医护人员也不多，只能应对一些基本的疾病问题。但正是这样一个看上去不起眼的地方，却是当时老百姓的依靠。那时，虽然医疗条件有限，但是医生们从不放弃，给一个又一个家庭带去了希望。

1956年6月，江宁县人民政府卫生院更名为江宁县人民医院（以下简称县医院），防疫工作划给县血防站，设有医疗股、总务股和办公案。医院主要任务转变为：提供医疗服务，负责乡镇卫生院的业务技术指导，培训医疗卫生人员，进行医学科学研究，逐步发展成为全县医疗工作的医学教学中心。当年，医院门诊面积约350平方米，全年门急诊工作量37108人次。1970年，经江宁县革命委员会批准，拟定县医院异地新建，在东山镇小里村征地2公顷，筹建新医院。1972年，新医院基本建成，新建二层门诊楼1幢，面积2220.9平方米。到这时，县医院的设备更加完善了，医生的技术也得到了提升，医疗服务水平也实现了质的飞跃。

20世纪70年代时，县医院每年都会在“六一”儿童节为儿童进行健康体检。1976年唐山大地震，县医院及时成立了治疗小组，抽调精兵强将，在原门诊与病房手术楼之间的空旷处搭建临时防震棚，40多名唐山伤员住入临时防震棚，医护人员第一时间对伤员展开有效救治。在医护人员

▲江宁县人民医院（2）

的精心治疗和护理之下，1个多月后，40多名伤员全部伤愈出院。此后，为了更好、更快地应对公路交通事故伤员急救、抗洪救灾医疗救护、突发事件医疗救护，以及突发急危重疾病的救护，县医院于1988年设立了救护站，配备2辆救护车，并且不断更新救护车辆，增添救护设备，提高救护能力和水平。

转眼间，江宁医院已经陪伴江宁老百姓走过了半个多世纪。未来，无论时代如何变迁，江宁医院都将继续坚守初心，每一位杏林人也必将以更加精湛的医术、更加贴心的服务，守护江宁人的健康与幸福。

033 〃

江苏省江宁县革命委員会計划委員会（报告）

（73）宁革计字第100号

关于县人民医院、县水泥厂、县公安局、法院等三个单位急需续建、迁建的请示报告

[illegible]革委会计划委员会：

现将我县人民医院、县水泥厂、县公安局、法院等三个单位，急需续[illegible]、迁[illegible]的三个项目上报：

一、县人民医院从一九七一年下半年以来，已建成一座门诊楼，外[illegible][illegible]病[illegible]楼即将竣工。但内、儿、妇产科和一部份外科病房均未解决。自[illegible]医疗后，该院就诊人数猛增，今年一至九月份门诊人数达十二万人次，住院人[illegible]达四千人次，除新建门诊部已临时做病房使用，这样也只能容纳[illegible]二百张床位，远远还不能满足患者需要，形成排队住院。为从实际出发方便病人，根据现实情况一九七四年急需续建一座三层病房楼（包括内、儿、妇科），总面积3517平方，每平方造价为六十五元，计需资金二十六万三千多元。

二、我县水泥厂，由于原建厂单位对石灰石资源的勘查工作不细，在原料没有弄清的情况下就草率建厂。这两年来，石灰石越来越供应不上，已频难以维持现有生产水平的地步，实不得已，去年起就从十公里外公社塘口运石灰石补给，这样，既加大成本，又不能及时供应原料，严重影响水泥产量。为此，经县委研究，拟将县水泥厂迁至淳化公社青山大队杨家边迁厂扩建。该地石灰石资源丰富，质量优良，适宜水泥生产。整个基建工程计划资金三十三万二千元左右，其中土建工程费用十八万三千元，设备添置费八万二千元，设备改制费一万元，设备拆迁按装费三万元，土地征收和平整土地费用二万七千元。

三、我县看守所系国民党反动派留下的旧房改用的监所紧靠土山脚下，站在山上，监所内部一切活动看得一清二楚。每天放风时，有的罪犯家属在山上偷看在押犯。在押犯夏天没有地方洗澡，只有在监所院子内用水冲洗抹身，既不卫生，又不严肃。更好严重的是由于监所围墙不高，今年曾经发生重大案犯逃跑事件。长期以来，提审犯人都是带到办公室，宿舍进行审讯。同时监所与县委有关科局办公室和干部宿舍毗连，与县中队营房一墙之隔，机关和县中队的活动，甚至连指战员的名字，在押犯人都知道。这样既不利于安全保卫，又不利于保密。根据当前对敌斗争形势的需要，为了确保安全，拟将县看守所迁出县委大院，重新建造。县中队、公安局、法院的办公地点亦需随之迁移新建，共5252平方米（具体项目已报）共需资金三十一万九千元左右。

上述三个单位基建项目投资需九十一万四千元，请市批准基建项目，并予以拨款，对基建中的木材，钢材等主要材料也一併请市计委帮助解决。当否，请予批示。

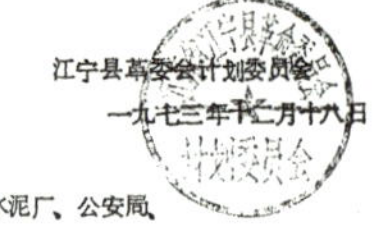

江宁县革委会计划委员会
一九七三年十二月十八日

抄送：县人民医院、水泥厂、公安局、法院、工业局、卫生局。

▲关于县人民医院、县水泥厂、县公安局、法院等三个单位急需续建、迁建的请示报告

江宁公交：下一站，美好未来

小　档

1975年，江宁县成立公共汽车队。1979年，县公共汽车队改建为“地方国营江宁县客运公司”后，全县23个公社通客车。1992年始，社会运力开始冲击客运市场，专业客运公司企业效益下滑，只能勉强维持生存。1995年6月，江宁县政府规定，个体载客在交纳一定的客运线路有偿使用费后，可以在交通部门规定的线路上经营（俗称“专业、集体、个体一起上”）。2001年8月，区政府决定由南京中北集团兼并江宁客运公司（中北集团江宁客运分公司、新城巴士公司）。2003年4月，江宁在全市率先实现镇级客运公交化，其后又推进“村村通”工程。至2007年底，实现行政村（社区）客运公交化，通达率100%。

交通出行是我们生活中必不可少的一环，更是大家幸福生活的保障。现在的江宁四通八达，出行便利，覆盖全面的公交线路，保障着居民的外出需求。这样的成就可不是一朝一夕获得的，回望过去的几十年，为了下好公共交通出行这盘大棋，我们付出了最大的努力。

还记得20世纪60年代的国营运输队，刚建立的时候只有几辆小车，连保障我们县内的货物运输都做不到，更别说客运了。那时候的出行，全靠一双脚，乡间的泥泞小路上，布满了车辙和一双双脚印。1975年4月，江宁县成立了第一支公共汽车队，公交车的雏形终于出现了，到1976

江苏省江宁县革委会计划委员会

（76）宁计建字第27号

☆

基本建设计划批准通知书

县公共汽车队：

你们报来申请 新建机修车间 报告收悉。

经研究同意你们如下基建计划：

一、基建性质、规模、投资额：

新建 九百四十 平方，扩建 / 平方，

翻建 / 平方，每平方 / 元。

二、基建用途：机修车间240m²、宿舍450m²、食堂250m²

三、基建投资为 四万七仟伍佰 元。

资金来源：县财政

四、基建地址：公共汽车队

上述基建计划，一定要按照批准的面积、投资金额、设计施工图，不得超过和变动，如有变动，要经批准。希认真掌握勤俭办事的原则，材料注意节约代用，注意节省人力、物力、财力。

注：根据市计委1976年6月21日宁革计262号批复。

江宁县革委会计划委员会

一九七六年六月廿七日

抄送：县建筑公司，县财政局。

◀县公共汽车队基本建设计划批准通知书

年，开始正式进行基本建设。车队共有汽车15辆，375个座次，每日发车27个班次，营运路线2条，分别为：东山—上坊—高桥门—麒麟门、东山—秣陵—禄口—陶吴—东善桥—殷巷—河定桥—东山桥环线，这便是刚刚成立的公共汽车队的全部。而到了1985年，县客运公司有客车

▲公交车

64辆，营运线路34条，总里程627千米。1991—1995年，江宁县客运公司共完成客运量2060万人次，周转量38515万人千米。2000年，全县客运量达1727万人次，客运周转量102382万人千米。

不仅如此，在大家迎来千禧年后，新城巴士集团公司的成立也在紧锣密鼓地筹备当中。新城巴士集团公司作为专营江宁的巴士公司，在结合先前江宁县客运公司的基础之上不断发展壮大，大家耳熟能详的701、801等线路就

▼公交车站

是它开通的。自此之后，一个个公交站点拔地而起，逐步覆盖江宁大地。原先的一些老旧站点也得到了改造，“竖着一块牌子”的简陋站点大大减少。现在的公交站不仅能避风遮雨，提供实时线路信息，有的甚至架设了自助充值交通卡的设备，再也不是曾经的“泥腿子”了。

2003年，全区通村（行政村、社区）公路全部完成“水泥化”改造任务。2004年起，江宁区交通局根据省、市交通部门的要求，协调新城巴士公司和镇（街道）政府（办事处）有计划地分步实施农村客运“村村通”工程。新城巴士公司成立“村村通”管理办公室。至2007年

南京市物价局
南京市交通局 文件

宁价商字（1992）第178号
宁交运字（1992）第295号

关于调整部分郊、县公交汽车线路票价的通知

各区县物价局、交通局，市公共交通总公司，江宁、江浦县客运公司：

根据省物价局、省建设委员会苏价管字（1992）第125号《关于调整城市公交票价的通知》及省交通厅、省物价局苏交运（1992）第37号《关于客货运输实行燃油平议差价补贴的通知》精神，结合我市郊、县客运实际情况，经研究决定，对城市公共汽车与农村公共汽车并行的岗上、宁谷等二十条客运线路的票价进行调整，现通知如下：

一、城市公共汽车费率由现行每人公里 3.8分调为5.5分（内含城市公用事业附加0.5分）；农村公共汽车费率每人公里仍为5.5分。

二、城市公共汽车与农村公共汽车并行的线路实行同线同价。对岗上、宁谷等二十条线路统一加收燃油平议差价补贴每人公里4厘，代征客票附加费每人公里1分，一并计入票价。

三、调整后的票价为二角起售，一角进级。

四、本通知自一九九二年八月一日零时起执行。原市交通局、物价局宁交运（1991）184号文同时废止。

附：岗上、宁谷二十条线路票价表

抄报：省物价局、交通厅、市政府办公厅
抄送：市政公用局，市物价检查所，
市价格信息服务中心，市社会经济调查队

▲关于调整部分郊、县公交汽车线路票价的通知

底，开辟班线73条，投放车辆111辆，全区141个行政村（社区）全部通上客运班车。“村村通”采取公有私营的经营模式，即车辆由新城巴士集团公司统一购置并拥有产权，由公司职工单车承包经营。2007年，南京市交通局在全市范围内开展农村客运站亭建设工程，计划用2年时间实现“镇镇有站，村村有亭”。至2007年底，全区共完成街镇客运站2个，村（社区）候车亭388对。

从“一双腿”到四个轮子，江宁人脚下的路越走越稳当，越走越快捷，越走越长远。“要想富，先修路”，随着交通的发展，江宁人民的生活质量的发展自然也进入了快车道，江宁的公交车用自己的滚滚车轮，见证了城市的点滴变迁，见证了群众生活的沧桑巨变。

禄口机场：“飞”往世界各地的新门户

小 档

禄口机场按照“一次规划，分期建设”的原则，在完成征地8726亩、拆迁民房696户后，一期工程于1995年2月28日正式开工建设，1997年6月竣工。1997年6月28日，中国民航局正式颁发南京禄口机场使用许可证。11月18日，国务院同意江苏南京航空口岸对外国籍飞机开放，随后，南京禄口机场正式更名为“南京禄口国际机场”。1997年6月29日，江苏省委、省政府举行南京禄口机场首航典礼。1999年3月18日，江宁县人民政府文件发布《关于批准禄口机场周边规划设计方案的请示》，同意建设南京禄口国际机场周边及沿线区域规划建设，保持周边社会稳定。

1997年7月1日，一架波音747从这里腾空而起，直抵香港，结束了江苏没有现代化航空港的历史。20多年来，近2亿人次的旅客穿梭于南京机场与全球四大洲不同城市机场之间。来去匆匆间，旅客的脚步越来越密集，飞越的航程越来越远，江苏改革开放的大门也越开越大。这个位于南京市江宁县禄口镇的国际机场，正是江苏“飞”往世界各地的新门户。

改革开放后，随着对外交往和旅游事业的迅速发展，民航客运量猛增，然而现有规模和设施已无法满足日益增长的航空运量需要，飞行安全存在隐患。为此，1984年6月，江苏省人民政府为满足民航发展的需要，曾提出改造大场机场的工程项目。但是，机场扩建在初步设计阶段时汇总概算远远超过国家批准的投资数额，改造工程就此搁置。经研究，该机场建设作出方向性调整，决定重新选址，新建一个民用机场。自1988年起，江苏省政府先后勘查了湖熟、郭庄、汤泉、新集、横梁、六合及禄口等7处场址，最终认为江宁县禄口镇西南地区适合建一个大型民用机场。

江宁县委、县政府从一开始就对新机场建设十分重

▲禄口机场建设调研

视，在定址江宁县禄口镇后，县里立刻成立了机场服务领导小组，并于1988年底成立机场服务指挥部，从县级机关抽调出20多名得力干部常驻禄口。江宁还主动承担了勘查、接待任务，帮助建设临时道路及供电、供水、通信等基础设施，使机场建设施工队伍得以顺利进驻工地。1993年后，省指挥部分三次征用禄口、铜山、周岗、横溪、丹阳等五个乡镇的9400多亩土地，无论是酷暑还是严寒，江宁民众都毫无怨言，自觉配合拆迁，很多农户是住在临时搭建的房屋内，才保证了征用土地提前交付使用，为机场建设赢得了时间。

历经两年的仔细筹划和准备，在1995年，机场终于动工了。本着高标准高水平的建设理念，禄口国际机场向上海虹桥机场看齐，力争建设为世界一流的客运机场。得

▲南京禄口机场奠基仪式

江寧報

JIANGNINGBAO 第1288期 1997年7月1日
国内统一刊号 CN32—0032 农历丁丑年 五月廿七 星期二

热烈庆祝
香港回归祖国
中国共产党建党七十六周年

座落在我县境内的
南京禄口机场隆重举行首航仪式
邹家华剪彩，陈焕友讲话，郑斯林主持典礼

南京新机场高速公路正式通车
陈焕友为通车剪彩，郑斯林讲话

我县入党50周年老干部举行庆“七一”座谈会
畅叙爱国心声 矢志再作奉献

天宝集团日产千吨熟料生产线点火成功
韩庆华、奚永明、王建华等市县领导前往祝贺

大楼落成不剪彩 捐资三万给老区

政协委员座谈话回归

▲1997年7月1日的《江宁报》报道禄口机场首航仪式

益于中央和地方各级部门从政策、资金、技术上的支持和万人基建团队的辛勤付出，1997年6月29日，正值香港回归的前夕，禄口机场以首航向党和祖国的伟大日子献礼。银白涂装的飞机掠过天空，也牵动着江宁人民的心。机场建成之后，机场高速、通信基站、就业岗位等像雨后春笋

般冒了出来，江宁的经济也实现了腾飞。从此，江宁不仅是一块古韵十足的风水宝地，更是一个继往开来的国际窗口。

站在改革开放的最前沿，禄口机场已经成为古都金陵的"金名片"，开放江苏的"助推器"。从这里出发，有人行色匆匆，忙着去参加创业生涯中的第一次商务谈判；有人满怀希望，前往"一带一路"沿线开拓新的事业；也有人泰然自若，忙碌间隙带上家人云游四方。江宁的新发展，江宁人的幸福从这里起航……

00056

江宁县人民政府文件

江宁政发(1999)69号

签发：杨海宁

关于批准禄口机场周边规划设计方案的请示

南京市人民政府：

为进一步推动南京禄口国际机场周边及沿线区域规划建设，更好地服务于机场，保持周边社会稳定。我县多次与南京禄口国际机场有限公司就机场周边的国有土地开发进行磋商，并于1997年元月曾委托市规划设计院对机场东大门1平方公里范围的国有土地进行规划设计，规划设计初步方案已经完成，但未经市政府正式批准。为加快落实省、市有关领导搞好机场周边形象建设的要求，我县于今年年初组织了人力、机械，对南京禄口国际机场东大门1平方公里范围的国有土地进行了平整，下一步的开发建设亟需规划设计结果。因该处属窗口地带，区位特殊，规划管理权限在市政府。为此，请市政府尽快责成市规划部门将机场周

— 1 —

边的规划方案报批。

以上请示，请批示。

江宁县人民政府

一九九九年三月[illegible]日

主题词：机场　土地　规划　请示

— 2 —

▶关于批准禄口机场周边规划设计方案的请示

江宁凤凰台：凤凰台上凤凰游

小　档

百家湖位于秣陵街道江宁经济技术开发区境内，湖面积0.53平方千米（800亩），平均水深约4米。目前已被开发为居住区和旅游区，湖边建有凤园广场。凤园广场取广场中主要景点“凤凰坛”与“白龙园”各一字组合得名，俗称凤凰台公园，占地29183平方米。1998年，江宁开发区园林公司结合百家湖自然景观建设白龙湾公园。1999年，凤凰台建成，是“新世纪新南京”标志性建筑之一。

百家湖，其实原来叫白家湖。一开始只有一个白家小子住在湖边，后来搬到湖边的人家达到一百多户，白家湖这才变成百家湖。如今的百家湖边建有凤园广场，俗称凤凰台公园，凤凰台也成了百家湖最具代表性的地标。广场中的“凤凰坛”给百家湖蒙上了一层祥瑞的气息，也让百家湖仿佛在凤凰的笼罩下一飞冲天，成为当之无愧的江宁核心区、经济开发区。

“凤凰台上凤凰游，凤去台空江自流。”一说起凤凰台，大家可能下意识地就会吟诵出诗仙李白写下的这一名句。然而，此凤凰台非彼凤凰台，李白所描述的凤凰台在南京市凤凰山，而我们江宁的凤凰台则坐落于百家湖。它古朴而又不失现代感，台阶错落有致，让人不由自主地想要一步步攀登上去，探寻最高处的风景。台阶之上，三只热烈的红色凤凰围抱在一起，既展现出中国传统文化的深邃与雅致，又蕴含着现代建筑的简洁与力量，以一种独特的方式将古典的韵味与现代的设计巧妙融合。不仅如此，它更像是一座桥梁，连接着江宁开发区与世界的合作与交流，让开放与合作的种子在这片土地上生根发芽。

刚建设凤凰台时，江宁还遇到一段特别的缘分。在英语里，“Phoenix”是长生鸟、火烈鸟的意思，有时候我们也会用其指代中国的凤凰，“凤凰”与“菲尼克斯”（Phoenix）的读音相似，所以，当园区外企菲尼克斯公司了解到江宁开发区想要建设凤凰台时，十分乐意与江宁开发区合作共赢，认为这是缘分让大家相遇，欣然出资与江宁开发区共建凤凰台。1999年春天，那是一个万物复苏、生机盎然的季节，在万众瞩目之下，一座被誉为“新世纪新南京”的标志性建筑——凤凰台，在百家湖这片充满希望的土地上拔地而起。凤凰台刚建成，就成为江宁新的地标，每当晨曦初照或夕阳西下，凤凰台都会披上一层金色的外衣，显得格外庄重而温馨，吸引着附近的居民和远道而来的游客驻足观赏。

江苏省江宁县物价局（批复）

（98）宁价字第098号

关于白龙湾公园游乐项目收费标准的批复

江宁县经济技术开发区园林工程有限公司：

你公司报送的《关于白龙湾公园游乐项目核价的请示》收悉。鉴于去年11月份核定的百家湖风光带游览项目收费标准试行已满一年，在此一并批复正式收费标准如下：

1、白龙湾公司门票：5元/人.次。

2、380型艇：4~6元/人.次(小圈、大圈)；水上情侣船：8元/人.小时；象形脚踏船：6元/人.小时；手划船：6元/人.小时；水上飞碟：8元/人.小时。

3、以上收费标准自一九九九年一月一日起执行。上述收费标准允许企业视经营情况向下浮动。

特此批复

江宁县物价局

一九九八年十二月十八日

抄报：市物价局、县政府；

抄送：县旅游局、江宁县经济技术开发总公司。

凤凰台不仅是一处观赏景点，它还承载着江宁人民对美好生活的向往和追求。每逢节日或周末，这里总是热闹非凡。老人们喜欢在这里散步、聊天，回忆往昔的岁月；年轻人则喜欢带上家人朋友，一起登高远眺，享受大自然的宁静与美好；

关于白龙湾公园游乐项目核价的申请报告

江宁县物价局：

兹有江宁开发区园林公司按照开发区管委会建设“园林式新城区”的总体规划，结合江宁开发区百家湖自然景观，自筹投资叁百万元兴建了江宁第一园----白龙湾公园，除少部份娱乐设施尚在兴建，公园功能建设基本完成，为了适宜补助公园管理费用及投资利息，以使公园正常运作，保证社会效益和基本经济利益的实现，白龙湾公园拟从1998年12月1日起正式对外营业收费，项目价格（具体项目报批价格附后）特报县物价局审批，请物价管理部门及时予以核准为感。

特此申请！

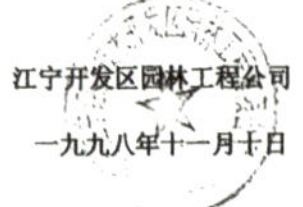

江宁开发区园林工程公司

一九九八年十一月十日

附件：

白龙湾公园项目价格表

序号	项目名称	具体内容	拟定价格	备注
1	入园券	公园游玩赏景	2元/人	
2	龙鱼木屋休闲	备桌椅空调太空水	50元/小时	限6人
3	垂钓屋	同上	40元/小时	限6人
4	婚纱摄景	提供情人伞、休闲桌椅服务、景点服务	80元/对	
5	更衣室	婚纱摄影更衣室	每对新人40元/日	
6	垂钓	按时间计算垂钓 按实际钓鱼重量计	30元/小时 8元/斤	
7	用餐、鲜花代办	代购、代办	按购办价格收20%服务费	
8	租伞休闲	屋顶、水上舞台租伞1把、桌1张、椅4张，供太空水	5元/小时	

江宁开发区园林公司

一九九八年十一月十日

▲关于白龙湾公园游乐项目收费标准的批复

孩子们更是兴奋不已，在广场上追逐嬉戏，欢声笑语不断。在凤凰台下还有白龙湾公园，周围居民经常会带着孩子来游玩，当时的门票仅需5元，游泳项目需要6元，其他水上项目的价格也都不超过10元。除了这些日常的温馨场景，凤凰台还见证了江宁的许多重要时刻，每当有重要的文化活动或庆典活动时，这里都会成为举办地之一。舞台上灯光璀璨，台下的观众，无论是江宁本地人还

江苏省江宁县物价局（批复）

（99）宁价字第 081号

关于白龙湾公园游泳收费标准的批复

南京江宁经济技术开发区园林工程有限公司：

你公司报送的"关于白龙湾公园游泳项目核价的申请"收悉。

根据你公司建游泳池的实际投资和游泳池的设备、设施配套情况，参照目前同类行业的价格水平，经研究同意按6元/人.次、上下浮动20%的标准收取。

以上批复自文到之日起执行。

江宁县物价局

一九九九年七月五日

抄报：县政府、市物价局；

抄送：江宁经济技术开发区公司。

▶关于白龙湾公园游泳收费标准的批复

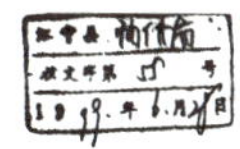

关于给予白龙湾公园游泳项目核价的申请

江宁县物价局：

江宁开发区白龙湾公园泳池项目占地约 1500 平方米，共计综合投资 120 万元人民币，其中泳池十建工程投资 60 万元，泳池设备、管道 10 万元，更衣室、休息亭 15 万元，长廊 15 万元，地面、假山等 20 万元。对外营业后，管理人员 4 人，每年预计投入管理费用 5 万元，并向游人提供换衣柜、冲洗、毛巾、救生圈等服务配套项目。泳池项目预计今年夏天正式对游人开放，现涉及到有关统一核价事宜，经我公司粗略核算，建议核定价格水平在 5-7 元/人/次，试用一年，一年后根据实际营业情况再予以调整。

以上请示当否，请批示！

园林工程有限公司

一九九九年六月二十四日

▲2000年建设中的百家湖白龙广场

是远道而来的客人，都沉浸在这份欢乐与和谐之中，共同感受着江宁的魅力。

对于江宁人民而言，凤凰台不仅是一个地标性建筑，更是一种情感的寄托和精神的象征；它不仅是一件艺术品，更是江宁开发区筚路蓝缕、不懈奋斗精神的生动写照，象征着每一次挑战后的涅槃重生，每一次困境中的坚韧不拔。它见证了江宁的变迁与发展，象征着江

▲2001年的百家湖白龙广场

宁筑巢引凤、广开才路的开放胸襟，向全世界宣告着江宁对知识与人才的无限渴望。

上元大街：跨越时光的岁月之路

小　档

上元大街西起双龙大道东至万安西路、同夏路交叉口。1932年此路段即建有土石公路，俗称“大马路”，为京湖公路一段。新中国成立后，路两侧逐渐发展为市集，改称“大街”。1981年，正式命名为大街东路（大市口至岗山路）、大街西路（大市口至东山桥）。2000年，江宁建设局发布《关于“大街东路”改造工程立项的请示》，重新建设老街。2003年，统一调整更名为上元大街，长2千米、宽24米，沥青路面。自西向东跨秦淮河，经东山街道办事处、天印广场、区政府、大市口、金发公寓等。

清晨，当第一缕阳光洒在上元大街上，街道便开始苏醒。沿街的早餐店陆续开张，热气腾腾的包子、香气扑鼻的油条，还有那一碗碗醇香的豆腐脑，吸引着早起的人们前来品尝。老顾客熟门熟路地走进自己常去的那家店，与老板打个招呼，点上一份心仪的早餐，开始新的一天。到了晚上，霓虹灯一盏盏亮起，得了空的人们几乎能在这条街上找到所有需要的东西，无论是百货还是服饰，上元大街总能满足大家的需求。

1932年，江宁建了一条土石公路，俗称“大马路”，是京湖公路的一段。那时候的上元大街虽然非常简陋，却是江宁人日常出行的要道。孩子们背着书包，沿着路边蹦蹦跳跳地去上学；大人们则骑着自行车，或是肩扛手提，赶往各自的工作地点。随着时间的推移，“大马路”两侧逐渐发展起了市集。就像如今的夜市，每到赶集的日子，这里便人声鼎沸，热闹非凡。商贩们从四面八方赶来，路的两边摆满了各式各样的摊位：新鲜的蔬菜水果、香喷喷的熟食小吃、五彩斑斓的衣服鞋袜……应有尽有。人们穿梭其间，或挑选心仪的商品，或停下脚步与熟人

▲上元大街

闲聊几句。这种充满烟火气的场景，至今仍让许多老江宁人怀念不已。

1981年，“大马路”退出了历史舞台，上元大街正式命名为大街东路、大街西路。这个时候的东山镇开始渐渐推陈出新了。在这条路上，能看到小朋友们欢笑着玩闹，孩子们比赛滚铁环，只需要一会儿工夫，就能从大街东蹿到大街西。当年在路的东北面有一所学校，就是现在的秦淮中学，在大街上就能听到学生们琅琅的读书声。当时大部分建筑是矮矮的平房，不像现在这般高楼林立。腾江大厦作为当时最高的大厦就屹立在大街旁，也就是现在江宁万达所处的位置。那个时候的江宁，从大街东逛到大街西，一路上能看到工人文化宫、水上公园、东山影剧院和江

▲腾江大厦

宁商场等。大街上的溜冰场在当时可以算是一个约会圣地了。

2000年，大街东路开始进行改造。2003年，这条路正式更名为上元大街，长2千米、宽24米，沥青路面。自西向东跨秦淮河，经东山街道办事处、天印广场、区政府、大市口、金发公寓等。上元大街作为一条东西走向的老街，几乎贯穿了整个老城区，连接了土山路、竹山路、宁中巷、新医路等。大街上的商场店铺层出不穷，不仅如此，穿过商场就是从前的“一马路”，现在的步行街，周围的居民在日常生活中缺了些什么，只需要沿着大街走一圈，保管能将想买的东西购入囊中。虽然上元大街看上去变得更现代化了，但其实在大街里依然藏着从前的老手艺人。在飞飞商场里有一家手表维修店，家家户户只要家里的手表坏了就去那儿修，几十年过去了，老师傅还是一如从前，端坐在工具台前为每个老顾客修理手表。

江宁县建设局（请示）

（2000）宁建字第90　号

★

关于“大街东路改造工程”立项的请示

计划经济委员会：

“大街东路”是县城的一条老街，各项设施均滞后，随着我县经济的发展，大街东路的改造也势在必行，为此县委、县政府决定把“大街东路改造工程”作为我县二000年重点工程，给予开工建设。

一、概况：(大市口－－中市口)长780米，路幅宽24米，车行道18米，人行道3米×2，重新铺筑沥青面层及人行道彩砖，埋设排水系统，管线综合。

二、概算：550万

三、资金来源：县自筹。

为了该工程能顺利进行，恳请批准立项。

当否，请批复。

二000年三月二十一日

▲关于“大街东路改造工程”立项的请示

上元大街不仅是一条街道那么简单，它更像是一个大家庭，将不同年龄段、不同职业、不同背景的人们紧密地联系在一起。在这里，人们不仅能体验到城市的繁华与多彩，还能感受到家的温暖和归属感。大街小巷里，处处是老江宁人的集体记忆，虽然因为时代的发展，上元大街和从前相似之处越来越少，可在江宁人心里，大街还是从前那个大街，从未改变。

文靖路：犹是谢公情

小 档

1996年5月16日，江宁县计划经济委员会发布《关于江宁县城乡建设局新建“文靖路”的立项批复》，同意建设文靖路。文靖路，西起土山路空军部队大门，东至石羊路，全长1700米，设计路幅宽为45米。2000年，二期工程开建，施工快车道混凝土路面，慢车道沥青路面，铺筑部分人行道彩砖、路灯杆出新，并将原大街东路的原有法桐（占车行道）360棵成功地移栽到该路人行道上。2023年4月，文靖路跨宁杭高速桥正式通车。

江宁，作为六朝古都南京的重要组成部分，有着丰富的历史文化底蕴。沈约在《郊居赋》中写道，“虽东山之培塿，乃文靖之所宴”，“文靖”便指的是东晋时期大名鼎鼎的宰相谢安。文靖路，作为江宁区东山街道北部的一条重要干道，不仅承载着城市的交通功能，更记录了江宁的发展史。

当年，文靖路西起土山路空军部队大门，东至石羊路，全长1700米，设计路幅宽为45米，车行道采用沥青路面，人行道铺设彩色地砖，工程总投资1600万元，与延伸的土山路、东新北路、石羊路等共同构成城北地区道路网络，大大缓解了县城的交通压力。土山路至北沿路段新建于1999—2000年，路幅宽45米，车行道22米，绿岛各2米，慢车道各5米，两边人行道各宽4.5米，埋设雨、污水管道，绿岛绿化，安装路灯。2000年，开工建设二期工程，施工快车

011

江宁县人民政府（函）

关于新建文靖路有关事项的协商(函)

八七四三0部队：

为了加快构筑县委、县政府提出的把我县建设成“经济强县、省市窗口、南京附城、空港中等城市”发展框架。根据县委县政府九七年东山县城城建工作目标要求，今年十月底前县城东山镇要新建成一条环镇公路(文靖路)。由于该路需从贵部队车库穿过，需要拆除部分车库。文靖路是东山县城重要的环镇干线，它的建设不仅可以完善县城整体功能，改善县城环境，提高城市品位，而且也有利于贵部队的建设发展，是一件利民利军的大好事。为此，特来函请贵部队给予大力支持，并尽可能为地方单位的施工建设创造条件，给予方便。谢谢。

▲关于新建文靖路有关事项的协商（函）

0111

会 议 纪 要

第16期

江宁县人民政府办公室编印　　一九九七年五月八日

关于文靖路建设有关问题的协调会议纪要

1997年5月7日上午，江宁县人民政府副县长王宜耀在县城建局会议室主持召开了县城文靖路建设有关问题的协调会议。参加会议的有县政府办公室黄荣怀，县城建局吴长根，县双拥办陈之宝、黄嘉明，八七四三0部队吴万永、刘建元、唐峰等同志。

文靖路道路建设是江宁县城城市建设的重要工程之一。该路从八七四三0部队车库段经过，须拆除部分车库。对此，与会人员在坦诚友好的气氛中进行了认真讨论、充分协商。本着相互尊重、互谅互让的原则，军地双方就文靖路部队段部分车库的拆除问题达成一致意见，纪要如下：

一、双方认为，文靖路道路建设是一件利军利民的大

1

好事。此项建设是江宁县九七年城市建设的重点项目，是构成县城道路内循环网络、拉开县城城市框架、美化城市环境的重要举措，是建设现代化中等城市的重要一环。同时，对改善八七四三0部队环境、更好地开展部队建设将发挥良好的作用。八七四三0部队要从照顾地方建设大局出发，尽最大可能地为地方施工建设创造条件，及时拆除部分车库，为文靖路的早日建成提供方便。

二、江宁县也要积极支持部队的国防建设，维护部队利益，对所占的少量土地，江宁县地方负责补齐，保持部队的总面积不变。

三、对拆除的部分车库，将按照实际价值和使用年限折旧，本着军民友好的方针，从实际出发，由江宁县给予八七四三0部队适当补偿。

2

▲关于文靖路建设有关问题的协调会议纪要

道混凝土路面，慢车道沥青路面，铺筑部分人行道彩砖、路灯杆出新，并将原大街东路的原有法桐（占车行道）360棵成功地移栽到该路人行道上，后于2005年铺筑面层沥青及人行道彩砖。

在设计文靖路的过程中，巧妙地融入了东晋时期的元素，从沿街的砖瓦，到路边的灯杆，古朴典雅的气息蔓延在文靖路的周围。文靖路的绿化建设很有文艺气质，沿路两边设有长长的绿化带，种植了银杏、香樟树、罗汉松、紫薇花和垂丝海棠等多种植物。每当春暖花开，路边一朵一朵的小花清新可人，为文靖路增添了几分色彩。此

000046

江宁县计划经济委员会文件

（1996）宁计经建准字第33号

关于江宁县城乡建设局
新建“文靖路”的立项批复

县城建局：

你们报来新建文靖路（西起土山路空军部队大门东至石羊路）的立项申请报告收悉。经研究，批复如下：

一、同意你们文靖路项目列为全民基建准备项目。

二、建设规模及内容：新建“文靖路”工程占地118亩，道路全长1605米，路宽45米，其中快车道15米，人行道6米×2，慢车道6米×2，隔离带3米×2，车行道采用沥青路面，人行道采用彩色地砖，雨污分流，并增设路灯等设施，计划总投资1507万元，资金来源：自筹。

望接批复后，抓紧进行项目前期准备工作，然后报我委审批下达年度建设计划。

江宁县计划经济委员会
一九九六年五月十六日

抄送：县土地局、交通局

▲ 关于江宁县城乡建设局新建“文靖路”的立项批复

外，道路两侧还设有休闲座椅和健身器材，为市民提供了休闲娱乐的好去处。

文靖路的建设不仅停留在表面，更深入民生工程的方方面面。由于沿线部分小区建设年代久远、墙面陈旧、地下雨污水管网铺设不完善、停电等问题，江宁区城建集团采取了一系列措施进行整治。他们通过铺设大口径的污水管连接城北污水处理厂，将污水排放难的问题扼杀在摇篮里。同时，还重新美化了周围小区的墙面，让老旧小区焕然一新。这些实实在在的民生工程，让文靖路周围的居民切实感受到了生活的便利和舒适。2023年4月3日，

▲江宁东山文靖路

文靖路跨宁杭高速桥也正式通车，进一步改善该区域的交通状况，为市民提供了更加便捷的出行条件。

文靖路，这条承载着历史与文化记忆的街道，在江宁区的城市发展中扮演着重要的角色。它不仅是传承和弘扬文化的重要载体，更是老百姓日常出行的交通要道；它不仅让人们在日常生活中被历史文化熏陶，更提高了周围居民的生活质量。在这里，人们可以感受到文化的魅力，见证江宁区的繁荣与发展，回忆文靖路与每一个江宁人一起走过的平凡而又不凡的日子。

江宁龙都：古韵今风的小镇

小　档

在县文教局《关于杨柳村古迹群的记述》中提到杨柳村位于龙都境内，而龙都镇位于江宁县东南部。1995年，龙都镇成为全县10家率先达到小康水平的乡镇之一。其驻地为龙都集镇，集镇面积0.60平方千米。1999年，龙都镇被市政府命名为南京市新型小城镇。2000年，龙都镇被撤销，并入湖熟镇。至2000年，龙都集镇公路网有龙咸路、龙周路、湖龙路、龙秣路穿镇而过。集镇内主要道路有陵园路、九龙路、东阳路与虹南路等，共计3500米，在道路建设的同时，对道路两旁进行绿化美化，栽植香樟、梧桐等树650棵，绿篱面积1500平方米，绿地面积1680平方米。

现隶属湖熟街道的龙都，位于江宁东南部，四面环抱秦淮河水系，土地肥沃，有鱼米之乡之称。宋元时期，景定《建康志》和清同治《上江两县志》记载，宋元时期的龙都镇被称为泉都乡。之后，因龙都镇久有九龙聚集在这里的传说，清代中后期遂改为龙都镇。这里，是非遗

“龙都娃娃鼓”的发源地，是民国“报业巨子”史量才的故里，是抗日烈士的安息之所，同时还存有一批明清风格的建筑群。

1957年，为了加强地方行政管理和促进区域经济的协同发展，龙都地区与邻近的万安、东阳等三乡进行了合并，共同组建了新的行政区划——龙都乡。到了1958年，随着人民公社化运动的兴起，龙都乡顺应时代潮流，改制为龙都公社。在这一时期，龙都公社积极组织农民参与集体生产，努力提高农业生产效率，为当地的经济社会发展作出了积极贡献。进入20世纪80年代后，随着改革开放的深入推进和农村经济体制的改革，龙都公社于1983年恢复了乡的建制，重新命名为龙都乡。

在这一时期，龙都乡悄然绽放其古韵新姿，步入了迅猛发展的快车道。1982年金秋十月，杨柳村深处揭开了一页尘封的历史，一组规模宏大、工艺精湛的清代古建筑群惊艳现世，其独特魅力在南京地区独树一帜，犹如一颗璀璨的明珠镶嵌于龙都乡，瞬间点燃了该乡旅游业的蓬勃之火，吸引着八方来客探寻历史的足迹。紧随其后的1987年，陵园路应运而生，不仅巧妙地将龙都乡的每一个角落紧密相连，更成为乡民日常生活不可或缺的纽带。街道两旁，信用社、食品站、照相馆等错落有致，既保留了乡村的质朴风情，又融入了现代生活的便捷与舒适，为居民绘制了一幅幅和谐美好的生活画卷。尤为值得一提的是，“龙都娃娃鼓”这一承载着深厚文化底蕴的传统

18.

第1页

结构奇巧 抱合有度

——记杨柳村明清建筑群

县文教局 刘謹胜

杨柳村位于[illegible]县[illegible]城东山镇东南四十华里的龙都乡境内。整个村落呈一字形，东西长三华里。多数建筑[illegible]北朝南，背倚马场山，南临杨柳湖，内外河流交织，[illegible]村周[illegible]阡陌纵横。其间房舍鳞次栉比[illegible]。当人们踏过高墙之间平整的青石板路面走进[illegible]，立即[illegible]典雅幽静之[illegible]

有名的杨柳明清建筑群。

（一）布

杨柳村现[illegible]

[illegible]住三百多户，近一千五百人。住房面积约四[illegible]平方米。住户为朱、刘、时、赵四大家，尤

(20×15=300) 中共江宁县委员会

19.

第2页

以朱姓为多。

据了解，该村民房原有三十六个宅院，多年来不少宅院被拆毁，目前所存比较完整的尚有十七个，共三十七进，约四百间，建筑面积近一万二千平方米。[illegible]每个[illegible]宅院的面积[illegible]在三百平方米以上。

[illegible]宅基本为多进穿堂式。一般为三进，[illegible]有四进、五进的（所谓进[illegible]，即自成体系的独立宅院，也就是人们所说的一个宅子）。每个宅院都有一个吉祥[illegible]古雅的堂名。如安乐堂、思齐堂、光文堂、居易堂、翼经堂、敦睦堂、近思堂、树德堂、忠诚堂等等。过去，每个堂都有一块匾额，挂在正堂上，数字由当时名流学者题写。名堂配佳宅，更增添不少光[illegible]。

[illegible]宅院还有一个高大门楼。门楼一般置

(20×15=300) 中共江宁县委员会

20.

第3页

第二进前天井处，背南朝北。每个门楼上有四个字砖雕，如"出耕入读"、"斯道常由"、"曲断直步"、"斯道坦坦"、"缓步慎思"、"行仁度义"等[illegible]治家、修身之道的格言。门框上有饰精细的雕刻。在下面介绍。

在这些古建筑中，有的建筑物后部住房为二层建筑，楼上宛转相通，并在各组之间，设置通前后的交通线——"备弄"（即夹道），兼具巡逻和防火的作用。走进去，曲折回绕，似入迷宫。

（二）布

我国是个悠久历史的文明古国，房屋建筑有着传统的民族特色。综观杨柳古建筑群，结构奇巧，抱合有度，坚固、[illegible]实用，[illegible]特征[illegible]。

(20×15=300) 中共江宁县委员会

21.

第4页

一、高墙深院。杨柳村的建筑一般是自成体系，深门独户。从前门到后门，要穿过几个堂，前后几十米，有的上百米（包括院子、天井）。宅与宅之间的山墙（又叫风火墙）都相当高，是用来防火的。据说"[illegible]"的现象在这里是不会出现的。有了这样防火墙，还能使建筑显得威严、幽静。房屋的墙高度均在三米以上，并有瓦头滴水。

还有一点值得提出的是前面提到的门楼[illegible]门框的砖石[illegible]有许多细腻的雕刻，内容多为花卉、禽兽、人物等图案，如"双凤朝阳"、"二龙戏珠"、"狮子滚绣球"、"鲤鱼跳龙门"等。构图古朴，雕工精细，使这些高大建筑从雕饰里透出几分秀丽。

二、雕梁画栋。由于建筑本体高大，建筑

(20×15=300) 中共江宁县委员会

▲关于杨柳村古迹群的记述

艺术，在这一时期也迎来了它的黄金时代。激越的鼓声在当地深入人心，成为孩子们嬉戏间不可或缺的欢乐旋律。

1994年，随着城市化进程的加速和乡镇经济的发展，龙都乡再次迎来了重要的变革。经过上级政府的批准，龙都乡正式升级为龙都镇。龙都镇开始积极推动经济结构调整和产业升级，大力发展现代农业、乡村旅游等特色产业，同时加强基础设施建设，提高公共服务水平，努力打造宜居宜业的现代化城镇。在保护和传承传统文化的同时，龙都镇还积极引入现代元素，推动文化的多元化发展。无论是举办文化节庆活动，还是打造文化创意产业，龙都镇都力求将传统文化与现代生活相结合，让人们在享受现代便捷的同时，也能感受到传统文化的独特魅力。2000年，龙都镇被撤销，并入了湖熟镇。

龙都，这座承载着千年古韵与今朝风华的小镇，如同一颗璀璨的明珠镶嵌于秦淮河畔。它见证了历史的变迁，也书写了发展的传奇。在古镇的街巷间，仿佛还能听到“龙都娃娃鼓”的鼓声，诉说着这片土地上的故事。这份深厚的文化底蕴和不断进取的精神，将永远激励着这片土地上的人们，向着更加美好的未来迈进。

黄泥塘："城中村"也有"春天"

小 档

1949年10月，黄泥塘人牛换工互助组成立。1953年4月，县委、县政府在常年互助组的基础上，试办江宁县第一个初级农业生产合作社——东山乡黄泥塘初级社。1955年10月，黄泥塘高级农村生产合作社正式成立，标志着这里的农业生产进入了一个新的阶段。1965年5月19日，《关于东山公社黄泥塘大队在夏种大忙季节如何用好耕牛争取农牧业丰收的情况报告》阐述了黄泥塘大队在农业实践中的经验。

你听说过黄泥塘吗？它是现在江宁最大的"城中村"，在这里，人们能看见江宁的另一面。电线杂乱，楼与楼之间最窄处仅供一人通行，生存环境艰苦，因为房租便宜，很多来宁务工的人扎根于此。对于年轻人而言，这里的环境条件并不适宜居住。但是在黄泥塘这片土地上，也曾有无数前辈在这里挥洒汗水，也曾拥有过属于黄泥塘自己的辉煌历史。

刘天有原是安徽人，15岁时随父母逃荒至江宁县东山镇，1949年10月，黄泥塘人牛换工互助组成立，刘天有积极地按照县里的指示进行工作，努力在黄泥塘打造典型示例。1950年，东山农民自发办起3个各有8户参加的互助组，是年，由于刘天有在生产救灾工作中的表现较好，被评为一等劳模，人们都说他是“政府的招牌”。1951年，全县先后办起92个常年互助组、1791个临时互助组。1952年至1953年，随着农业互助组大会的召开，互助合作运动更是迎来了前所未有的高潮。互助组的数量如雨后春笋般增长到6957个，其中常年互助组占23.30%，参加农户有56466户，占全县总户数的53.30%，每组平均8.10户。人们在黄泥塘这片土地上，互帮互助，共同劳作，以应对当时生产资料的匮乏和劳动力的不足。这种朴素的互助精神，为后来的农业合作化道路奠定了坚实的基础。

1953年4月，县委、县政府在常年互助组的基础上，试办江宁县第一个初级农业生产合作社——东山乡黄泥塘初级社。随着1954年春天的到来，在贯彻中央《全国农业发展纲要（草案）》后，这股合作社的浪潮迅速蔓延，全县范围内又相继建立了20个县、区中心初级社。至1955年底，全县初级社已发展到2445个，入社的农户达到了69126户，占全县农户总数的62.10%，这意味着，超过半数的农民家庭已经迈入了合作社的大门，成为这个大家庭的一员。而那些曾经被默默耕耘的土地，总计44331.27公顷，也大多被纳入了合作社的统一规划之中，占到了耕地总面积的59.20%。社员们将各自的土地、耕牛、农具等

123

江宁县多种经营管理局

关于东山公社黄泥塘大队在夏种大忙季节如何用好耕牛争取农牧业双丰收的情况报告

宁多牧字第54号

县人委：

由于县委、公社党委加强了领导，去年以来我县耕牛发展的形势是很好的，不仅年底园存量有了增加，而且怀孕母牛达到了4176头，今年以来已生小牛875头，春配2000余头，为耕牛全年丰收和明年继续大发展创造了极为有利的条件。但目前农村已处在"黄金落地老少弯腰"的夏收夏种大忙季节，如何用好耕牛是防止孕牛流产，争取全年农牧业双丰收的重要关键，为此我们选择夏种面积，比例较大，耕牛负担较重，母牛占一定比例的黄泥圹大队，邀请了大队书记和比较有代表性的三名生产队长进行了座谈讨论，现将有关情况整理报告如下：

一、黄泥圹大队的基本情况：

全大队10个生产队254户949个人口，372个劳力，1474.9亩耕地，大小耕牛31头，能耕田的大牛27头，平均每头负担耕地54.6亩，夏熟作物：绿肥470亩，油菜97亩，元麦372亩，小麦517亩。今年夏种计划栽双季稻19.3亩（已栽），中稻440.4亩，晚稻932.2亩，根据绿肥田

第 1 页

123

124

二耕二耙一耖的要求，油菜、元麦、小麦田一耕一耙一耖的要求，全大队要耕翻1926亩次，平均每头牛负担耕71.3亩次。但从全大队10个生产队的牛力情况来看，比较宽裕的只有一个生产队，一般的6个队，紧张和缺牛的3个队。去年夏种时因使役不当全大队7头怀孕母牛流产的就有3头，占43%，今年有个别生产队仍未能很好吸取教训，夏种开始后又流产一头，现在全大队15头成年母牛，怀孕的6头，其中重胎的3头，怀孕5个月左右的2头，春配的一头。

二、三种不同类型的生产队：

①中前村一队队长高家贵同志说："从茬口安排上来说，队里3头牛夏种是忙得过来的，如全队夏种面积为204.9亩，其中中稻58亩，茬口安排在33.7亩绿肥田，10.4亩油菜田和13.9亩的元麦田；晚稻122亩茬口安排上74.2亩的小麦田，13亩绿肥留种田，12亩秧田，22.8亩的元麦田；早谷24.9亩。全队3头大牛，其中有2头水牛（一头是重胎母牛），每头每天能耕4亩，一头老黄牛每天能耕2亩，三头牛平均一天能耕10亩。58亩中稻要求从5月18日至27日栽插结束，其中除42.4亩已全部耕翻外，还有15.6亩的元麦没有耕，因此从5月18日至27日10天时间，3头牛完成15.6亩的耕翻和58亩的耖耙任务，从5月28日至6月25日再陆续完成晚稻和早谷的栽种任务都是没有困难的，问题的关键在三头耕牛中，当家牛是一头重胎母牛，若使役不当就有流产的危险。

第 2 页

124

125

②黄三队队长易成荣同志反映，现在队里3头牛，其中2头大牛都是怀孕母牛，去年夏种时由于只顾抢季节，不顾母牛保胎，结果流产一头，不仅损失了一头小牛，而且还耽误了季节。今年为了接受教训，不重犯去年的事故，决定2头怀孕母牛都减轻劳役，把原来每头每天耕4亩的定额改为耕3亩，全队31亩中稻和80亩晚稻的夏种任务打算分别在5月24日和6月25日左右结束。

③黄一队全队夏种任务为117.4亩，其中中稻51亩，晚稻66.4亩，队里4头牛只有2头能耕，其中一头是老黄牛，一头是新教耕的2岁牛，每头每天只能耕1—2亩，因此队里的39.7亩绿肥田到5月17日只耕了二亩，如果不补充畜力要及时完成夏种任务是不可能的。

三、针对问题研究措施：

以上三个生产队的情况大家一致认为完全能代表全大队，因此反复地研究了措施：

①突出政治做好饲养员和耕田手的政治思想工作，在夏种中做好饲养员和耕田手的政治思想工作是养好牛用好牛及时完成夏种任务，保证夏种质量的重要关键，因此大队支部在5月19日晚上召开了一次全大队耕牛饲养员和耕田手会议，进行政治思想教育，表扬了一批爱护耕牛、用好耕牛的耕田手，对养牛有显著成绩的饲养员也进行了一些物质奖励，开展比学赶帮，进一步调动了他们的工作积极性，要求做到大忙

第 3 页

125

126

安全生产，小牛体膘复壮。

②排茬口，计畜力，妥善安排耕牛耕作定额。认真研究排好农活，来早安排、巧安排，如中前村一队通过三排，便订出了中稻田先耕，晚稻田后耕，早谷田最后耕的夏种计划，这样就有可能来合理安排耕牛的劳役，特别是重胎母牛和怀孕母牛的劳役，如该队就决定怀孕母牛只耕不耙，只耕好耕的田，不耕难耕的田，来达到保胎的目的。

③建立"三定"饲养使役制度：为了把政治思想工作和生产实践紧密地联系起来，生产队必须建立"三定"饲养使役制度。三定是：定草料，饲养员要起早放晚放牛，耕田时要割草送到田头，生产队对每头役牛每天要贴黄豆一斤或大米1.5斤，保证头头耕牛吃饱吃好，不用饿肚牛；定耕作时间，即上午从6点半起至11点止，下午从1点起至5点止，全日劳役时间不超过8个半小时，保证头头耕牛有劳有逸；定耕田亩数，即根据牛的体力大小，脚步快慢，体质强弱订出不同的耕作定额，做到不按亩记工。

④选择和固定耕田手：为了提高耕作质量不出人为事故，生产队耕田手必须选择成分好，有用牛经验，熟悉耕牛脾气的人来担任[illegible]，并长期固定下来，做到以人定牛，一人一牛或二人一牛，做到不按劳力轮流或抽签耕田。

⑤对饲养员和耕田手交责交权：对饲养员交待二个责任和三项权利，二个责任是：(1)保证头头耕牛吃饱喂好饮足，(2)保证按时手把牛交给耕田

第 4 页

126

▲关于东山公社黄泥塘大队在夏种大忙季节如何用好耕牛争取农牧业双丰收的情况报告

生产资料入股，实行集体耕种、统一经营。这种全新的生产模式不仅有效地整合了资源，还激发了社员们的积极性和创造性。

随着时间的推移，黄泥塘迎来了农业合作化的高潮。1955年10月，黄泥塘高级农村生产合作社正式成立，标志着这里的农业生产进入了一个新的阶段。1965年5月19日，撰写《关于东山公社黄泥塘大队在夏种大忙季节如何用好耕牛争取农牧业双丰收的情况报告》，从普遍的问题出发讨论办法，最终通过安排茬口，安排耕牛耕作定额，小段农活来早安排、巧安排等办法进行实践，从而做到农牧业的双丰收。村民们将土地、农具等生产资料集中起来，共同劳动，共同努力扩收。这种新型的生产关系和生产方式在最大程度上利用好了生产的资源，提高了生产的效率，促进了农业的快速发展。

随着江宁的不断发展，那些杂乱无章的电线、拥挤的楼间小道，也许将被人们淡忘。虽然现在黄泥塘仍然是亟待解决的问题，但无论如何都抹不去它曾经的光荣历史。黄泥塘是江宁的活化石，记载着江宁的过去与现在。期待着未来的某一天，它能够再次创造属于自己的辉煌，让这片土地焕发出新的生机与活力。

秦淮新河：江宁人民的“幸福渠”

小　档

新中国成立后，党和政府十分重视兴修水利，秦淮河流域的水环境治理，一直是南京市及江宁县（区）的工作重点之一。1974年，江苏省通过的《秦淮河流域水利规划报告》提出开辟新河分洪的方案。秦淮新河工程自1975年12月20日开工，1977年中共江宁县委员会成立江宁县秦淮新河工程民工指挥部，到1980年6月5日建成通水，前后历经5年多时间，配套工程基本竣工共花费7年。新河挖成后，秦淮河下游增加流量800立方米/秒，基本上解决了旱涝问题，秦淮河流域10万公顷农田基本上变成旱涝保收的稳产田，沿河100多万人民生命财产安全也有了保障。

河流，是一座城市的血脉与灵魂，如塞纳河之于巴黎，黄浦江之于上海，秦淮河之于南京……秦淮河是南京的母亲河，江宁居于上游，一波秦淮水，流过岁月，穿过繁华，流向未来，其间不乏瑰丽的传说与旖旎的故事。

秦淮河，作为江宁境内蜿蜒流淌的生命之河，不仅以其宽阔的身姿横贯东西，滋养着广袤的土地，其密布的支流更是为这片土地带来了富饶与希望。然而，江宁独特的气候与地理环境，也为它带来了洪涝与干旱交织的双重考验。为应对这一挑战，1971年，南京市高瞻远瞩，提出了整治秦淮河的宏伟方案。随后，1974年，江苏省水电局精心编制了《秦淮河流域水利规划报告》，为新河的开挖奠定了坚实基础。这条新河自江宁县河定桥启程，穿越雨花台区的铁心桥、西善桥，最终汇入长江，全长达16.88千米。

其中，江宁县承担了从切岭段至入江口的艰巨土方任务，全长约11千米。为完成这一壮举，全县上下一心，24个公社动员了整整10万名民工。1977年，成立了民工指挥部。1978年11月8日，土方任务全面开启。“有条件要上，没有条件创造条件也要上。”许永启是当年土桥民工营西城班班长，负责开采石方工程。当时，土石需要量大，爆破又跟不上，他以身作则，带领全班同志主动到土场条件不好的地方作业。“爆破出来的土石少，我们就用洋镐凿，没有拖车就用手搬。”当年的种种，许永启记忆犹新。1979年1月，河道开挖土方任务基本完成，共挖河15.1千米，做土方1302万立方米，石方23万立方米，还为各地平坡整田86.7公顷。1980年6月5日，以牺牲7人，伤410人的代价，历时5年之久的秦淮新河工程竣工通航。

秦淮新河通水距今已经40余年，其经济效益和社会效益有目共睹。自通水之日起，秦淮新河发挥着航运、防

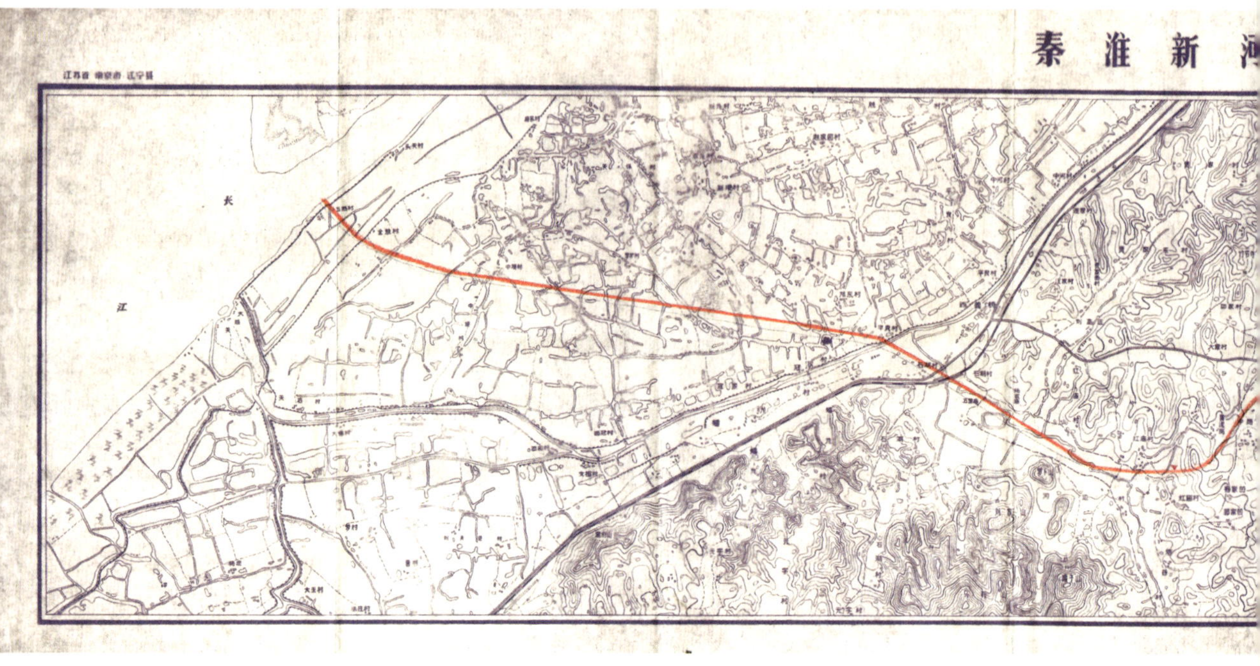

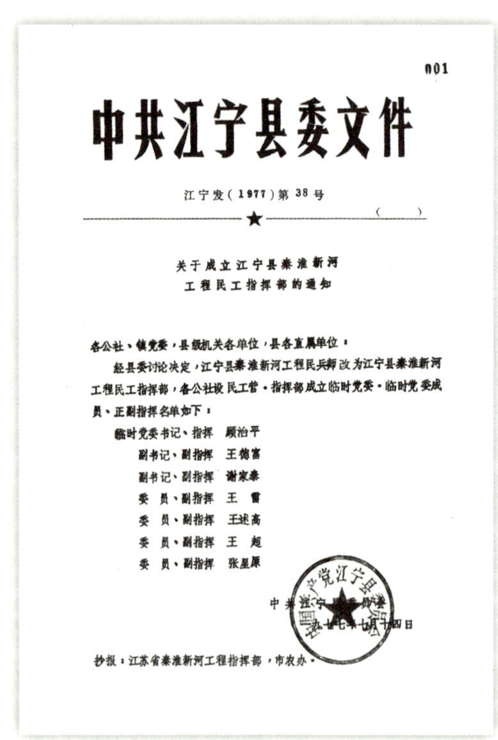

001

中共江宁县委文件

江宁发（1977）第38号

关于成立江宁县秦淮新河
工程民工指挥部的通知

各公社、镇党委，县级机关各单位，县各直属单位：

经县委讨论决定，江宁县秦淮新河工程民兵师改为江宁县秦淮新河工程民工指挥部，各公社设民工营。指挥部成立临时党委。临时党委成员、正副指挥名单如下：

临时党委书记、指挥　顾治平
副书记、副指挥　王德富
副书记、副指挥　谢家泰
委　员、副指挥　王　雷
委　员、副指挥　王述高
委　员、副指挥　王　超
委　员、副指挥　张星原

中共江宁县委员会
一九七七年七月十四日

抄报：江苏省秦淮新河工程指挥部，市农办。

▲关于成立江宁县秦淮新河工程民工指挥部的通知

洪、灌溉、景观等多重功能，尤其在秦淮河流域防洪体系中起到了不可替代的关键性作用。秦淮新河水利枢纽工程建成后，经受住了1991年和1998年特大洪水的考验，确保了流域内人民群众的生命财产安全。在新时期水利高质量发展的背景下，秦淮新河在持续保障水安全

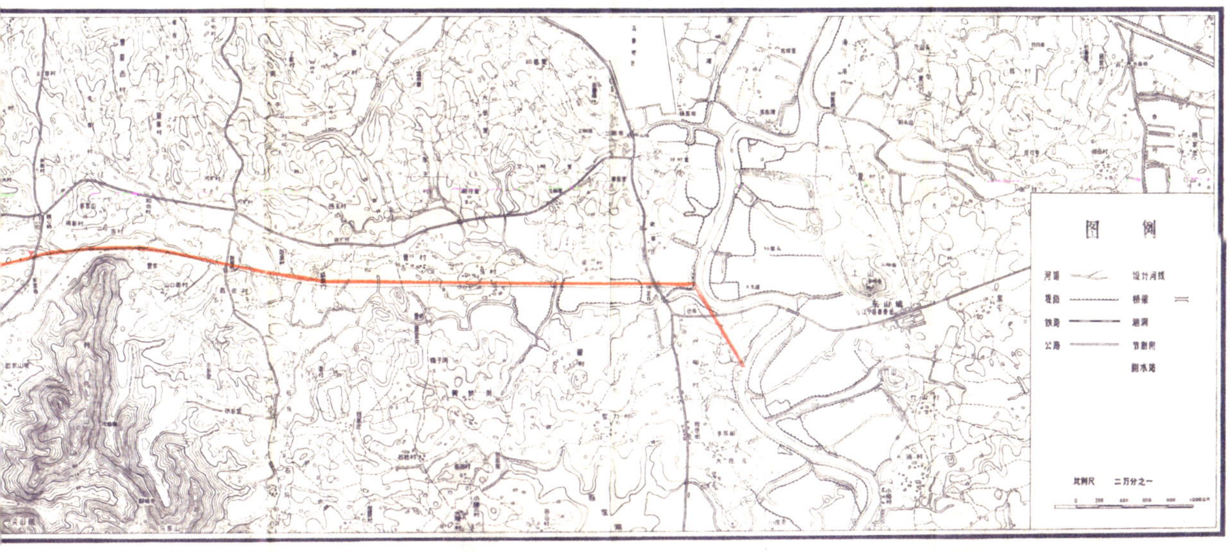

▲秦淮新河工程位置图

的基础上，水环境和水生态进一步优化，秦淮河千年文化底蕴得到了接续发展，成为“河安湖晏、水清岸绿、鱼翔浅底、文昌人和”幸福河湖建设的典范，焕发出了新的时代风采。

一梦千年，世事变迁。今日之秦淮新河两岸，旧的故事还有余音，新的故事还将不断发生。40多年过去了，秦淮新河依旧守护着秦淮流域河湖安澜，见证着江宁人民幸福生活的蝶变，见证着城乡的蓬勃发展，且随着时代变迁不断焕发出新风貌。在秦淮新河工程中日夜奋战的江宁人民是中华儿女不屈不挠、战天斗地、勇往直前精神传承的典型案例，他们用自己的双手挖出了一条“奋斗渠”、一条“幸福渠”。

后 记

在编撰这本书的过程中，南京市江宁区档案馆与南京市江宁区心理学会携手合作，历经数月的精心筹备与不懈努力，从最初对海量档案资料的搜集整理，到深入挖掘其中蕴含的集体记忆片段，再到反复斟酌文字表述与内容编排……每一个环节都凝聚着团队成员的心血与智慧。我们秉持着严谨负责的态度，力求以客观真实、生动鲜活的笔触，勾勒出江宁地区在不同历史时期的社会风貌与人文情怀，让读者能够通过档案这一独特视角，穿越时空，感受江宁的过往岁月与时代脉搏。

在此，我们衷心感谢杨冬权先生的帮助，他不仅为本书的编写提供了宝贵的指导建议，更在百忙之中抽出时间审阅书稿，为本书写了序言，从专业的档案学角度为我们把关定向，使本书在档案资料的运用与解读上更加精准、权威。杨冬权先生对档案事业的深厚情怀与敬业精神，深深感染着我们每一位编撰人员，激励着我们不断追求卓越，努力将江宁的集体记忆以最佳的方式呈现给读者。

同时，我们也向吴德厚先生、张军先生和施爱兵先生致以诚挚的谢意。感谢吴德厚先生为本书的编写工作积极协调各方资源，为我们提供有力的支持与保障；感谢张军先生为我们分享诸多珍贵的档案资料与行业见解，为丰富本书内容贡献了重要力量；感谢施爱兵先生为我们解读档案中的历史事件与人物故事，使本书在展现江宁集体记忆的同时，更具历史深度与思想内涵。各位的鼎力相助，是本书能够顺利面世的关键所在，我们将铭记这份珍贵的情谊，并在今后的工作中继续传承与发扬档案文化的魅力。